Lothar Böhnisch
Sozialpädagogik der Nachhaltigkeit

Zukünfte

Herausgegeben von
Lothar Böhnisch | Wolfgang Schröer

Lothar Böhnisch

Sozialpädagogik der Nachhaltigkeit

Eine Einführung

Der Autor

Lothar Böhnisch, Dr. rer. soc. habil., bis 2009 Professor für Sozialpädagogik und Sozialisation der Lebensalter an der Technischen Universität Dresden, lehrt Soziologie an der Freien Universität Bozen/Bolzano.

Dieses Buch ist erhältlich als:
ISBN 978-3-7799-6060-7 Print
ISBN 978-3-7799-5358-6 E-Book (PDF)

1. Auflage 2020

in der Verlagsgruppe Beltz · Weinheim Basel
Werderstraße 10, 69469 Weinheim

Herstellung: Hannelore Molitor
Satz: text plus form, Dresden
Druck und Bindung: Beltz Grafische Betriebe, Bad Langensalza
Printed in Germany

Weitere Informationen zu unseren Autor_innen und Titeln finden Sie unter:
www.beltz.de

„Wir brauchen [...] eine Geschichte, die wir über uns selbst erzählen können – und zwar aus der Perspektive einer möglichen Zukunft: wer möchte man einmal gewesen sein? Wie möchte man die Welt eingerichtet und hinterlassen haben? Geschichten darüber erzählt die Gegenwartsgesellschaft nicht“ (Welzer 2011: 39).

Inhalt

Nachhaltigkeit – sustainability – allerorten. Wohin man hört und schaut, wird Nachhaltigkeit beteuert: nachhaltiges Wirtschaften, nachhaltiges Planen, nachhaltiges Konsumieren, nachhaltig bilden … Diese umtriebige Programmatik verdeckt die ökonomische und gesellschaftliche Sprengkraft, die in dem Begriff liegt. Michael Opielka ist in seinem Buch „Soziale Nachhaltigkeit" (2017) so weit gegangen, dass er die Durchsetzung des Nachhaltigkeitsprinzips in der sozialstaatlichen Gesellschaft als sozialpolitischen Systemwandel einstuft; als sozialpolitische Dringlichkeit, das Soziale in seiner Bedeutung als gesellschaftliche Antriebskraft vor den ökonomischen Wachstumszwang zu setzen, den Ökonomisierungsdruck, der in alle sozialen Bereiche wirkt, abzubauen. Stephan Lessenich (2018) spricht von der gegenwärtigen deutschen Gesellschaft als einer „Externalisierungsgesellschaft", die unter Wachstumszwang stehe. Eine „Postwachstumsgesellschaft" hingegen zeichne sich durch soziales Wachstum und nicht durch permanent forciertes materielles und monetäres Wachstum aus. Dieser Systemwandel sei die Voraussetzung dafür, dass sich vielleicht doch noch ein ökologisches, ökonomisches und soziales Gleichgewicht zumindest für unsere Gesellschaft herstellen lasse und damit ein Beitrag zur Überwindung der sozialökologischen Krise dieser Welt geleistet werden könne.

Die Sozialpädagogik/Soziale Arbeit ist Teil der Sozialpolitik und ist mit ihr genauso in die Ökonomisierung des Sozialen gezogen, wie sie sich durch eine eigene soziale Nachhaltigkeitsperspektive dagegen wehren kann. Als Handlungswissenschaft braucht sie einen entsprechenden Begriff *sozialer Nachhaltigkeit,* der über den systemischen der Sozialpolitik hinaus in die Sozial- und Lebenswelten reichen kann. Denn dort zeigt sich Nachhaltigkeit als fundamentaler Konflikt zwischen Wollen und Tun. Es ist ein Konflikt zwischen Gewissen und Handeln, zwischen wachstumsfixiertem, ‚externalisiertem' Denken und auf Bewahrung gerichteter Sorge. Um diesen Konflikt auch gesellschaftlich rückbeziehen zu können, muss man Entsprechungen zwischen der personalen und gesellschaftlichen Ebene von Externalisierung und Sorge finden (vgl. schon Böhnisch 2003). Soziale Nachhaltigkeit wird also in diesem Buch als *soziale Konfliktkategorie,* als

Strukturierung zwischen widersprüchlichen Welten verstanden und wird so der sozialpädagogischen Reflexion und dem sozialarbeiterischen Handeln zugänglich. Drei Anliegen hat dieses Buch. Es soll den möglichen Beitrag der Sozialpädagogik/Sozialen Arbeit zum Diskurs um soziale Nachhaltigkeit klären helfen. Es soll aber auch – zweitens – mit der Frage experimentieren, ob und wie zentrale Prinzipien sozialer Nachhaltigkeit als Struktur- und Arbeitsprinzipien in unserer Disziplin verankert werden könnten. Dabei ist nicht so sehr die direkt wirkende Verbindung zwischen sozialpädagogischen und gesellschaftlichen Prinzipien entscheidend. *Entscheidend für die gesellschaftliche Stabilität sozialer Nachhaltigkeit ist, dass sich ihre Prinzipien in den gesellschaftlichen Institutionen – wie eben auch in der Sozialpädagogik/Sozialen Arbeit – spiegeln.* So ist – drittens – mit dieser Arbeit die Hoffnung verknüpft, dass die Frage sozialer Nachhaltigkeit das Bemühen um eine reflexive Sozialpädagogik/Soziale Arbeit neu beleben kann.

Eröffnung
Geschichte und Zukunft

„Je näher die Zukunft an die Gegenwart heranzurücken scheint, desto stärker erweist die Vergangenheit ihre Anziehungskraft […] Vielleicht ist uns die Zukunft tatsächlich abhandengekommen, dadurch nämlich, dass wir das Gefühl verloren haben, sie kontrollieren zu können […] Die Zukunft hat aufgehört, ein Raum zu sein, der erobert und kolonialisiert werden kann, wie dies die Aufklärung noch für möglich gehalten hatte" (Nowotny 2005: 116f.)

Wenn wir uns mit gesellschaftlicher Zukunft und sozialer Nachhaltigkeit beschäftigen, brauchen wir ein Instrument zur Kritik der bisherigen gesellschaftlichen Entwicklung der Moderne aus der Perspektive des Nachhaltigkeitsgebots. Wenn ich in diesem Zusammenhang den Begriff der *reflexiven Postmoderne* einführe, dann lehne ich mich an das Paradigma der reflexiven Modernisierung von Ulrich Beck (1993; vgl. auch Elsen 2018) an, nach dem die technologisch-lineare Entwicklung der Moderne ungeplante Folgen und Risiken hervorgebracht und gleichzeitig verdeckt hat. Im Konzept einer ‚reflexiven Postmoderne', das dem Zukunftscharakter der Nachhaltigkeit geschuldet ist, geht es nicht nur um die verkorkste Geschichte dieser Modernisierung, sondern weitergehend um die Kritik der Moderne im Vergangenheits-Zukunfts-Bezug. Harald Welzer hat diesen neuen Rahmen einer reflexiven Post-Modernisierung vorgegeben: „Diese Form des Wirtschaftens, dass immer ein Außen braucht, aus dem es Ressourcen bezieht, implodiert in dem Augenblick, in dem sie sich globalisiert. Denn der globalisierten Welt, die dem Prinzip der grenzenlosen Ressourcennutzung folgt, schwindet das Außen, aus dem sie den nötigen Treibstoff beziehen könnte je mehr Gesellschaften der kapitalistischen Wirtschaftskultur und den mit ihr verbundenen Leitbildern des Verbrauchs folgen, desto kleiner werden die Räume zur problemlosen Ressourcenentnahme – deshalb wächst die internationale Konkurrenz um die Rohstoffe und ihre Transportwege, deshalb wird tiefer und gefährlicher nach Öl gebohrt. Aber immer noch sind nur Teile der Welt globalisiert, ein erheblicher Rest lebt in vormoderner Armut und dient den globalisierten Ländern als Außen" (Welzer 2011: 37). Diese Zustandskritik enthält die konsequente Aufforderung zu Zukünftigem: Innehalten und Begrenzung.

Ein weiteres zentrales Ergebnis dieser Modernisierungskritik ist, dass die Moderne des 20. Jahrhunderts sich in der Illusion verfing, man könne Gesellschaft und Natur auseinanderhalten, die Natur technologisch-rational beherrschen. Zwar ist „die Arbeit als Schlüsselkategorie der klassischen Ökonomie bis heute anerkannt [...], die Natur jedoch als die andere Seite des Arbeitsprozesses von der wissenschaftlichen Ökonomie als ökonomische Kategorie eliminiert. Sie wird nur mittelbar als Rohstoff in Warenform ökonomisch erfasst" (Peter u.a. 2011: 37). Mit der Einbeziehung der Natur und ihrer Bewahrung in die Ökonomie aber, ihre sozialökologische Transformation, würde „der Begriff des Lebens zum Schlüssel für alle ökonomischen Werte und Kriterien" (ebd.: 41).

In der Postmoderne ist längst die Verflechtung von Mensch, Ökonomie, Gesellschaft *und* Natur erkannt worden, liegen die Risiken der menschlichen Eingriffe in die Natur besonders im Klimawandel und den Unwägbarkeiten der Gentechnologie offen. Über die Verkettung von Klimakatastrophe und sozialen Katastrophen wird immer wieder medial berichtet. Jeremy Rifkin (2011: 421 f.) spricht von einem neuen Biosphäre-Bewusstsein, das sich vor allem dadurch entwickeln kann, dass wir in Netzwerken denken und handeln und darüber auch ein neues Bewusstsein gegenseitiger Abhängigkeiten und der Abhängigkeit von der Natur erfahren können.

Auf der anderen Seite ist inzwischen eine rhetorische Fassade aufklärerischer Rationalität und Plausibilität errichtet worden (‚der Mensch enthüllt die letzten Geheimnisse der Schöpfung'), mit der Interessen der ökonomisch-technologischen Steuerbarkeit durchgesetzt werden können, ohne dass sie nachhaltigkeitsbezogen thematisiert werden müssen. Niklas Rose (2006) hat in diesem Zusammenhang von einem Plausibilitätszwang z. B. des Gen-Diskurses gesprochen. Das war schon in der Art und Weise angelegt, in der sich seit den 1990er-Jahren der Anlage-Umwelt-Diskurs, in den seit über hundert Jahren die Humanwissenschaften eingebettet sind, von der sozialwissenschaftlichen Umweltorientierung hin zum – nun genetischen – Anlageargument gedreht hat. Dieser Turn kommt nicht allein aus dem Machbarkeits- und Erfüllungsfanatismus der Biogenetik und -technologie. Die Problematik des genetischen Diskurses liegt vor allem darin, wie er ökonomisch vorangetrieben wird. Mit machbarkeitsideologischen genomischen Prognosen werden die sozialen Grenzen der Ökonomisierung nicht nur noch weiter herausgeschoben, sondern – und dies stellt die neue Qualität der *genökonomischen* Perspektive dar – die Grenzüberschreitung wird über den und im Menschen selbst vollzogen. Der scheinbar unaufhebbare Gegensatz von Mensch und Ökonomie, von Human- und Warencharakter, welcher die gesellschaftliche Entwicklung des 19. und 20. Jahrhunderts in Spannung gehalten und die Sozialpolitik gestalterisch vorangetrieben hat, droht aufgehoben zu werden. Der nun biotechnologisch versierte digitale Kapitalismus treibt die soziale Entbettung nicht nur technologisch weiter – so das Menetekel –, sondern will nun auch versuchen, den Menschen vollends nach seinen Gesetzen zu ‚gestalten', die Spannung zwischen Mensch und Ökonomie aufzuheben. Dagegen richten sich seit jener Zeit Kampagnen, die diese finale Ökonomisierung des Menschen anprangern. Denn hinter dem Dominanzanspruch des Menschen über die Natur wird seine – gerade auch naturgebundene – Hilflosigkeit erahnbar. Diese Hilflosigkeit muss in Zukunft produktiv gewendet werden.

Hier setzt das Paradigma der *reflexiven Postmoderne* ein. Es behält nicht nur die in der Moderne freigesetzten Nebenfolgen im Blick, sondern setzt auf das in dieser Epoche Übergangene als das Zukünftige. Die gesellschaftliche Anerkennung von sozialer Hilflosigkeit und Sorge würde eine Umkehrung der gesellschaftlichen Entwicklungsperspektive in Richtung Nachhaltigkeit bedeuten. Übergangenes soll zum Richtungsweisenden werden. Im Abschnitt zu den ‚Umkehrungen' werde ich näher darauf eingehen.

Utopie versus Machbarkeit

„Eine andere Welt ist möglich" – so lässt sich die Kernaussage utopischer Entwürfe wie der utopischen Gehalte sozialer Bewegungen bis heute ausdrücken. Dabei sind es immer zwei Spannungsmomente, die Utopisches konstituieren. Zum einen die fundamentale Kritik an der bestehenden gesellschaftlichen Ordnung und gleichzeitig – daraus gleichsam hervortretend – die Vorstellung von einem alternativen Gemeinwesen als einer Gesellschaft der Gleichen. Während in der vorindustriellen Zeit das utopische Denken eher parasoziale Gesellschaftsbilder hervorbrachte – jenseits der sozialen Wirklichkeit beschrieben, aber aus ihr heraus erhofft –, wurden die Zukunftsentwürfe der industriellen Moderne in die nun herrschende Ideologie des sozialtechnologischen Fortschritts und seiner Planbarkeit integriert. Solchermaßen verdinglicht und immer wieder zu Legitimationskontexten für praktische Politik genutzt, verloren sie ihre utopische Spannung. Insofern trifft die neuere Rede vom „Ende der Utopien", wie sie seit dem Zusammenbruch der staatssozialistischen Systeme in Mode ist, nicht das utopische Prinzip, sondern seine Verdinglichung. Angesichts der Eindimensionalität der neokapitalistischen Systementwicklung heute beginnt sich aber – z.B. über die neuen sozialen Bewegungen – weltweit eine politische Gegenkultur zu entwickeln, in der sich wieder eine utopische Spannung aufbaut, in der sich die soziale Idee vor allem auch im Prinzip der Nachhaltigkeit gegenüber dem neokapitalistischen Vereinnahmungsdruck behaupten und durchsetzen soll. Somit steht sie in einer Tradition praxiszugewandten sozialutopischen Denkens, das auf die Belebung des sozialen *Konflikts* und nicht auf technologische *Machbarkeit* ausgerichtet ist.

Wir leben inzwischen in einer Gesellschaft, in der sich die Gestaltungsperspektive und der Gestaltungswille längst vom Sozialen auf das Technologische verschoben haben. Die Machbarkeit des Körpers und die Machbarkeit der Gesellschaft fließen so ineinander über. In dieser radikalen Perspektive der Integration des Menschen in den technologischen Fortschritt wird der Mensch zum Modul und die Machbarkeit zur Vergesellschaftungsform. Es ist ein Vorhang der Illusion, hinter dem ein sozialökologischer

Konflikt schwelt, der das Verhältnis zwischen Gegenwart und Zukunft radikal verändert hat. Wir leben angesichts des Fortschreitens ökologischer und sozialer Zerstörungen, die gleichsam die Zukunft jetzt schon über uns hereinbrechen lassen. Stephan Lessenich (2016) hat das mit seinem Buchtitel „Neben uns die Sintflut" treffend ins Bild gebracht. „Nicht nach uns wird an der Folge unserer Lebensweise laboriert werden, sondern hier und heute wird es bereits getan" (ebd.: 73). Das was Naomi Klein (s. u.) als sozialökologische Katastrophe beschrieben hat, die Verbindung von weltweit grassierender Armut und Klimawandel, ist für uns in den Migrationsströmen sichtbar. Dieses Schreckenspanorama einer erodierenden ‚Parallelwelt' gilt es stärker in die soziale Zukunftsbildung einzubringen. Nicht im Bild der Abschreckung, sondern im Gruppenerlebnis der eigenen Hilflosigkeit, die es zu thematisieren gilt und im Wecken von Empathie.

Die Kondratieff-Zyklen

Mit dem Modell der Kondratieff-Zyklen wird auch im Nachhaltigkeitsdiskurs argumentiert (vgl. Pufé 2014). Zeigen sich doch die für den sechsten Kondratieff prophezeiten sozialen Krisenerscheinungen gegenwärtig in einer Deutlichkeit und Bedrohlichkeit, die nach dem Ende des Kalten Krieges so nicht absehbar war. Das Modell: Lang anhaltende Konjunkturzyklen und Wachstumswellen werden in den Begriff der „Kondratieff-Wellen" gefasst. Solche gleichsam epochalen gesellschaftlich-ökonomischen Entwicklungsphasen entstehen aus jenem konfliktreichen Zusammenspiel ökonomischer, sozialer und politischer Faktoren, aus dem heraus sich auch die Sozialpolitik entwickelt. Wenn sich die jeweils alte Wachstumskonstellation erschöpft hat und eine neue Welle noch nicht sichtbar ist, müssen vor allem auch die staatlichen Regulationssysteme Bedingungen für neue Wachstumsschübe schaffen und diese entsprechend industriepolitisch wie soziapolitisch flankieren (vgl. dazu Nefiodow 1996). Seit einiger Zeit befinden wir uns wohl bereits im ersten Drittel der sechsten Kondratieff-Welle, in der die Entwicklung durch die mikroelektronische Informations- und Biotechnik, durch ökonomische Rationalisierung und Globalisierung, aber auch durch massenhafte Freisetzung von Arbeitskräften und wachsende weltweite soziale Ungleichheit bestimmt ist. Die wohlfahrtsstaatlichen Regulationssysteme haben sich dabei zunehmend auf die Standortattraktivität und internationale Konkurrenzfähigkeit ihrer Ökonomien konzentriert und die Regulationsaufgabe sozialer Integration auf Grundsicherungen beschränkt. Das soziale Gleichgewicht, das Voraussetzung für eine störungsfreie gesellschaftliche Transformation des technologisch-ökonomischen Wachstums ist, scheint längst – wenn man es europäisch und darüber hinaus betrachtet – gefährdet. Die weltweiten Probleme sozialer Desintegration, Ausgrenzung, sozialer Ungleichheit und Asylmigration und die Verschärfung des Arm-Reich-Gegensatzes ließen schon nach Beginn des sechsten Kondratieff erkennen, dass der sechste Kondratieff einer der *sozialen* Investitionen werden muss, damit die soziale Balance zur ökonomisch-technologischen Globalisierung hergestellt werden kann, will der globalisierte Kapitalismus nicht seine sozialen Grundlagen und damit sich selbst gefährden. Massenhafte soziale Desintegration ist auf Dauer ein das Wachstum wie die soziale Nachhaltigkeit gefährdender Faktor. „Für die Weiterentwicklung von Wirtschaft und Gesellschaft fehlt es vor allem an psychosozialer Gesundheit. Die größte Wachstumsbarriere seit Beginn des sechsten Kondratieff sind die hohen Kosten der sozialen Entropie – Angst, Mobbing, Aggressionen, Frust, Drogen, Kriminalität – also seelische und soziale Störungen und Erkrankungen und ihre Folgen“ (Nefiodow 1996: 136). Wichtig für unsere Thematik ist dabei die Frage, ob dieser psychosoziale Bereich als Wachstumsgröße marktökonomisch oder sozial nachhaltig definiert wird. Besonders die längst diskutierte Verbindung zwischen Biotechnologie und sozialer Verhaltensregulation ist hier brisant.

Dabei ist nicht das gentechnologisch Machbare, sondern sind die unbegrenzten Möglichkeiten der *Ökonomisierung des Machbaren* problematisch. Die entsprechende ökonomische Verwertungsperspektive kann man sich wie folgt vorstellen: Die psychosozialen Belastungen und sozialen Desintegrationserscheinungen sollen nicht länger als soziale Probleme definiert und nach entsprechenden sozialen und sozialpolitischen Interventionsmodellen gesucht werden, sondern sie können nun – weil gentechnologisch fundierte Gegenstrategien in Aussicht gestellt sind – zu technologisch handhabbaren *Störungen* des ökonomischen Wachstumsprozesses umdefiniert werden. So wird die Vermarktung des Psychohygienischen mit seinen Abspaltungen wie Sucht, seelische Störungen und Gewalt zu einem bedeutenden wirtschaftlichen Wachstumszweig werden. Schon heute sind mit der steigenden Kapitalisierung der Gentechnologie und den entsprechenden Zugriffen der Pharmaindustrien in die psychohygienischen Bereiche hinein die Zeichen gesetzt.

Dass damit Sonderungen entstehen können, die soziale Integration geschwächt und damit soziale Nachhaltigkeit blockiert wird, sollte die Soziale Arbeit als Ansatzpunkt einer Gegenwehr erkennen können. Dazu muss sie aber öffentlichkeitswirksam in der Lage sein, das pharmatechnologische Angebot als sozial trügerisch aufzuklären. Dagegen kann sie Settings psychosozialer Hilfen und entsprechende Netzwerke anbieten, in denen die Menschen spüren und schließlich erfahren können, dass man auch ohne Sucht- oder Gewaltverhalten zu Selbstwert und sozialer Anerkennung kommen kann.

Teil I
Grundlagen sozialer Nachhaltigkeit

Soziale Nachhaltigkeit als Strukturierung im Spannungsfeld von Externalisierung und Sorge

Zygmunt Bauman (2003) hat das gesellschaftliche wie persönliche Dilemma, in dem wir heute alle stecken, so formuliert: „Wir befinden uns […] in einem Faustischen Dilemma: Jeder Zugewinn an Wissen geht mit technischen Fortschritt einher – und dieser technische Fortschritt muss, indem er unseren Handlungsspielraum erweitert, zugleich unsere Unwissenheit bezüglich der Folgen unseres Handelns vergrößern und damit das Bewusstsein der Unvollkommenheit unserer Humanität verschärfen. Je schneller wir laufen, desto größer und beunruhigender scheint die Entfernung, die uns von der Ziellinie trennt! Das Ausmaß dessen, was wir wissen müssen, um den Forderungen der Humanität gerecht zu werden, wächst schneller als unser Wissen darüber, wie wir die bedauerlichen Folgen unserer Ignoranz beheben können“ (ebd.: 129).

Baumans Diagnose von der Gespaltenheit des Wissens über die zukünftige Entwicklung der Gesellschaft und des entsprechenden Handelns trifft in die Mitte der Nachhaltigkeitsfrage. Wir wissen um die Folgen der ökonomisch-gesellschaftlichen Wachstumsfixierung, die wir auch als *Externalisierung* (s. u.) bezeichnen und sind dennoch nicht in der Lage, ihren Folgen Herr zu werden. Der Begriff der Nachhaltigkeit als Gebot der Bewahrung der ökologischen, ökonomischen und sozialen Ressourcen für die nächsten Generationen, muss deshalb diesen inneren Bruch als Konflikt ausdrücken können. Es reicht nicht, ihn linear-programmatisch zu fassen, er muss *dialektisch* gefasst werden. Dabei wird die Mehrdimensionalität deutlich, in der sich Nachhaltigkeit konstituiert, die inneren Widersprüchlichkeiten und Entsprechungen werden sichtbar. Was bei Baumans Charakterisierung vor allem durchdringt, ist die Hilflosigkeit, die sich mit dem Unvermögen, Nachhaltigkeit einzulösen, verbindet. Diese Hilflosigkeit ist eine Strukturierung, die sich von der personalen Befindlichkeit bis hin zu einen gesellschaftlichen Zustand zieht und für die die Sozialpädagogik eine besondere Sensibilität hat. Dies sind die Grundsätze, von denen ich mich im Folgenden bei der Entwicklung des Verhältnisses von Sozialpädagogik und sozialer Nachhaltigkeit leiten lasse.

Im Nachhaltigkeitsdiskurs werden drei Dimensionen („Säulen") von Nachhaltigkeit und ihre Verflechtung beschrieben. Eine ökonomische, eine ökologische und eine soziale Dimension. Die *ökologische* Frage ist dabei die ursprüngliche. Hier steht das Problem des sparsamen Umgangs mit den Ressourcen der Natur und ihre Regenerationsfähigkeit im Vordergrund. Aktuell werden vor allem die Erweiterung regenerativer Energien und die Reduzierung von Schadstoffemissionen diskutiert. In der *ökonomischen* Dimension geht es vor allem um die zentrale Frage, ob unbegrenztes quantitatives Wirtschaftswachstum mit ressourcenerhaltender nachhaltiger Entwicklung verträglich ist oder ob stattdessen eine Begrenzung des ökonomischen Wachstums oder eine Umsteuerung auf „qualitatives Wachstum" anzustreben sei. In der *sozialen* Dimension, um die es in diesem Buch hauptsächlich geht, bezieht sich der Nachhaltigkeitsdiskurs vor allem auf die ‚intergenerationale Gerechtigkeit', also auf die Berücksichtigung der Lebensinteressen zukünftiger Generationen. Das bedeutet, dass die Grundlagen dafür schon in der Gegenwart geschaffen werden müssen. Soziale Gerechtigkeit über Klassen und Ethnien hinweg und Geschlechtergerechtigkeit sind z. B. sozialpolitische Gegenwartsfragen, über die ein nachhaltigkeitssensibler Brückendiskurs in die Zukunft aufgemacht werden muss. In diesem Zusammenhang wird die Entwicklung und Bewahrung soziokultureller Ressourcen wie Solidarität, Partizipation, Gemeinwohl- und Netzwerkorientierung angemahnt. Hier ist auch die Sozialpädagogik angesprochen. Im Mittelpunkt steht dabei das „Prinzip Verantwortung", das – nach Hans Jonas (1979) – die Verantwortung der Menschen für die Bewahrung ihrer Existenz im Einklang mit der Natur meint. Die Existenzfrage ist heute verschüttet, von sozialen und institutionellen Sedimenten überlagert, bricht aber immer wieder in Ängsten auf, die verdeckt schwelen, aber sich auch in sozialen Bewegungen formieren. Der Sozialstaat, der die menschliche Existenzfrage in der west- und mitteleuropäischen Kultur scheinbar gelöst hat, scheint sie heute eher zu verdecken. Die Existenzfrage als Zusammenhang existenzieller Lebensthemen, als Frage der Menschenwürde, verbindet inzwischen die ethnisch unterschiedlichsten Bevölkerungsgruppen der Welt. *Fossile Energien können synthetisch ersetzt werden, moralische und soziale Energien nicht.*

Diese drei Dimensionen sind miteinander verflochten, bilden ein integratives System der Nachhaltigkeit. Naomi Klein hat dies an der Klimafrage wie folgt dargestellt: „Ausgebeutete Arbeiterinnen und Arbeiter und ein ausgebeuteter Planet gehen offensichtlich Hand in Hand. Ein destabilisiertes Klima ist, mit anderen Worten, […] der Preis des liberalisierten Kapitalismus, seine unbeabsichtigte, aber unvermeidliche Konsequenz" (Klein 2015: 106). So wie der Kapitalismus den Menschen als Ware betrachtet und seinem Profitstreben unterordnet, so muss er dieser Logik folgend auch die Natur als Ware betrachten und ihre profitable Ausbeutung betreiben. Für Klein hat der spät erkannte Grundkonflikt zwischen liberalkapitalistischen Marktgesetzen und Naturgesetzen eine genuin sozialpolitische Relevanz, indem die Lebensgrundlagen und -sicherheiten der Menschen auf dem Spiel stehen. Allerdings behauptet die Kapitalfraktion, die Klimafrage über den Markt lösen zu können. Ähnlich wie damals der Ford'sche Konsumkapitalismus, der den Konflikt zwischen Kapital und Arbeit über die Transformation des Arbeiters zum Konsumenten aushebeln wollte, versuchen heute die Apologeten eines ‚grünen Kapitalismus', den Widerspruch zwischen Markt und Ökologie zu entkräften, Ökonomie, Soziale Frage und Umweltfrage gleichsam zu ‚entkoppeln'. Eine innovative Ökotechnik mit steigenden Energiespareffekten wirke doch so substitutiv, dass das überkommene Wachstumsmodell beibehalten, weil ökologisch modernisiert werden könne.

Die Klimakritiker bezweifeln die weltweite Machbarkeit dieser technologisch-ökonomischen Prognose innerhalb des Zeitraums, in dem die Erderwärmung ihre kritische Grenze erreichen wird. Sie weisen darauf hin, dass sich damit nichts an der kapitalistischen Profitlogik verändere, denn diese bestimme dann weiter die energiepolitischen Strategien. Deshalb fordern sie ein anderes, eben nachhaltiges und sozial ausgeglichenes Wachstum, eine Regionalisierung der Nahrungsmittelproduktion und -distribution, eine Kapital- und Vermögensbesteuerung zur Finanzierung eines bedingungslosen Grundeinkommens und die Wiederbelebung und Stärkung des öffentlichen Sektors als Sphäre des ‚Gemeinen Eigenen'. Damit ist ein ganzes sozialpolitisches Bündel geschnürt, das über die Klimafrage ein neues Gewicht erhält. Im Mittelpunkt dieser sozialökologischen Vision steht der nun vom marktkapitalistischen Wachstumsstress entlastete Mensch, der dann Lebens- und Arbeitsbedingungen vorfindet, unter denen er einen neuen, achtsamen Bezug zur Natur aufbauen kann.

Wenn wir von dieser Vision wieder zur sozialen Wirklichkeit zurückkehren, so stoßen wir neben der Spaltung der sozialen Idee auf eine weitere Barriere, die der Wende in der Klimapolitik entgegensteht. Es ist wieder die ökonomische Globalisierung, die die weltweite Durchsetzung der sozialpolitischen Balance unterläuft. Sie funktioniert zwar noch nationalgesellschaftlich, wird aber global in dem Maße gleichsam aufgelöst, in dem das Kapital sich seine Arbeitskraft nach seiner Profitlogik international je neu und je andernorts suchen kann: „Dass zwischen Umweltverschmutzung und Ausbeutung der Arbeitskraft eine Verbindung besteht, war schon seit den Anfängen der industriellen Revolution klar. Aber wenn sich die Arbeiter in der Vergangenheit organisierten und höhere Löhne forderten, und wenn sich die Stadtbewohner zusammentaten und bessere Luft verlangten, waren die Unternehmen weitestgehend gezwungen, die Arbeits- und Umweltbedingungen zu verbessern. Das änderte sich mit dem Aufkommen des Freihandels: Weil buchstäblich alle Barrieren für den Kapitalfluss beseitigt wurden, konnten die Konzerne ihre Koffer packen und weiterziehen, sobald die Arbeitskosten zu steigen begannen. Aus diesem Grund verließen sie Ende der 1990er-Jahre Südkorea und gingen nach China, und deshalb verabschieden sich jetzt viele aus China, wo die Löhne steigen und lassen sich in Bangladesch nieder, wo die Bezahlung erheblich schlechter ist" (Klein 2015: 106).

Solange die Anerkennung der globalen gegenseitigen Abhängigkeit von Ökonomie, Mensch und Natur von den Nationalstaaten aus nicht international durchgesetzt werden kann, sind die global agierenden sozialen und ökologischen Bewegungen als öffentliche Foren für die internationale Thematisierung dieser Angewiesenheit so wichtig. Dennoch bleiben die nationalen Sozialstaaten in ihrer Mittlerfunktion im Spiel. Wir denken an die Mittlerfunktion des Sozialstaats zwischen Globalem und Regionalem, wie sie Richard Münch (1996) definiert hat. Auf die Klimathematik bezogen bedeutet das, dass der Sozialstaat die Vermittlung zwischen eigengesellschaftlicher und internationaler klimapolitischer Verantwortung zum Politikziel macht. Das heißt aber nicht nur, dass er energiepolitisch agiert, sondern auch die damit zusammenhängenden sozialpolitischen Bedingungen anerkennt und ihre Realisierung zumindest in seinem Hoheitsbereich fördert. Energiewende und sozialpolitische Wende sind nach diesem Verständnis miteinander verknüpft.

Jeremy Rifkin wiederum beschreibt die systemische Verflechtung der Nachhaltigkeitsdimensionen in einem Rückkoppelungsmodell. „Neben den klimatischen Rückkoppelungsschleifen, die bisher im Gespräch sind, gibt es auch die ökonomischen, politischen und sozialen Rückkoppelungsvariablen, von denen in den Hochrechnungen der Klimamodelle eher selten die Rede ist. Die sich anbahnende Klimakatastrophe stellt bereits jetzt eine beispiellose Bedrohung für die Sicherheit von hunderten von Millionen und bald Milliarden Menschen dar. Hurrikan, Überschwemmungen, Dürren, Flächenbrände und steigende Temperaturen an Land und im Wasser führen weltweit zu Konflikten. Es wird Klimakriege geben, man wird um Wasser, Erdöl, Land, Mineralien und zahllose andere Ressourcen kämpfen, die für das Überleben notwendig sind. Flüchtlinge werden zu Millionen über die Grenzen strömen, um den Auswirkungen der steigenden Energiepreise und des Klimawandels zu entkommen, und die Staaten bzw. staatlichen Gemeinschaften, in die sich diese Flüchtlinge retten wollen, werden ihrerseits polizeilich und militärisch aufrüsten, um die Massenmigration mit Gewalt zu unterbinden" (Rifkin 2011: 358f.).

Benjamin Görgen und Björn Wendt unterstreichen deshalb den Begriff *sozialökologisch,* da sich „die soziale Frage nicht ohne die Lösung der ökologischen Frage und die ökologische Frage sich nicht ohne Lösung der sozialen Frage ernsthaft beantworten" lässt. „Bei der sozialen Dimension der Nachhaltigkeit lassen sich zwei grundlegende Ebenen differenzieren. Die erste bezieht sich auf die Implikationen und Wirkungen der ökologischen Grenzen menschlicher Entwicklung, auf die klassischen Theorien und Diskurse zu Gerechtigkeitserwägungen, als jenen Komplex sozialer Ungleichheitsstrukturen und Konflikte, der klassischer Weise mit dem Begriff soziale Frage zusammengefasst wird. Die andere verweist auf die sozialen Mikro- und Makro-Prozesse, die der Reproduktion der Gesellschaft und somit auch einer nachhaltigen Entwicklung zu Grunde liegen" (Görgen/Wendt 2015: 6f.).

Das Grundprinzip des Sozialen besteht für mich darin, den Menschen in seiner Würde und Gemeinschaftlichkeit in ökonomisch-gesellschaftlichen Spannungsverhältnissen zur Geltung zu bringen. „Zur Geltung bringen" bedeutet, dass der Mensch in seinen Freiheitsrechten, seinen individuellen Befähigungen und sozialen Handlungsmöglichkeiten sowie deren institutionelle Absicherungen in den Mittelpunkt gestellt wird. „In Spannung" bedeutet, dass sich das Soziale immer in Konflikten herausbildet und sich historisch auch so herausgebildet hat. Eine Theorie des Sozialen muss deshalb konflikttheoretisch angelegt sein. Grundlegend ist dabei das Spannungsverhältnis zwischen Mensch und Ökonomie, also zwischen menschlicher Autonomie und Integrität und der wirtschaftlichen Definition des Menschen als Kosten- und Marktfaktor. Auch das Spannungsverhältnis zwischen Lebensweltbezug und administrativer Systemlogik gehört in diesen Zusammenhang. Schließlich stehen auch die zwischenmenschlichen Beziehungsstrukturen wie Gemeinschaft, Solidarität und Sorge im Konflikt mit Marktstrukturen wie Konkurrenz, Verdrängung und Kategorisierung.

Im Nachhaltigkeitsdiskurs wird bewusst auch von *sozialer Entwicklung* gesprochen. In diesem „begrifflichen Doppelverständnis" geht es „zum einen um eine – eher statische – Erhaltung von natürlichen und kulturellen Ressourcen. Zum anderen steht – dynamisch – die nachhaltige Entwicklung der Gesellschaft im Mittelpunkt, mit der Betonung auf dem Entwicklungsgedanken zur Verbesserung der Situation vieler heute lebender Menschen" (Grunwald/Kopfmüller 2006: 8). Diese Differenzierung ist gerade in unserem Falle der sozialen Nachhaltigkeit wichtig. Wenn z. B. massive soziale Ungleichheit als Nachhaltigkeitsbarriere gilt, so müssen schon für die heute Betroffenen sozialpolitische Maßnahmen entwickelt werden, wenn zukünftige Generationen nicht mehr in Armut leben sollen.

Wenn Nachhaltigkeit nur als normativer und darin programmatischer Zielhorizont formuliert wird, dann besteht die Gefahr, dass diese Zielvorgabe immer wieder zerdefiniert und hinausgeschoben wird. Nachhaltigkeit ist vielmehr als *gesellschaftliche Strukturierung* zu begreifen, die aus dem Widerspruch zwischen Externalisierung und Sorge hervorgeht. Wir sind in dieser Strukturierung gefangen, Engagement wie Abwehr sind hier zwei Seiten derselben Medaille. Der von Anthony Giddens (1988) entlehnte Begriff der Strukturierung stellt vor allem solche Entsprechungen in den Mittelpunkt, die sich zwischen den subjektiven Befindlichkeiten, den sozialen Praktiken und den gesellschaftlichen Strukturen herstellen lassen. Wenn ich Giddens' Konstrukt der *Entsprechung* herausstelle, interessiert auch seine These, dass Struktur und Handeln als kollektive Praxis rekursiv aufeinander bezogen sind und – vor allem –, dass sich in diesen Entsprechungen eigene strukturelle Formungen ausbilden, die die Gesellschaft intermediär durchziehen. In ihnen sind tiefenpsychisch verankerte Bewusstseinslagen, soziale Praktiken und Diskursstränge, genauso wie institutionelle Kontexte aufeinander bezogen. Nachhaltigkeit wird so als in die Gesellschaft eingelagerter, personell wie sozial und institutionell wirksame Strukturierung bestimmbar, deren Magnetlinien Anziehungen und Abstoßungen erzeugen.

Die Strukturierung Externalisierung

Externalisierung zeigt sich im Kapitalismus in verschiedenen Dimensionen. Die ökonomische Dimension hat Stephan Lessenich (2017: 24f.) wie folgt beschrieben: Externalisierung bedeutet „Entwicklung zu Lasten anderer [...], Ausbeutung fremder Ressourcen, Abwälzung von Kosten auf Außenstehende, Aneignung der Gewinne im Inneren, Beförderung des eigenen Aufstiegs bei Hinderung bis zur Verhinderung des Fortschritts anderer". Unter dem Gesichtspunkt sozialer Nachhaltigkeit wird damit das Prinzip sozialer Gerechtigkeit zerstört und soziale Ungleichheit verstärkt. Dieser Externalisierungsprozess ist aber auch ein Abspaltungsprozess. „Abgespalten werden [...] die Reproduktionstätigkeiten vom Wert, von der abstrakten Arbeit und den damit zusammenhängenden Rationalitätsformen." (Brenssell/Habermann 2001: 256). Diese soziale Dimension der reproduktiven Sorge ist für den sozialpädagogischen Zugang weiterführend. Denn hier zeigt sich auch die besondere Entsprechung, die die *Strukturierung Externalisierung* ausmacht: sowohl als psychodynamisch rückgebundenes menschliches Verhaltens- und Bewältigungsmuster (tiefenpsychisch wirksamer ‚Externalisierungszwang') als auch als ökonomisch-gesellschaftliche Wachstumsformel. Darin wirkt die Spannung zwischen dem Eigentlich-innehalten-Müssen und dem Nach-außen-gedrängt-Sein.

Der fortgeschrittene Kapitalismus ist auf Begrenzung angewiesen, will er überleben und sich weiterentwickeln. Nachhaltigkeitskonzepte wenden sich dementsprechend gegen die Fortschreibung der marktzentrierten Wachstumsformel, die das Marktversagen im Hinblick auf die sozialen Kosten der herrschenden Wirtschaftsweise ausblendet. Anzeichen gibt es heute schon dort, wo die sozialstaatlichen Definitionen sozialer Probleme nicht mehr wirken, durch global ausgelöste Strömungen unterspült werden. So galt Armut in den westeuropäischen Staaten als sozialstaatlich regulier- und begrenzbar. Nun grassiert die Angst vor Armut sogar in europäischen Wohlstandsregionen und man sieht sich plötzlich einem globalen Sog ausgesetzt. Aus sozialen Problemen werden so *existenzielle Lebensthemen,* die biografisch nicht mehr so ohne weiteres ausgrenzbar sind und die

die scheinprivilegierte abendländische Situation für einige Menschen mit der in anderen Teilen der Welt vergleichbar macht. Gleichzeitig werden die Folgen einer Enteignungsökonomie am eigenen Leibe gespürt: Die Privatisierung öffentlicher Güter *(commons)*, vor allem von Basisgütern wie Wasser, Raum und Energie, setzen das Bewusstwerden kollektiver Abhängigkeiten und darin Widerstand frei. Es sind existenzielle Ängste, die Männer und Frauen gleichermaßen heimsuchen.

Ideologischer und damit pädagogisch wirksamer Taktgeber dieser Wachstumsökonomie ist die neoliberale Humankapitaltheorie. Sie lässt den Menschen im Markt aufgehen: „In der Humankapitaltheorie werden die Einzelnen als Teilnehmer des Arbeitsmarktes definiert. Sie spielen hier eine Doppelrolle. Sie sind zum einen Arbeitskraft und zum anderen Bürger, die die Arbeitskraft als Humankapital besitzen. Die Arbeitskraft gleicht dinglichem Kapital darin, dass über sie instrumentell verfügt werden kann“ (Lenhart 2001: 316). Diese Verfügbarkeit lässt die Menschen nicht zu sich, zum Innehalten kommen. Den Halt, den auch die Arbeitenden als naturgebundene wie sozial angewiesene Menschen brauchen, müssen sie sich selbst in den privaten Lebenswelten der Familie und den lokalen Gemeinschaften suchen. Je unübersichtlicher die digitalisierte Arbeitswelt wird, je kontingenter Lebens- und Karriereperspektiven, desto wichtiger wird der lebensweltliche Halt, steigt die Sehnsucht nach seiner und die Angst um seine Verlässlichkeit.

Externalisierung ist im Genderdiskurs geschlechtstypisch konnotiert. So wird die Prognose kolportiert, die Männer würden in Zukunft die sozial entbettete globalisierte Sphäre, die Frauen die sozial gebundenen Terrains dominieren. Dahinter steht die These, dass die in der Globalisierung sich verselbstständigenden transnationalen Korporationsstrukturen ein lokal entbettetes Gender-Regime aufgebaut haben, das jenseits von Rasse und Nationalität durch einen männlichen Code zusammengehalten wird. Indem der neue Männerbund der Global Player die Kultur der internationalen Beziehungen in Wirtschaft und Politik okkupiert, nistet sich hegemoniale Männlichkeit in fast allen transnationalen Organisationen ein. Männliche Hegemonie scheint sich zunehmend in die Sphären sozial entbetteter Technologie und Ökonomie zu verlagern, die sich sozialen Bindungen und gesellschaftlicher Verantwortung entziehen, sozialpolitische Angewiesenheit leugnen. Verkörpert wird diese neue hegemoniale Männlichkeit durch entsprechende Leitfiguren in den weltweit operierenden transnationalen Konzernen, Technologie- und Finanzzentren (vgl. dazu Boltanski/Chiapello 2006; Connell 2010). Damit ist aber nicht nur vordergründig gemeint, dass Frauen den Part der Nachhaltigkeit spielen, Männer diese aber wieder verspielen. Vielmehr tritt in diesem Nachhaltigkeitsdiskurs die reproduktive Dimension des Sozialpolitischen neu hervor. Sorge (Care) ist nicht mehr nur auf die Reproduktion der Arbeit bezogen, sondern erhält eine erweiterte sozialökologische Rahmung.

Die Strukturierung Sorge

Sorge (Care) bezeichnet eine Beziehung der Verantwortung für andere Menschen, für die Bewahrung der Natur und für sich selbst, die Empathie und darin Selbstreflexivität voraussetzt. Sorge als Strukturierung meint darüber hinaus die gesellschaftliche Transformation dieser Prinzipien. Care als gesellschaftliche Kraft wurde in Deutschland schon in den 1920er-Jahren von der dritten Generation der bürgerlichen Frauenbewegung und später von der neuen Frauenbewegung der 1980er und 1990er-Jahre als Systemkritik verstanden: Das ‚männliche' Konkurrenz-, Wachstums- und Rationalitäts-Denken, das dem Industriekapitalismus als inhärent zugeschrieben wurde, sollte fundamental in Frage gestellt werden; die Forderung nach einer ‚weiblichen Ökonomie' kam auf den Tisch. Folgerichtig wurde Sozialpolitik als Geschlechterpolitik begriffen, die gegen die ökonomische Ausbeutung und soziale Ausgrenzung der Frauen gedreht und als Reproduktionspolitik neu gefasst werden sollte. Mit dieser Perspektive wurde ein breites Feld sozialpolitischer Themen feministisch besetzt: Bildungspolitik, Lohnpolitik, Mütterpolitik, Rentenpolitik, Familien- und Arbeitsrecht etc. Zwar wurde hier immer wieder auf die sozialhistorischen Vorbilder der Frauenbewegung und ihre reproduktionspolitischen Forderungen zurückgegriffen, neu aber war jetzt das Frauen- und Weiblichkeitsbild, das die feministische Sozialpolitik leitete: Nicht länger die nur ‚gleichgestellte Frau', die komplementär und ergänzend ihre reproduktionspolitischen Ziele durchsetzte, war das Leitbild. Jetzt wurde ein Frauenbild propagiert, in dem Frauen mit einer Politik der weiblichen Ökonomie und den ihr entsprechenden Reproduktionsprinzipien und sozialen wie ökologischen Implikationen das konkurrenzkapitalistische System durchdringen oder gar umpolen wollten. Emanzipatorisches Weiblichkeitsbild und Gesellschaftsbild gingen ineinander über. Vor allem machte die Frauenbewegung deutlich, dass die industriegesellschaftliche Ökonomie zwar arbeitsteilig, aber nicht notwendig patriarchalisch strukturiert sein müsse und dass die Verantwortung für den Reproduktionsbereich nicht einseitig den Frauen zudefiniert werden könne.

Doch so ohne weiteres lässt sich die Care-Perspektive in die sozialpolitischen Konfliktzonen des globalisierten Kapitalismus nicht einführen. Es ist wieder ein Hase-und-Igel-Spiel. Was der feministische Care-Diskurs programmatisch erstrebt, theoretisch und politisch aber nicht erreicht hat, scheint nun im fortgeschrittenen Kapitalismus seine – wenn auch verkehrte – Erfüllung zu finden. Sorge ist heute in einem Maße gesellschaftlich freigesetzt, dass man durchaus von ihr als einer Vergesellschaftungsform der Zweiten Moderne sprechen kann. Nur: Im Gegensatz zum feministisch geprägten Care-Diskurs der Ersten Moderne, der als Gestaltungsdiskurs geführt wurde, ist der gegenwärtige Sorgediskurs ein Krisendiskurs. Gleichzeitig stoßen wir hier wieder auf eine der bezeichnenden Paradoxien des fortgeschrittenen Kapitalismus: Sorge wird freigesetzt und gleichzeitig wieder vermarktet, kapitalisiert. Die neokapitalistischen Prozesse der sozialen Entbettung, gesellschaftlichen Entgrenzung und sozialstaatlichen Erosion, die den Hintergrund der Freisetzung von Sorge bilden, werden zu konsumtiven Gestaltungsbezügen transformiert. In der medialen Welt der Werbeindustrie wird Sorge allenthalben in Modulen angeboten, werden Bausätze offeriert, in denen Sorge und ökonomische Konkurrenz, so widersprüchlich sie auch in sich sein mögen, miteinander verbunden werden können. Die Auto- und Versicherungswerbung sind Protagonisten in diesem Bereich.

Gleichzeitig hat sich – der Globalisierungsdynamik des fortgeschrittenen Kapitalismus entsprechend – eine globalisierte Sorgekultur entwickelt. Alle in der Welt seien aufeinander angewiesen. Klimadiskurse, Migrationsdiskurse, Armuts- und Reichtumsdiskurse bestimmen die Schlagzeilen. Beim näheren Hinsehen wird aber deutlich, dass diese Sorgediskurse eine bezeichnende Asymmetrie aufweisen: Es sind Diskurse einer „Zitadellenkultur" (Werckmeister 1990): Wir müssen uns um die Armen und Zurückgebliebenen dieser Welt kümmern, müssen uns um sie sorgen, damit sie uns nicht eines Tages bedrohen, noch mehr als heute vor unseren Mauern stehen. Sozialökonomische und politische Konflikte werden in Sorgeverhältnisse umgedeutet. Die Milliardäre dieser Welt kümmern sich um die Probleme dieser Welt. So können bestehende Machtverhältnisse in Sorgeverhältnisse umgedeutet und auf diese Weise weiter, aber legitimatorisch neu, stabilisiert werden. Sorgekulturen können so zu Verdeckungskulturen von Macht werden. Deshalb ist es nicht so einfach, dem global wirksamen gesellschaftlich-ökonomischen Externalisierungssystem ein *Gesellschaftsmodell des Innehaltens**, der Sorge entgegenzusetzen, obwohl dies historisch notwendig ist. Diese historische Notwendigkeit gilt es gerade angesichts der Nachhaltigkeitsproblematik zu explizieren.

Die mit der Care-Perspektive notwendige Einbeziehung der Geschlechterfrage in den Nachhaltigkeitsdiskurs verweist auf den Hintergrund der *geschlechtshierarchischen Arbeitsteilung*, in der sich bis heute wirtschaftliche Macht und männliche Dominanz zu einem hegemonialen System verbinden, das Massen von Männern an sich zieht, ihnen eine „patriarchale Dividende" (Connell 1987) verspricht, gleichzeitig versucht, die inzwischen aufgestiegenen Frauen ‚männlichen' Arbeits- und Konkurrenzformen zu

* Der Begriff „Internalisierungsgesellschaft", den Michael Opielka (2017) in diesem Zusammenhang gebraucht, ist hier wohl nicht sinnvoll, da „Internalisierung" ein besetzter und anerkannter Begriff in den subjekttheoretischen Disziplinen der Identitäts- und Sozialisationsforschung ist, den man nicht einfach umdeuten kann. Ich würde „Gesellschaft des Innehaltens" vorschlagen.

unterwerfen. Im System der geschlechtshierarchischen Arbeitsteilung, nach dem unsere Arbeitsgesellschaft bis heute aufgebaut ist, sind die reproduktiven Rollen der Beziehungs- und Hausarbeit, aber auch der Erziehung und Fürsorge niedriger bewertet als die industriewirtschaftlichen, technischen und die darauf bezogenen administrativen Rollen. Traditionell waren die reproduktiven Rollen den Frauen zugeordnet. Zwar stehen heute den Frauen auch alle gesellschaftlichen Rollen außerhalb des Reproduktionsbereiches offen, das geschlechtshierarchische Prinzip ist aber als Wertprinzip geblieben. Die Kluft zwischen externalisierter Ökonomie und sozial gebundener Reproduktionssphäre ist eher noch gewachsen. Es geht dabei nicht so sehr um die Frauen und Männer an sich, sondern um weiblich und männlich konnotierte Strukturen, die als Hintergrundstrukturen der Entwicklung der Wirtschafts- und Sozialpolitik zu betrachten sind.

Die Strukturierung soziale Nachhaltigkeit

Externalisierung und Sorge sind zwei zueinander widersprüchliche Strukturierungen, die das gesellschaftliche Konfliktfeld ausbilden, aus dem heraus sich der soziale Nachhaltigkeitsdiskurs entwickelt hat. Soziale Nachhaltigkeit stellt damit eine resultante Strukturierung dar, in der immer wieder nach dem integrativen Punkt in der Spannung zwischen ökonomischem Wachstumszwang und ökonomischer Begrenzung sowie sozialökologischer Reproduktion gesucht wird. Die entsprechende Hypothese lautet in diesem Zusammenhang: Demokratisch-sozialstaatliche Gesellschaften sind zu ihrer Existenzsicherung und Weiterentwicklung auf die Anerkennung und Austragung dieses Konflikts angewiesen.

Einen ersten Zugang zu der Begründung dieser *Dialektik der Angewiesenheit* finde ich in der Hypothese, dass der Kapitalismus, der, obwohl er systemlogisch den Menschen nur als Ware betrachten kann, letztlich doch auf den Menschen angewiesen ist (vgl. Heimann 1929; Böhnisch/Schröer 2016). Denn wenn sich die kapitalistische Ökonomie in der Industriegeschichte technologisch weiterentwickeln, modernisieren und damit ihren Profit steigern wollte, brauchte sie qualifizierte Arbeiter, war auf deren Humanvermögen angewiesen und musste deshalb deren Lebensbedingungen entsprechend verbessern, soziale Belange und Interessen aufnehmen. Das war der strukturell erzwungene Einbruch des Sozialen in das Gehäuse des Kapitalismus. Diese sozialpolitische Hypothese der Angewiesenheit des Kapitalismus auf das Soziale muss dahingehend erweitert werden, dass deutlich wird, dass die kapitalistische Ökonomie nicht nur auf die Qualifikation der Arbeitenden, sondern genauso auf die sorgende Reproduktion dieser Arbeitskraft angewiesen ist. Vor dem Hintergrund des Modells der geschlechtshierarchischen Arbeitsteilung sprechen wir deshalb von einer doppelten sozialen Angewiesenheit der Ökonomie sowohl auf das humane Arbeitsvermögen als auch auf die reproduktive Sorge. Im nationalen Sozialstaat und seiner Sozialpolitik ist diese Angewiesenheit institutionalisiert.

Mit der Perspektive der Nachhaltigkeit hat sich nun diese Dialektik der Angewiesenheit erweitert. Nicht nur die soziale Zähmung und darin ökonomische Begrenzung des Kapitalismus ist nach wie vor dringlich, sondern nun vor allem auch seine ökologisch notwendige Umpolung. Und es geht nicht mehr nur darum, dass der Mensch in der kapitalistischen Ökonomie zur Geltung gebracht wird, sondern es geht grundsätzlich um die zukünftige Existenz des Menschen in seiner Abhängigkeit von der bedrohten Natur. Um dieses Risiko als ein gemeinsames erkennen und anerkennen zu können, bedarf es der sozialen Verankerung dieser Erkenntnis und Anerkennung in entsprechenden Normen und Institutionen. Es bedarf der sozialen Nachhaltigkeit.

Die Nachhaltigkeitsfrage kann also den sozialpolitischen Diskurs neu beleben. Das Soziale kann im Globalisierungsmaßstab zwar ökonomisch ausgehebelt werden, die Natur aber nicht, sie kann nur endgültig zerstört werden. Das Soziale ist nun über die Dimension der Natur und der natürlichen Grenzen des Wachstums neu definiert. Im Paradigma der sozialökologischen Nachhaltigkeit vereinigen sich die sozialen und ökologischen Gegenkräfte zum digitalen Kapitalismus. So kann die sozialpolitische Dialektik der Angewiesenheit erweitert werden. Denn während die ökonomische Globalisierung die sozialstaatliche und darin sozialpolitische Kraft schwächt, entwickelt sich im aufkommenden sozialökologischen Katastrophendiskurs von Klimawandel und weltweiter Arm-Reich-Spaltung eine Gegenströmung, die dieser Dialektik der Angewiesenheit wieder Kraft verleihen kann. Naomi Klein hat ja das Zusammenwirken von ökologischer und sozialer Ausbeutung eindrucksvoll dargestellt (s. o.). Der große Unterschied zur Ersten Moderne besteht aber darin, dass die neuen sozialökologischen Bewegungen nicht die sozialpolitische Kraft entfalten können, wie dies die nationalstaatlich gebundenen sozialen Bewegungen früherer Zeit – Arbeiterbewegung, Frauenbewegungen – konnten. Im digitalen, ortlosen Kapitalismus hängen sie gleichsam in der Luft und können immer nur wieder einzelne sozialpolitische Punkte setzen. Dennoch können sie auf regionale und nationalstaatliche Entwicklungen einwirken und zur Schaffung eines sozialökologischen Bewusstseins beitragen. Seit der Umweltkonferenz von Rio de Janeiro sind es vor allem Frauenbewegungen, die global agieren und zeigen können, wie sich sozialökologisches Bewusstsein in regionalen Projekten realisieren lässt. Im europäischen Raum sind es die gemeinwohlökonomischen Initiativen und Projekte einer Sozialen Ökonomie, die antikapitalistische Strömungen speisen. „Die Soziale Ökonomie strebt nicht an, industriegesellschaftlich mit den multinationalen Konzernen Schritt zu halten, wohl aber sich zwecks Existenzsicherung aus ihrem Griff zu lösen“ (Wallimann 1998: 61).

Auch wenn die aktuelle politische Durchsetzungsmacht solcher sozialökologisch begründeter antikapitalistische Projekte noch gering ist, so ist die Gesellschaft längst auf ihre Pilotfunktion angewiesen. Letztlich auch das kapitalistische System, denn es lauert ja ständig darauf, Erkenntnisse und Ergebnisse solcher gemeinwohlorientierten Projekte aufzunehmen und zu integrieren, marktfähig zu machen – im Sinne der Profitsteigerung und nicht des Gemeinwohls. Aber die Angewiesenheit wird zumindest gespürt, auch die „alte Sozialpolitik“ bekommt ihre Schwäche von den Menschen selbst vor Augen geführt.

Mit der Globalisierung ist zwar die Hypothese der sozialen Angewiesenheit des Kapitalismus brüchig geworden, da er nun über die Sozialstaaten hinweg agiert. Dafür tritt die sozialökologische Dimension der Angewiesenheit global und zwingend hervor. Es braucht deshalb die global agierenden antikapitalistischen Bewegungen, welche die Zusammenhänge zwischen ökonomischen, sozialen und ökologischen Risikofaktoren thematisieren und die nun erweiterte Dialektik der Angewiesenheit in Bewegung halten können. Diese sozialökologische Erweiterung, in der die Grenzen des ökonomischen Wachstums längst an der Natur und darüber auch an immer mehr Menschen sichtbar werden, legitimiert die antikapitalistische Gegenwehr neu und stärker denn je.

Hier liegen auch die Anknüpfungspunkte für eine zukunftsorientierte, nachhaltigkeitssensible Bildung. Dabei genügt es nicht, die „Externalisierungsgesellschaft“ (Lessenich 2016) in ihren Auswüchsen zu beschreiben, sondern man muss zur Dynamik ihrer inneren Zwanghaftigkeit vorstoßen können. Ich habe an früherer Stelle (2003) zu zeigen versucht, dass wir es bei der ökonomisch-gesellschaftlichen Externalisierung nicht nur mit einer innerkapitalistischen Logik zu tun haben, sondern dass es auch die innere Angst des Kapitalismus vor Begrenzung und Innehalten ist, die die Externalisierung zur Abspaltung macht. Dieser Zwangscharakter hat sich in die Mentalität der Menschen genauso eingegraben wie in das Rationalitätssystem der kapitalistischen Ökonomie. Abspaltungen – so die sozialpädagogische Bewältigungstheorie (vgl. Böhnisch 2018) – gehen mit Abstraktionen einher (s. u.). Die Schäden und Opfer der Wachstumsneurose werden ausgeblendet, denn es geht um das ökonomische Überleben des kapitalistischen Systems. Angesichts der globalen Macht des digitalen Kapitalismus ist es allerdings nicht leicht, seine innere Hilflosigkeit zu thematisieren. Manchmal – wie in den weltweiten Finanzkrisen der 2000er-Jahre – scheint sie auf. Aber gerade über das Aufzeigen dieser Hilflosigkeit öffnet sich der Bildungspfad für eine Pädagogik der sozialen Nachhaltigkeit.

Inwieweit kann nun die Sozialpädagogik/Soziale Arbeit insgesamt von dieser neuen Dialektik der Angewiesenheit profitieren? Die traditionelle sozialpolitische Dialektik der Angewiesenheit hat ihr zwar – als lebensweltliches Inventar der Sozialpolitik – eine enorme institutionelle und professionelle Bestandserweiterung und -sicherung gebracht, ein verfassungsgebundenes Bekenntnis der Gesellschaft zur Angewiesenheit auf die Soziale Arbeit ist aber bis heute ausgeblieben. Und das, obwohl die Soziale

Arbeit einen unverzichtbaren Beitrag zur sozialen Integration – in der Form der sekundären Integration (s. u.) – leistet. Das hängt damit zusammen, dass das Paradigma von der sozialpolitischen Angewiesenheit des kapitalistischen Systems auf den Menschen sich vor allem auf die arbeitenden Menschen bezogen hat. Diejenigen hingegen, die aus der Arbeitsgesellschaft herausfallen und die die hauptsächliche Klientel der Sozialen Arbeit ausmachen, galten und gelten nicht als sozialpolitische Subjekte, fielen und fallen auch aus dem antikapitalistischen Magnetfeld heraus. Im neuen sozialökologischen Magnetfeld der Angewiesenheit aber sind sie dabei, denn es geht ja nicht nur um die soziale Existenz des arbeitenden Menschen, sondern um die menschliche Existenz, das Menschsein und die Menschenwürde überhaupt. Auch damit legitimiert sich die zukünftige Angewiesenheit der Gesellschaft auf die Sozialpädagogik/Soziale Arbeit.

Abspaltungen

Man kann die „Externalisierungsgesellschaft" (Lessenich 2018) auch als *Abspaltungsgesellschaft* bezeichnen. Auch Stephan Lessenich unterstreicht den folgenreichen Mechanismus der Abspaltung, dessen Brisanz für den Nachhaltigkeitsdiskurs vor allem dort sichtbar ist, wo Klimakatastrophen und Armutsdramatiken verdrängt, geleugnet oder entdramatisiert werden. In der Sozialen Arbeit wird mit dieser Begrifflichkeit seit einiger Zeit operiert (vgl. Böhnisch 2018). Dort steht das bedrohte Selbst in seiner Hilflosigkeit in kritischen Lebenskonstellationen im Mittelpunkt. Entlastung ist möglich, wenn man darüber sprechen, die innere Hilflosigkeit ausdrücken kann. Im sozialpädagogischen Bewältigungsmodell wird dies mit dem Begriff der *Thematisierung* umschrieben. Unter Thematisierung versteht man dabei nicht nur den sprachlichen Akt, sondern vor allem auch den interaktiven Vorgang des sozial initiativen Handelns im Sinne von ‚agency' als wiedererlangter Handlungsmächtigkeit. Wenn aber Hilflosigkeit nicht ausgesprochen, nicht ‚thematisiert' werden kann, muss sie herausgedrängt, also *abgespalten* und kompensiert werden. Die

Abspaltungen können vielfältig sein. Immer wieder anzutreffende Formen sind die der Projektion der eigenen Hilflosigkeit auf andere, Schwächere (z. B. Ausländerfeindlichkeit) oder die der Rationalisierung (z. B. Leugnung, Umdeutung). Indem diese Ablaufdynamik einem nicht bewusst, sondern tiefendynamisch angetrieben ist, entzieht sich auch das Abspaltungsverhalten der Selbstkontrolle. Dieser Vorgang wird in der Psychoanalyse mit dem Begriff der *Abstraktion* umschrieben. Abstraktion meint die Ausblendung der Wirklichkeit aus dem Bewusstsein der Handelnden. Vor allem die traditionelle und immer noch resistente männliche Form der äußeren Abspaltung (Rationalitäts- und Machbarkeitszwang, gewaltförmiges Dominanz- und Abwertungsverhalten) erzeugt antisoziale Effekte. Durch Abspaltungen wird die eigene Hilflosigkeit nicht aufgehoben, sondern sie bleibt und schwelt weiter unter der Decke der Abspaltung, fällt aber immer wieder auf einen selbst zurück (vgl. ebd.).

Solche Abspaltungsformen haben eine gesellschaftliche Entsprechung in der Art und Weise, wie sie in der kapitalistischen Ökonomie verankert sind. Reproduktive Sorge ist im industriekapitalistischen Legitimationszusammenhang des unbedingten Wachstums und der geschlechtshierarchischen Arbeitsteilung aus der Sphäre der Erwerbsarbeit tendenziell ausgeschlossen, abgespalten, ihr gegenüber abgewertet und ins Private verwiesen. Wieder erkennen wir den Gegensatz zwischen Externalisierung und Sorge als Grunddilemma der Nachhaltigkeit. Hinter der Externalisierung als Grundform der Abspaltung, verbergen sich also auch kollektive Unsicherheiten und latente Hilflosigkeit, die nicht thematisiert werden können, weil das die Wachstumsillusion gefährdet. Rationalisierungskonstrukte gedeihen in diesem *Abspaltungszwang*, der den Mechanismus der Abstraktion auch gesellschaftlich in Gang setzt. Wenn Lessenich (2018: 53 f.) vom „Schleier des Nicht-Wissen-Wollens“ spricht, dann handelt es sich um nichts anderes als um eine solche Art der Abstraktion. Das verweist auch hier darauf, dass der Abspaltungs*zwang* und die damit verbundenen Projektionen – z. B. auf schwächere, ‚unterentwickelte‘ Gesellschaften, die für ihre Lage ‚selbst verantwortlich‘ wären – letztlich das Unbehagen und die Hilflosigkeit in der eigenen Gesellschaft betreffen. So wie die Täter letztlich selbst die eigenen Opfer sind, wird „die Externalisierungsgesellschaft […] zunehmend von ihren eigenen Effekten eingeholt und selber mit ihren negativen Externalitäten konfrontiert“ (ebd.: 118).

Die Umpolung der Generationenfrage

Das Kernproblem einer Pädagogik der sozialen Nachhaltigkeit ist wohl die Generationenfrage. Wie kann ich Jugendliche, die von ihrer Alterstypik her gegenwartsorientiert sind, in ein Verhältnis zu zukünftigen, interaktiv nicht fassbaren Generationen bringen? Schon der Bezug Jugendlicher zu vergangenen Generationen ist auf Grund dieser Gegenwartsorientierung nicht einfach herstellbar. Im Nachhaltigkeitsdiskurs geht es darüber hinaus um etwas historisch Abstraktes, um das für zukünftige Generationen zu Bewahrende.

Es war der Soziologe Karl Mannheim, der den sozialwissenschaftlichen Generationsbegriff, der seit der Jugendbewegung gleichsam in der Luft lag, systematisiert, zur soziologischen Kategorie – für ihn vergleichbar mit dem Klassenbegriff – erhoben hat. In seiner erstmals 1926 erschienen Schrift „Das Problem der Generationen“ (1965) zeigt er, dass der Altersgruppen-Rhythmus des gleichen Zeitgefühls sich nicht naturwüchsig aus den anthropologischen Lebensaltern des Menschen, sondern erst als Element des sozialen Geschehens ausbildet. Dass er seine Generationentheorie vor allem auf der jungen Generation aufgebaut hat, liegt an dem kulturellen Spezifikum der Jugend, aus dem heraus sich die soziale Dynamik des Generationsbezugs noch besonders strukturiert: in der jungen Generation sieht er die eigentliche generationsformierende Kraft. Denn die Jugend tritt jeweils neu in die schon bestehende Kultur ein und hat ihre Zukunft – ohne Bezug zum Vergangenen – noch vor sich. Sie ist in dieser Generationenperspektive – wie Mannheim in einer späteren Schrift (1952) weiter ausführt – grundsätzlich zum Neuen bereit: Wie dieses *Neue* allerdings ausfällt, ob es nun in progressiver oder regressiver, passiver oder aktiver, konformistischer oder abweichender Gestalt auftritt, hängt von den gesellschaftlichen Rahmenbedingungen ab; vor allem von der Bereitschaft der maßgeblichen gesellschaftlichen Kräfte, das Neue und damit Konflikthafte in der Jugend anzuerkennen. An der Generationsgestalt der Jugend symbolisiert sich also das jeweils historisch Neue, ob es nun die Jugend selbst durch Konflikt, Protest, abweichendes Verhalten ausdrückt oder ob sich lediglich die gesellschaftliche Diskussion um Wandel und Bestand, Integration oder Zerfall der Gesellschaft an dem Zustand der jungen Generation entzündet. Die Jugend wird so – aktiv oder passiv – zum Kristallisationspunkt des Zeitverständnisses. Mit dem soziologischen Generationsverständnis ist also ein neues Zeit- und Identitätsproblem in die moderne Pädagogik gekommen. Erziehung ist nicht mehr länger nur Weitergabe des Kulturerbes, sondern gleichzeitig Vermittlung unterschiedlicher Zeitverständnisse und Austragungsort von Generationskonflikten.

Die Shell-Studie Jugend 2000 hatte das Ende der jungen Generation als „kritische Masse“ der Zukunftsentwicklung der deutschen Gesellschaft signalisiert. Danach bleibt die Jugend zwar weiter eine besondere Sozialgruppe in der Spannung von Separation und Integration, sie ist aber nicht mehr – per Generationsdefinition – den anderen Lebensaltern gegenüber in einer Ausnahmestellung. Denn das Generationenverhältnis und -gefüge scheint sich nachhaltig zu ändern: Zum einen kommt das Alter, das die Modernisierung als Restkategorie zu Gunsten der jungen Generation zurückgelassen hatte, in dem Maße wieder ins gesellschaftliche Generationenspiel, in dem die Jugend an gesellschaftlicher Relevanz verloren hat. Zum anderen ist das Label „junge Generation“ mit seinem Gütezeichen des Neuen, Unverbrauchten von der Sozialgruppe Jugend gelöst worden, zum Warenetikett („Produktgeneration“) mutiert. Der Generationenzusammenhang und seine Dynamik scheint entgesellschaftet, ökonomisiert, in den Familien privatisiert.

Der Schein trügt. Die Generationsdynamik der Adoleszenz bleibt, ihr widerständiger Generationsdruck des *Subito* bricht bei vielen Jugendlichen auch heute noch und wieder gesellschaftlich auf – in den sozialen Bewegungen, aber auch im Alltag der Schülerdemonstrationen zur Klimafrage. Jugendliche entdecken und spüren auf einmal, dass die Zukunft *ihre* Zukunft ist. Der Generationenkonflikt bezieht sich nun nicht mehr auf die Auseinandersetzung um das Vergangene, sondern um das Zukünftige. Das sind Anzeichen für eine Umpolung der Generationenfrage. Nur, die Gegenwartsorientierung der Jugend bleibt trotzdem. Sie äußert sich weiter im *Subito,* im Bestehen auf der sofortigen Änderung z.B. der klimapolitischen Strategien. Die Zukunft wird in die Gegenwart hereingeholt. Das, was einleitend in diesem Buch zitiert wurde, dass wir schon ‚neben der Sintflut' leben und die Zukunft nicht mehr eroberbar ist, weil sie jetzt schon gegen uns zu wirken beginnt, das wird deshalb (von Teilen) dieser jungen Generation gespürt, weil sie keine Bindung an die Beschwichtigungspolitik der Vergangenheit hat. So fügen sich Elemente der alten Generationentheorie mit neuen Elementen des Generationenkonflikts zu einer *Generationentheorie der Nachhaltigkeit* zusammen.

Intragenerationale und intergenerationale Nachhaltigkeit

Intragenerationale Nachhaltigkeit

Intragenerationale Nachhaltigkeit hat eine horizontale und eine vertikale Dimension. Im Mittelpunkt steht die Frage, wie innerhalb einer Generation so gewirtschaftet und gelebt wird, dass es nicht auf Kosten anderer geht. Soziale Gerechtigkeit und ihre Institutionalisierung bildet den Kern dieser Nachhaltigkeitsdefinition. Da aber die Gegenwart heute mehr als zuvor schon in die Zukunft hineinreicht, ist der Übergang zwischen intra- und intergenerationaler Nachhaltigkeit fließend. „Wie eine Sturzwelle ergießen sich die neuen Kommunikations- und Informationstechnologien in den Arbeitsalltag […]. Die Beschleunigung, die durch die elektronische Informationsübertragung eingetreten ist, hat auch den Puls der Gegenwart schneller werden lassen. Für das Morgen zu leben, bedeutet bereits teilweise im Morgen zu leben" (Nowotny 2005: 116).

Intragenerationale Nachhaltigkeit kann aber auch bedeuten,

wie sich in der Lebenszeit einer Generation soziale Nachhaltigkeit herausbildet. Wenn man wie ich seit 45 Jahren in der Sozialen Arbeit/Sozialpädagogik tätig ist, dann ist es wohl legitim, aus der eigenen Biografie eine intragenerationale Nachhaltigkeitsperspektive aufzumachen. Das bietet sich bei meiner Biografie besonders an, da ich in die Sozialpädagogik zu einem Zeitpunkt eintrat, zu dem sich die sozialpädagogische Landschaft radikal veränderte. Ich denke hier an die sozialpädagogischen Bewegungen der 1970er-Jahre, die Heimkampagnen, die Jugendzentrumsbewegung, die Schüler- und Lehrlingsbewegungen, die Fraueninitiativen und die Gemeinwesenkampagnen. Ich denke aber auch an die sozialstaatlichen Modellprojekte, die daraus angeregt wurden und in denen versucht wurde, Forderungen aus den sozialpädagogischen Bewegungen in Infrastrukturen der Jugendhilfe und Sozialen Arbeit umzusetzen. Diese Zeit ist natürlich in ihrer Unmittelbarkeit der Bewegungen längst nicht mehr erhalten, der sozialstaatliche Modernisierungsprozess, den sie mit in Gang gesetzt hatten, hat ihre Prinzipien umgeformt. Dennoch ist die heutige Landschaft der Sozialpädagogik und Sozialen Arbeit ohne diese damaligen Entwicklungen nicht denkbar. Es gab also Nachhaltigkeitseffekte. Diese auf einen Begriff zu bringen ist angesichts der danach einsetzenden Modernisierungslogik nicht direkt möglich. Es muss also gleichsam nach einem *Principium Medium* der Nachhaltigkeit gesucht werden, dass auch in den Transformationsprozessen erhalten geblieben ist und weiter wirken kann. Dieses Prinzip sehe ich im *sozialen Konflikt* in seiner öffentlichen Austragung und gesellschaftlichen Anerkennung. Es ist für mich auch *das* Principium Medium sozialer Nachhaltigkeit für die Entwicklung unserer Gesellschaft.

Gegenwärtig scheinen Teile der Jugend dieses Prinzip wieder neu zu beleben. Europaweit streiken Schüler*innen und gehen gegen die zögerliche Klimapolitik angesichts der drohenden Klimakatastrophe auf die Straße. Das *Subito* der Jugend der 68er- und 70er-Jahre geht wieder um. ‚Es gibt keinen Plan B für, keinen Planeten B zu unsere(r) Erde', kursiert als Motto in den Demos. Sie und ihre Kinder möchten auf dieser Erde gesund alt werden und sozial gesichert bleiben. Solche Demonstrationen im Vorfeld sozialer Bewegungen sind neue Kontexte der Sozialisation, drängen danach, in schulischen und sozialpädagogischen Bildungsprozessen aufgenommen, vertieft zu werden.

Intergenerationale Nachhaltigkeit

Kann man eigentlich voraussehen oder gar bestimmen, wie ein Leben zukünftiger Generationen aussehen wird oder aussehen soll? Hans Jonas hat in seinem „Prinzip Verantwortung“ die Pflicht angemahnt, heute dafür zu sorgen, dass auch die Menschen in der Zukunft ein menschenwürdiges Leben führen können. „Das noch nicht Seiende“ wird in den Blick genommen. „Wie aber ist diese Pflicht für die Lebensmöglichkeit der zukünftigen Generation zu begründen, damit ihr kein reduziertes Leben zugemutet wird? Eine solche Reflexion kann sich nicht auf die Antizipation der Wünsche der späteren Generation und ihrem Raum zur Selbstverwirklichung erstrecken. Die Wünsche könnten von der heutigen Generation vorprogrammiert und nicht die eigenen Vorstellungen sein. Auch das Recht der nachfolgenden Generation etwa auf Glück, kann nicht das entsprechende Motiv zum Handeln sein, denn die Glücksvorstellungen variieren inhaltlich sehr. Die Grundlegung dieser Ethik sollte so formuliert werden, dass sie nicht durch zeitlich bestimmte Wünsche oder Rechtsvorstellungen fixiert wird“ (Müller 1988: 48 f.).

Jonas sucht deshalb nach einer Größe, die vom Menschen unabhängig ist, ihn aber dennoch bestimmt. Er findet sie allgemein im „Menschsein“, das für die Menschen in Würde ermöglicht werden muss. Indem wir selbst in diesem Menschsein leben, haben wir die Pflicht, dieses Menschsein als Existenzrecht wie als Existenzpflicht unseren Nachkommen zu bewahren. Es ist also die *Idee vom Menschen* gemeint, der wir auf Zukunft verpflichtet und für die wir verantwortlich sind. Es ist nicht der jeweils konkrete zukünftige Mensch, den wir ja noch gar nicht kennen. „Es ist […] eine ontologische Idee, die zwar nicht, wie im ontologischen Beweis […] die Existenz ihres Gegenstandes schon mit der Essenz verbürgt […] aber die sagt, dass eine solche Anwesenheit sein soll. […] Sie also uns, die wir sie gefährden können, zur Pflicht macht.“ (Jonas 1979: 91)

Gefährdet wird das Menschsein und die darin enthaltene Würde des Menschen vor allem durch die technologische Entwicklung. Was Jonas schon in den 1980er-Jahren befürchtete und besonders an der Biotechnologie festmachte, ist heute in seiner Weiterentwicklung noch bedrohlicher geworden: Die Technologie „ist ethisch niemals neutral, denn sie bildet ständig neue Arten des Könnens aus. Daraus resultiert für den Menschen ein permanenter Machtzuwachs [...] Da Macht und Verantwortung korrelieren, hat der Mensch heute kosmische Verantwortung für das Leben in der Zukunft". Und dabei „weist die Technik selbst dem Menschen die Aufgabe zu, die Welt vor ihrer Dynamik zu bewahren, d.h. das vom Menschen geschaffene Instrument formuliert den quasi religiösen Auftrag der Bewahrung der Schöpfung, wenn es selbst die dazu nötige technikkritische Voraussetzung der Heuristik der Furcht teilt" (Müller 1988: 51).

Der sozialtechnologische Forschungsmythos

Mit der Ökonomisierung des Sozialen ist auch eine entsprechende Fortschrittsperspektive in den Sozialdiskurs gekommen: „Sozialer Fortschritt ist hauptsächlich durch kontinuierliche Steigerung ökonomisch definierter Produktivität erreichbar" (Vogel 2006: 71). Dies gelinge durch die Anwendung immer höher entwickelter Technologien. Die Grundstruktur dafür bildet ein *managerielles* Gesamtkonzept zur Planung, Umsetzung und Evaluation dieses Prozesses. So wird das gegenwärtig sich zunehmend durchsetzende Paradigma der Wirtschafts- und Gesellschaftsentwicklung umschrieben. Dabei geht es nicht nur um die Anwendung von Managementmethoden auch in Non-Profitorganisationen wie der Sozialen Arbeit, sondern um eine Fortschrittsideologie im Zeichen prinzipieller technologischer Machbarkeit bei der Lösung sozialer Probleme. Sie wird in der neokapitalistischen Gesellschaft wie ein Gestaltungsmythos, ein „Glaubenssystem" (Otto/Ziegler 2018: 963f.) hochgehalten, in dem Marktkonkurrenz und funktionale Rationalität als Bewegungsgrößen zusammenspielen. Der Managerialismus wird legitimiert durch das Gebot und den

Ertrag der Effizienz, das an der Produktivitäts- und Gewinnsteigerung, aber nicht am Gemeinwohl ausgerichtet ist. Diese monetäre Marktorientierung blockiert insofern Nachhaltigkeitsperspektiven, da nun Kurzfristigkeit in der Planung und Kommerzorientierung im Mittelpunkt stehen (vgl. Maier u.a. 2009). Wohlfahrts- und gesellschaftspolitische Ziele werden dabei immer mehr an den Rand gedrängt. Soziale Arbeit wird als Dienstleistung definiert und gerade diese Definition ermöglicht die Anwendung managerieller Methoden. Diese Entwicklung wird durch eine nur effizienzorientierte Digitalisierung der Sozialen Arbeit verstärkt (vgl. Kreidenweis 2019).

Auf der Basis einer Dokumentenanalyse hat Markus Jüster (2017) diese Verschiebungen von einer sozialethischen und wohlfahrtspolitischen Ausrichtung hin zur Organisations-, Effizienz- und Marktzentrierung bei drei großen Wohlfahrtsverbänden in Deutschland beschrieben. Unter der Legitimationsfolie der Wirtschaftlichkeit, Effizienz und Konkurrenzfähigkeit entwickelten sie immer mehr ein betriebswirtschaftliches Profil, das in seiner stetigen Erweiterung konzernähnliche Ausmaße angenommen hat. Der sozialethische Rahmen und die soziale Basis wurden immer mehr geschwächt, kommunale Autonomie wurde abgebaut, die Organisations- und Funktionsprinzipien der Dachorganisationen bestimmen die Verbandspolitik. Diese entwickeln eine eigene systemische Selbstreferenzialität, die zunehmend immun geworden ist gegenüber Forderungen nach sozialethischer Rückbesinnung und Redemokratisierung von unten.

Angesichts dieser Zentralisierungsprozesse hat sich der Druck auf die lokalen Hilfestrukturen erhöht, standardisierte Dienstleistungsangebote zu entwickeln. Problematisch ist dabei, „dass die Audits des Erfolgs einer Organisation sich in aller Regel auf Messgrößen beziehen, die in numerischer Form abgebildet werden können. Dies mag zwar dem pragmatischen Grund geschuldet sein, dass lediglich qualitativ fassbare Kriterien deutlich schwieriger – und gegebenenfalls unmöglich – in eine gleichermaßen kardinal messbare und vergleichbare Form gebracht werden können“ (Otto/Ziegler 2018: 968). Das kann letztlich aber dazu führen, dass immer wieder Daten von den Sozialarbeiter*innen abgefordert werden, die die Organisation dann nach ihren Kontroll- und Evaluationsprinzipien bearbeitet, sodass die Mitarbeiter*innen dann keinen Zugang mehr zu ihren Daten finden. Mit der Managerialisierung geht dann eine fachliche Enteignung der Sozialarbeiter*innen einher. Gleichzeitig ihre Vereinzelung. So wird auch lokale Milieubildung erschwert, die für die Entwicklung nachhaltigkeitswirksamer Kommunikationsstrukturen so wichtig ist.

So kann man durchaus das Fazit ziehen, dass die managerialistische Ausrichtung der Sozialen Arbeit zu einer Schwächung all jener Faktoren führt, die Soziale Nachhaltigkeit in der Sozialpädagogik/Sozialen Arbeit begünstigen und fördern können. Deshalb muss sich die Sozialpädagogik um eine Fortschrittsdefinition bemühen, die das Soziale wieder in den Mittelpunkt stellt und die ökonomische Methodik als Mittel betrachtet.

Konsumismus

Es ist nicht nur der Managerialismus, der den Zugang zu sozialer Nachhaltigkeit verbaut. Eine weitere Barriere stellt der schrankenlose Konsum *(Konsumismus)* dar. Beide lassen die Menschen nicht zu sich, zum Innen kommen, ziehen sie in den Sog der Externalisierung. Externalisierungsprozesse werden im Diskurszusammenhang des Konsumismus auch als *Entfremdungsprozesse* interpretiert.

Die Aneignung von Gesellschaft und damit die Teilhabe an ihr wird in der Marx'schen Grundlegung über die Arbeit hergestellt. In dem Maße aber, in dem die Arbeitenden nicht in den Genuss des Wertes der Arbeit kamen, ihre Arbeitsvollzüge zudem nicht mehr für sie im Bezug zum Ganzen des Produktionsprozesses durchschaubar waren, (wodurch das, was sie produzierten, von ihnen nicht bestimmt oder geändert werden konnte), wurde von der Tendenz der *Entfremdung* gesprochen; einer Tendenz, die der Industriekapitalismus in der Konsequenz seiner Eigentumsverfassung und dem Ausschluss der Arbeiter vom Besitz der Produktionsmittel strukturell in sich trägt. Entfremdung war und ist in diesem Sinne keine individualisierte, sondern eine soziale, kollektiv ausgerichtete Kategorie. Nicht der Einzelne ist entfremdet, er muss ja alltäglich handlungsfähig bleiben. Entfremdung ist nur in sozialen Bezügen und Beziehungen aufschließbar und erst so auch vom Einzelnen thematisierbar (vgl. Jaeggi 2005).

Der fordistische Kapitalismus hat mit seiner Transformation vom Arbeiter zum Konsumenten (vgl. Böhnisch/Schröer 2016) vor dem Hintergrund der ökonomischen Gleichung ‚Massenproduktion ist gleich Massenkonsum' Entfremdung individualisiert und gleichzeitig konsumtiv kompensiert. Erich Fromm war wohl einer der Ersten, der die gesellschaftspolitische Tragweite des Konsumismus erkannte, indem er beklagte, dass der Konsum eine Suggestion der Freiheit erzeuge, über die der Mensch vergesse, was Freiheit wirklich ist: Entfremdung als Strukturmerkmal moderner Konsumgesellschaften. „Die Entfremdung, wie wir sie in der modernen Gesellschaft finden, ist beinahe total. Sie durchdringt die Beziehung des Menschen zu seiner Arbeit, zu den Dingen, die er verbraucht, zu seinen Mitmenschen und sich selbst. [...] Verbrauch wird zum Selbstzweck, wovon insbesondere die moderne Freizeitindustrie und Eventkultur profitiert. Er ‚verschlingt' Sportereignisse, Filme, Zeitungen, Bücher, Vorträge, Landschaften, alles in der gleichen entfremdeten und abstrahierten Art, wie er die Waren konsumiert, die er eingekauft hat [...]. Der passive und entfremdete Mensch unterwirft sich den Angeboten der Vergnügungsindustrie und ist nicht mehr in der Lage, sich produktiv und kreativ zu verhalten. Die Folge dieser ausschließlichen Fixierung auf seine ökonomische Rolle und gesellschaftliche Funktion ist Beziehungslosigkeit und Gleichgültigkeit." (Fromm 1960: 113 ff.). Entfremdung wird also nun als im subjektiven Empfinden des Menschen nicht mehr aktivierbarer gesellschaftlicher Zustand beschrieben, der sich im Menschen abbildet, den er aber so nicht empfindet. In ähnlichem Sinne entwarf Herbert Marcuse das Bild vom *eindimensionalen Menschen*, der seine Bedürfnisse und gesellschaftlichen Interessen nicht mehr aus der Spannung von Entfremdung und Gestaltung heraus aktiviert, sondern sich den Interessen von Produktion und Konsumtion anpasst und deren Prinzipien als eigene Bedürfnisse übernimmt: „Die meisten herrschenden Bedürfnisse, sich im Einklang mit der Reklame zu entspannen, zu vergnügen, zu benehmen und zu konsumieren, zu hassen und zu lieben, gehören in die Kategorie falscher Bedürfnisse" (Marcuse 1981: 25). „Die Menschen erkennen sich in ihren Waren wieder; sie finden ihre Seele in ihrem Auto, ihrem Hi-Fi-Empfänger, ihrem Küchengerät. Der Mechanismus selbst, der das Individuum an seine Gesellschaft fesselt, hat sich geändert, und die soziale Kontrolle ist in den neuen Bedürfnissen verankert, die sie hervorgebracht hat" (ebd.: 29).

Diese Beschreibungen der Verbindung von Entfremdung und Konsum sind auch heute noch im Kern gültig (vgl. Bierhoff 2013). Zygmunt Bauman hat in diesem Sinne die These aufgestellt, dass die Konsumindustrie eben nicht menschliche Bedürfnisse nachhaltig befriedigen will, weil mit langfristig zufriedenen Kunden der Fortlauf der Massenproduktion, die auf schnell Verbrauchtes und stetig Neues gepolt ist, gefährdet würde (Bauman 2009: 129 f.). Da Konsum aber heute identitätsstützend geworden ist, kann es identitätsstörend wirken, wenn man immer neuen Konsumtrends hinterher hetzen muss. Die dauernden Neuheiten „erzeugen Unzufriedenheit mit den Produkten, mit denen Konsumenten ihre Bedürfnisse befriedigen – und kultivieren darüber hinaus permanente Unzufriedenheit mit der erworbenen Identität und den Bedürfnissen, durch die eine solche Identität definiert wird" (ebd.: 130 f.). Burkhard Bierhoff spricht in diesem Zusammenhang von einem dauernden Druck zum Identitätswechsel. „Das Identitäts-Update wird zur Pflicht des heutigen Konsumenten" (Bierhoff 2013: 48). Tim Jackson (2017: 178) beschreibt die konsumtive Identitätsformation als „erweitertes Selbst, das durch die Angst vor dem leeren Selbst motiviert ist." Das Konsum-Selbst wird von einem inneren Markt angetrieben.

„Tatsächlich hat sich diese Selbstextension durch Konsum in den folgenden 100 Jahren über die Klassen hinweg immer weiter verstetigt und ist zum Charakteristikum des Sozialtypus des 21. Jahrhunderts geworden – nunmehr nicht nur des westlichen, sondern mit expansiver Tendenz auch in den ehemals realsozialistischen Gesellschaften und in den sogenannten Schwellenländern. Inzwischen hat sich der innere Konsumismus so fest installiert, dass sogar Strategien zur Transformation der Gesellschaft in Konsumstilen gesucht werden – eine folgenreiche Verwechslung von politischem Subjekt und kritischem Verbraucher" (Welzer 2011: 30 f.).

Von unserem Konfliktverständnis her sind es zwei kritische Aspekte, welche die ambivalenten Wirkungen des modernen produktdifferenzierten und stilästhetisierten Konsums ausmachen: zum einen das Phänomen der Gleichzeitigkeit und Vereinbarkeit des Widersprüchlichen, das er hervorbringt, zum anderen das der Konfliktharmonisierung. Wir können heute an einem Ort und in einem Akt Dinge kaufen, die soziokulturell Widersprüchliches beinhalten. Es werden Produkte hergestellt, die mit den gleichen positiven Lebensstilverheißungen Umwelt oder Gesundheit zerstören, wie Produkte, welche eben diese Schäden sanieren und heilen helfen sollen. Die Konfliktlösungssymbolik bezieht sich dabei nicht nur auf Alltagskonflikte, sondern auch auf gesellschaftliche Konfliktbilder, auf die Harmonisierung von Klassen- und Schichtunterschieden. Auch hier wirkt wieder das Moment der Gleichzeitigkeit und Vereinbarkeit des Widersprüchlichen: Die Konsumindustrie stellt – dem Gesetz der Produktdifferenzierung folgend – sehr wohl schichtdifferente Produkte und Accessoires her, für betuchte und weniger betuchte Leute auf der Schichtskala von der exklusiven Marke über die Imitationsware bis hin zum Massenramsch. Aber: Auch noch die Ärmsten können kaufen, haben Zugang zu der Konsumszenerie, in der auch die Reichen – wenn auch in einem anderen Produkthimmel – es ihnen gleich tun. Es gibt nur noch Konsumniveaus und keine Klassenunterschiede mehr, heißt die soziale Botschaft. Und: Nicht nur das tatsächliche Konsumieren, sondern vor allem das in der Werbung ästhetisierte ‚Kaufen-an-sich', die tägliche Chance des ‚In-Seins' machen die partizipative Suggestion des Konsums aus.

Fundament jeglicher nachhaltigkeitsorientierten Konsumpädagogik sind deshalb Projekte zur Stärkung des inneren Selbstbezugs und der Ermöglichung von Erfahrungen der Selbstwirksamkeit jenseits aller Verzichtrhetorik. Das Exemplarische Lernen in der Gruppe (s. u.) hat sich hier als aussichtsreich erwiesen. Als entsprechendes Modell für schulische und sozialpädagogische Bildungsprozesse haben sich Gruppenprojekte zur Urteilsbildung mit der Methodik des Rollen- oder „Debattenspiels“ (Hofmann/ Traxl 2017) bewährt. Zu Nachhaltigkeitsthemen werden unterschiedliche Pro- und Kontra-Rollen vergeben. In einer abschließenden Reflexionsphase sollen die Jugendlichen ihr eigenes bisheriges Konsumverhalten herauslassen und – wie im Exemplarischen Lernen (s. u.) – ihr Ausgesetztsein im ökonomisch gelenkten Genuss nachvollziehen. Und sie können – gleichsam im Erwerb investigativer Kompetenzen – auch die dahinter liegenden kommerziellen Interessen erkennen.

Soziale Hilflosigkeit

Das Unvermögen, Nachhaltigkeit ökonomisch und gesellschaftlich zu praktizieren, bei allem Wissen über die Folgen der Externalisierung, löst Hilflosigkeit aus. Hilflosigkeit ist ein Zustand, in dem Einzelne nicht leben und Gesellschaften nicht stabil sein können. Hilflosigkeit – so können wir es bewältigungstheoretisch umschreiben – zwingt zu äußeren und inneren Abspaltungen (s. o.). Es kommt zu Rationalisierungen, Leugnungen und Projektionen. Dass der Klimawandel geleugnet wird, genauso wie die zunehmende Arm-Reich-Spaltung oder die demokratische Integrationskraft des sozialen Konflikts, können wir an den gegenwärtigen populistischen Strömungen beobachten. Dass die neuen Technologien schon irgendwann alles richten werden, gehört zu den impliziten Leugnungen der ökologischen und sozialen Katastrophen. Ausländerhass und neokolonialistische Schuldzuweisungen an die ‚unvernünftigen unterentwickelten‘ Völker gehören zum Repertoire der nach außen gerichteten Abspaltungen. Nach innen werden Konflikte geleugnet, populistisch-völkische Abschottungsprogramme geistern durch die Gesellschaft. Aggressiver Systemhass und innere Polarisierung sind weitere Symptome solcher Abspaltungen.

Wenn man aber die Anerkennung von Hilflosigkeit in eine soziale Stärke umdeutet, tritt ihre seismographische Bedeutung hervor. Zum einen kann deutlich werden, dass es der Zwang ist, der in der Externalisierung und im Verdikt des Mithaltens steckt, der Hilflosigkeit erzeugt, und nicht das je individuelle Unvermögen der Menschen. Diesen Zwang gilt es als äußeres wie inneres Machtverhältnis zu bestimmen. Harald Welzer (2011) hat in diesem Zusammenhang die Formel „vom Fremdzwang zum Selbstzwang" gebraucht. Diese Entsprechung gilt es zu explizieren. Dabei ist es wichtig, wie die Einzelnen diesen Zwang an sich selbst erfahren und in die Lage versetzt werden können, dies mitzuteilen, zu erzählen. Mit der Methodik des Exemplarischen Lernens (s. u.) kann dies versucht werden. Im Zuge dieser Thematisierung von Hilflosigkeit werden Relationen deutlich, die im Externalisierungsprozess verdeckt sind. So vor allem die Abhängigkeiten im Verhältnis zwischen Mensch und Natur und zwischen den Menschen selbst. Die Dialektik der Angewiesenheit tritt wieder hervor.

Hilflosigkeit muss nicht abgespalten werden, muss sich nicht gegen sich selbst oder gegen andere richten, wenn es gelingt, eine soziale Umgebung zu schaffen, in der Hilflosigkeit anerkannt ist und in der Perspektive des Aufeinander-Angewiesen-Seins positiv übersetzt werden kann (vgl. Gruen 1992). Dies ist in einer ‚Externalisierungsgesellschaft' nahezu undenkbar, in der Hilflosigkeit als Störung des ökonomischen und sozialtechnologischen Fortschritts diskriminiert und oft auch pathologisiert ist. Deshalb braucht es Gruppenbezüge und Milieus (s. u.) innerhalb dieser Gesellschaft, in denen sich solch Anerkennungsbezüge von Hilflosigkeit herausbilden können. Gerade von der Sozialpädagogik/Sozialen Arbeit sollte man erwarten können, dass sie dieses Milieu der Anerkennung von Hilflosigkeit schaffen kann. Da sie aber an ihrem professionellen Anspruch auf Überwindung von Hilflosigkeit ausgerichtet ist, und hier meist unter einen gewissen Interventionszwang steht, besteht in der Praxis oft wenig Zeit zum Innehalten, um sich über die Botschaften und Hilferufe, die hinter dieser Hilflosigkeit stecken, zu verständigen, und über die Möglichkeiten, sie zu thematisieren.

Umkehrungen und Gegenwehr

Die Zukunft speist sich immer auch aus der Gegenwart. Harald Welzer operiert in diesem Sinne mit dem ‚Lego-Prinzip': „Wir könnten doch mal die Bausteine, die heute schon vorhanden sind, [...] neu kombinieren. [...] Diese neue Kombinatorik wird erstens zeigen, dass man für eine Utopie vieles verwenden kann, was es schon gibt. [...] Zweitens tauchen neue Pfade auf, auch dort, wo sie historisch nicht eingeschlagen wurden, aber hätten eingeschlagen werden können. Lego verfolgt ein Prinzip der unendlichen Reversibilität – alles könnte in jedem Augenblick auch anders sein" (Welzer 2019: 83).

Diese allgemeine, gleichwohl radikale Veränderungshypothese kann man im Prinzip der *Umkehrung* präzisieren. So, wie Michael Opielka (2017) forderte, man müsse die sozialstaatliche Politik vom Kopf des Wachstumszwangs wieder auf die sozialen Füße stellen, so müsste nach der bisherigen Argumentation auch für das sozialpädagogische Denken eine Abkehr von der sozialtechnologischen Zumutung gefordert werden. Allgemein braucht es – im Lichte der Nachhaltigkeitsperspektive – einen Abbau des sozialtechnologischen Fortschrittsmythos und den Grundsatz, dass nicht technologisches und monetäres Wachstum um jeden Preis, sondern Innehalten und ökonomisch-soziale Balance die Wirtschafts- und Gesellschaftsentwicklung bestimmen müssen. Erst wenn diese Umkehrung sozialpolitische Kraft gewinnt, kann sie auch im Sozialbereich wirksam werden. Sie beginnt mit der Entzauberung des oben beschriebenen sozialtechnologischen Fortschrittsmythos. Die Entzauberung beginnt damit, dass in Gruppen und Milieus Kommunikationsprozesse initiiert werden, in denen wir uns gegenseitig gewahr werden, wie wir selbst in dem Wachstumsmythos gefangen sind, wie diese sich von Fremdzwang zum Selbstzwang entwickelt und darin festgesetzt hat. Die Rückgewinnung einer eigensinnigen Kommunikation und ihre Stärkung und Vergewisserung im Milieu geht einher mit der Durchsetzung qualitativer Methoden der Prozessbegleitung und Evaluation statt nur quantitativer Kontroll- und Evaluationsketten. Die damit verbundene Wiederaneignung der Sozialen Arbeit durch ihre Akteure gegenüber den zentralen Organisationen ist Voraussetzung für den sozialpädagogischen Nachhaltigkeitsdiskurs.

Zu einer der für die Sozialpädagogik/Soziale Arbeit folgenreichsten Umkehrungen wird in diesem Zusammenhang die der geschlechtshierarchischen Arbeitsteilung gehören. Dass jede Art der marktbewerteten Erwerbsarbeit, egal ob sie Sinn macht oder nicht, über der Sorgearbeit steht und entsprechend höher bewertet wird, ist für die Nachhaltigkeitsperspektive ein anhaltender gesellschaftlicher Grundskandal. Gerade für die Soziale Arbeit/Sozialpädagogik ist es wichtig, den in dieser Struktur der Arbeitsteilung enthaltenen Konflikt zwischen Externalisierung und Sorge als Kern des Nachhaltigkeitsprinzips immer wieder diskursiv freizulegen und zu skandalisieren.

Hier stößt man auch auf die härteste Nuss, die in diesem Zusammenhang zu knacken ist: das Zugeben und die Anerkennung menschlicher Hilflosigkeit im Banne der Natur im Gegensatz zum herrschenden Machtanspruch der Ausbeutung der Natur. Hier liegen die Wurzeln nicht nur der Natur-, sondern auch der damit verbundenen sozialen Katastrophen. Anerkennung von Hilflosigkeit bedeutet – gerade im sozialpädagogischen Kosmos – vor allem auch die Anerkennung der Vielfalt unterschiedlicher personaler und biografischer Befähigungen zu Lebenschancen *aller* Menschen, unabhängig von ihrem körperlichen und geistigen Vermögen (vgl. Nussbaum 2010).

Teil II
Die gesellschaftliche Einbettung einer nachhaltigkeitssensiblen Sozialpädagogik und Sozialen Arbeit

Die Bürgergesellschaft als Forum der Nachhaltigkeit

„Die Erfindung einer Gesellschaft nach dem Wachstum ist ein zivilgesellschaftliches Projekt, dessen Umsetzung man an niemand delegieren kann." (Welzer 2011: 42)

Die Nachhaltigkeits-Kategorie der Verantwortung hat in den bürgergesellschaftlichen Konzepten einen sehr hohen Stellenwert. Lange genug sei die soziale Verantwortung in den Sozialstaat eingeschrieben und definiert worden, nun sei es an der Zeit, dass die Bürger*innen selbst Verantwortung für sich und das Gemeinwesen übernehmen und diese direkter und freier gestalten können als im normierten sozialstaatlichen System. Es wird sogar von der Bürgergesellschaft als einer „Verantwortungsgesellschaft" gesprochen, in der durch vernetzte Initiativen ein „Verantwortungskapital" entwickelt und akkumuliert werden kann, das „das traditionelle Parteiensystem eines repräsentativen Systems wie in Deutschland strukturell nicht produzieren kann" (Gohl 2001: 11).

Eine zentrale Bezugsdimension des Diskurses um die Bürgergesellschaft – vor allem in Deutschland – ist die des *bürgerschaftlichen Engagements.* Aus sozialpädagogischer Perspektive ist nun zu fragen, wie weit dieses Engagement trägt. Welche Personengruppen stehen sozusagen Modell für die Figur des Aktivbürgers in diesem republikanischen Ordnungsrahmen? Es ist sicher nicht die Klientel der Sozialen Arbeit. Es sind die Bürger*innen der Mittelschicht (vgl. Enquetekommission 2002; Deutscher Bundestag 2017). Dabei sehen wir insbesondere drei Personengruppen: Engagierte im Rahmen von sozialen Hilfeprojekten, Engagierte im Auftrag lokaler Interessengemeinschaften und das bürgerschaftliche Engagement von Unternehmen *(coporate citizenship)*. Diese Aktivbürger*innen sind meist beruflich und sozial abgesichert und können so in der Mehrzahl der mittleren Mittelschicht zugerechnet werden. Sie haben eigene bürgerschaftliche Kommunikations- und Projektkulturen entwickelt, was oft zur Folge haben kann, dass sozial benachteiligter Bürger*innen (meist nicht intendiert) ausgeschlossen werden oder von vornherein den Projekten fernbleiben.

Je mehr sich die sozialen und psychischen Energien auf das arbeitsgesellschaftliche Mithalten konzentrieren, desto wahrscheinlicher werden die Exklusionseffekte für sozial benachteiligte Bevölkerungsgruppen. Chantal Munsch (2005/2011) hat in ihrer ethnographischen Arbeit über die „Effektivitätsfalle“ der Gemeinwesenarbeit gezeigt, wie ökonomisch-technologische Prinzipien der Effizienz einen bestimmten Idealtypus des beteiligungsfähigen Bürgers voraussetzen und jene, die vom Sozialstatus diesem Typus nicht nahe kommen, in ihrem Beteiligungsverhalten nicht mehr sichtbar werden lassen: „Eine rekonstruktive Perspektive auf Engagement, die sich von dem eindimensionalen Bild löst, welches in der Diskussion um bürgerschaftliches Engagement gepflegt wird, öffnet den Blick für vielfältige Formen von Solidarität und Protest, welche in der Forschung zu bürgerschaftlichem Engagement kaum eine Rolle spielen. Bezogen auf Arbeitslosigkeit und Armut gibt es nicht nur die an den Artikulationsformen neuer sozialer Bewegungen orientierten Arbeitslosen- und Armutsbewegungen (welche öffentlich kaum wahrgenommen werden)“, sondern eben auch stumme Protestformen. „Neben diesen Protestformen findet sich bei sozial benachteiligten Bevölkerungsgruppen eine hohe gegenseitige Solidarisierung, die sich z.B. darin zeigt, dass eine Familie trotz ihrer sehr beengten Wohnverhältnisse wohnungslose Nachbarn oder Bekannte bei sich aufzunehmen bereit ist oder trotz eigener finanzieller Engpässe anderen mit Geld aushilft.“ (Munsch 2003: 166f.)

Dass politisches Engagement und soziale Beteiligung eng mit den Spielräumen der Lebenslage, der jeweiligen Verfügung über ökonomisches, soziales und kulturelles Kapital verbunden sind, ist inzwischen oft beschrieben worden. Schon die Enquête des

Bundestages zur Entwicklung des bürgerschaftlichen Engagements in der Bundesrepublik Deutschland (2002) macht in diesem Zusammenhang die engagierten Bürger*innen als Mitglieder jener Bevölkerungsgruppe aus, die im Bezug zu einem Normalarbeitsverhältnis stehen und an ihrem Wohnort in soziale Netze eingebunden sind. Dass sich sozial Benachteiligte im Kontrast dazu wenig bis kaum engagieren, ist deshalb auch auf ihre prekäre Lebenslage zurückzuführen. Dieser sozialstrukturelle Verweis reicht aber nicht aus. Sozialarbeite*innen klagen häufig darüber, dass sozial Benachteiligte sich auch engagieren möchten, aber – trotz gemeinwesenpädagogischer Unterstützung – den Zugang zum bürgerschaftlichen Engagement nicht finden, mit den herrschenden Beteiligungsformen und -sprachen schwer zurechtkommen und sich so nach einiger Zeit wieder – nun doppelt – ausgegrenzt fühlen.

Munsch ist diesem Problemzusammenhang in einer ostdeutschen Kleinstadt nachgegangen. Sie kann aufzeigen, dass Beteiligungs- und Engagementprozesse im Gemeinwesen eben von jener arbeitsgesellschaftlich integrierten Schicht getragen werden, die einen bestimmten, auch habituell untereinander vertrauten Kommunikationsmodus der „effektiven Planung“ entwickelt hat. Dieser Modus steht in einem engen Zusammenhang zu den Lebensbedingungen. „Es handelt sich um Personen, welche oft auch neben ihrer Erwerbstätigkeit in vielfältige Bezüge eingebunden sind und somit über wenig freie Zeit verfügen. Diese wollen sie sinnvoll einsetzen, was dann erfüllt ist, wenn sie mit geringem zeitlichen Aufwand viel zu organisieren vermögen.“ (Munsch 2003: 249)

Sozial Benachteiligte hingegen, deren Spielräume der Lebenslage durch Arbeitslosigkeit und prekärere Arbeitsverhältnisse ökonomisch und sozial eingegrenzt sind, entwickeln einen signifikant anderen Kommunikationsmodus, wenn sie – z. B. in Projekten der Gemeinwesen- und Stadtteilarbeit – sich beteiligen wollen oder sollen. „Effektivität als Modus, möglichst viel in kurzer Zeit zu beschließen, scheint für die[se] BewohnerInnen […] nicht im Vordergrund zu stehen. Der Begriff der Effektivität verführt vielmehr dazu, ihr Engagement als ineffektiv zu beschreiben, zu fragen, wieso sich die BewohnerInnen [...] überhaupt engagieren? Um ihre Form von Engagement zu beschreiben und zu verstehen, wieso sie sich auf die beschriebene Art engagieren, sind deswegen andere Begriffe notwendig: Es sind die Begriffe Gruppe und persönliche Erzählungen." (ebd.: 268) Es handelt sich dabei um erzählte alltägliche Bewältigungserfahrungen, die sich vor allem auf die prekären Lebenslagen beziehen und die sich für sie in der Gruppe der Gleichbetroffenen sozial verdichten und so – wenn auch immer noch verdeckt – zu Interessen werden können. Da sich diese Interessen aber in einem anderen (umwegreichen und wenig abstrahierten) Kommunikationsmodus entwickeln, können sich diese Bevölkerungsgruppen nicht in den Mainstream sozialer Beteiligung, wie er sich über den Kommunikationsmodus der effektiven Planung herstellt, einbringen. Im Gegenteil: Ihre Artikulationsversuche werden eher als störend empfunden. „Beiträge werden daraufhin eingeteilt, ob sie zur effektiven Planung beitragen oder nicht, es gibt wenig andere Möglichkeiten ihrer Legitimation. Dadurch werden andere Formen von Engagement ausgeschlossen." (ebd.) Munschs Fazit geht deshalb auch entsprechend in die Richtung, dass sie dafür plädiert, sozial Benachteiligte nicht unbedingt in Beteiligungsprozesse effektiver Planung zu zwingen, sondern Raum und soziale Unterstützung für eine lebenslagenspezifische, bewältigungsorientierte Beteiligungsmobilisierung zu fordern.

Zusammengehalten werden die Gruppen der Aktivbürgerschaft durch eine Grundorientierung der Übernahme *gemeinsamer Verantwortung* für die unmittelbare soziale Gestaltung des lokalen Umfeldes als Basis republikanischer Gesamtverantwortung. Dabei wird auch die gemeinsame Verantwortung für das republikanische Gemeinwesen hervorgehoben. Es wird aber nicht thematisiert, wie diese ökonomisch-gesellschaftlich rückgebunden ist. Der Sozialstaat wird dabei stillschweigend als Ressourcenspender und Garant sozialer Infrastrukturen vorausgesetzt – ohne dass er selbst weiter thematisiert wird. Insgesamt bleibt die Sozialform des Aktivbürgers wieder auf das gesellschaftliche Mittelsegment beschränkt. Es wird zwar vom „ermöglichenden Sozialstaat" gesprochen, aber die Ermöglichung bezieht sich letztlich auf den vorausgesetzten Surplus des Aktivbürgers. Dagegen wird kein Modell der Ermöglichung bürgerschaftlicher Selbstbildungsprozesse bei Menschen in sozial benachteiligten Lebenslagen entworfen.

Generell ist bei sozial benachteiligten Bürger*innen in segregierten Quartieren zu beobachten, dass sie von ihrer Lebenslage her keinen Draht zur bürgerschaftlichen Perspektive finden können. In der bisherigen Argumentation wurde immer wieder deutlich, dass sie für die Bewältigung ihres Alltags so viele Energien verbrauchen müssen, dass sich kein Surplus für alltagsüberschreitende Aktivitäten und Interessen entwickeln kann. Deshalb darf ihr bürgerschaftliches Potenzial nicht aus der Sichtweise der Mittelschicht-Initiativen gesucht und bewertet werden, sondern es muss danach gefragt werden, welche besonderen Voraussetzungen in der Lebenslage der benachteiligten Bürger*innen selbst liegen. Deutlich geworden ist, dass sie kein Forum haben, in dem sie ihre Bewältigungsprobleme darstellen können. Gleichzeitig wissen wir aber, dass sie in ihrer Binnenwelt viel miteinander darüber sprechen und Handlungsmodelle der Gegenseitigkeit entwickeln, die sie selbst pragmatisch begreifen und wie selbstverständlich praktizieren. Diese als Modelle in den bürgerschaftlichen Diskurs einzubringen, bringt Anerkennung in eine Bevölkerungsgruppe, die täglich unter Ausgrenzung und Entwertung leidet. Die Sozialpolitik sollte daraus die Lehre ziehen, dass es nicht nur um materielle Grundsicherung für diese Gruppen geht, sondern genauso um die Aktivierung eines bislang übergangenen weil nicht mittelschichtkonformen bürgerschaftlichen Potenzials. Die Gruppen- und Milieuperspektive bekommt hier wieder ihren besonderen Wert, denn sie bietet den Betroffenen jenen sozialen Rückhalt den sie brauchen, wenn sie ihre Bewältigungslage veröffentlichen und damit in Interessen formen wollen. Die Soziale Arbeit begleitet diesen Prozess vor Ort. Nun erst, wenn sich dieser Prozess stabilisiert hat, kann er zur Plattform werden, von der aus Bezüge über das eigene Milieu hinaus aufgemacht werden können. Wichtig ist dabei, dass die Betroffenen eigene Projekte entwickeln und eigene Entscheidungen – vor allem monetäre – treffen können. Dies ist auch eine zentrale Erkenntnis aus der Zwischenevaluation des Modellprojekts „Soziale Stadt" (vgl. DIFU 2004). In diesem Prozess der sozialen Emanzipation kann sich auch eine Nachhaltigkeitsperspektive als „milieueigene" Perspektive entwickeln. Es geht dann nicht mehr um eine ihnen sozial fremde Perspektive, sondern um die ‚Verantwortung für das Eigene', um die Aktivierung eines ‚Milieustolzes'. An diesem Punkt kann die Bürgergesellschaft zur *sozialen Bürgergesellschaft* werden.

Glokalität

„Glokalität" – think global, act local –, die Verbindung von Globalem und Lokalem, wird zu den zentralen Nachhaltigkeitsprinzipien gerechnet (Pufé 2014: 126). Es gab sicherlich noch nie eine so große Zahl lokaler und regionaler Bewegungen wie zur gegenwärtigen Zeit der Globalisierung. Es hat sich eine eigenartige aber typische Dialektik entwickelt: Die Globalisierung mit ihren Entgrenzungs- und Entbettungstendenzen setzt lokale und regionale Suchen nach Halt, Abgrenzung und sozial rückversicherter Identität frei. Dabei entstehen neue Mischungen in den Bewegungen von Anpassung und Widerstand, entziehen sich soziale Probleme und Lebensthemen ihrem vormals sozialstaatlichen Definitionsrahmen. So wie die Filter des nationalen Sozialstaats schwächer geworden sind und die Krisen ihre Strahlen ungefiltert auf die Menschen aussenden, werden die Betroffenheiten und Befindlichkeiten für sie existenziell. Sie wollen sie auch existenziell behandelt wissen. Sozialstaatliche Versicherung und sozialpädagogische Vermittlung erscheinen plötzlich vielen als Beschwichtigung, direkte Wege werden gesucht, aber auch populistische Kampagnen erscheinen attraktiv. Der lokale Raum, der Grenze und Gewissheit verspricht, wird zum Schauplatz von Identitätskämpfen wie von Rückzügen.

Die rechtspopulistischen bis rechtsextremen Bewegungen haben diese Dialektik intuitiv erfasst, sie sind von ihr gleichsam hochgeschwemmt worden. Eine neue Mischung ist entstanden. Zwei scheinbar unvereinbare Strömungen – eine antikapitalistische und eine rechtsextrem-rassistische – finden sich im Sog der

Abwehr – gegen die Globalisierung – zusammen. Im Aufkommen solcher neuen rechtsextremen Bewegungen kann man deshalb auch die strukturelle Dynamik der Dialektik von Globalität und Regionalität herausarbeiten. Dass auch viele aus dem Arbeitermilieu offensichtlich den Rechten zuströmen, ist eine dieser scheinbar paradoxen Globalisierungsfolgen. Der digitale Kapitalismus mit seinen sozialen Entbettungstendenzen, der Wegrationalisierung von Arbeit und der globalen Auslagerung von Produktion, setzt politische und kulturelle Strömungen frei, die nur auf den ersten Blick als Paradoxien erscheinen mögen: Der abstrakte und undurchschaubare Prozess des Verschwindens der Arbeit vor Ort in andere Länder und Kontinente kann am Bild des „Ausländers, der uns die Arbeit wegnimmt" konkretisiert, heimisch verfügbar gemacht werden. Die anomische Konstellation, die viele an einer Gesellschaft und ihrem Staat zweifeln lässt, die menschenwürdige Arbeit zum höchsten gesellschaftlichen Gut erklärt, aber Millionen von Menschen nur prekäre Beschäftigungsverhältnisse verschafft, kann so von den Betroffenen, die sich ‚abgehängt' fühlen, zumindest mental bewältigt werden. Die rechtspopulistischen bis rechtsextremen Bewegungen und Parteien bieten in diesem Zusammenhang Orientierungssicherheit und Anerkennung, mehr als eben nur Protestmöglichkeiten, in einer bedrohlich-unübersichtlichen Situation an. Sie bekämpfen die Globalisierung und bedienen sich ihrer gleichermaßen.

Der kritische Globalisierungsdiskurs bietet damit einen Rahmen, in dem alte rechtspopulistische und antidemokratische Muster neu verortet und plausibilisiert werden können. Indem die Globalisierung zu einer offenkundigen regulativen Schwächung des Nationalstaates geführt hat, kann auch der alte rechtsautoritäre und rechtspopulistische Hang zur Verhöhnung und Überwindung des ‚Systems', das jenseits des ‚direkten Volkswillens' repräsentativ agiert, in einen Plausibilitätsrahmen gebracht werden. Systemkritik, antikapitalistische Programmatik und Fremdenfeindlichkeit gehen so ineinander über. Gleichzeitig begünstigt die Dynamik der Entbettung, die mit ökonomisch-technologischen Rationalisierungs- und Globalisierungsprozessen verbunden ist, regional-kulturelle, aber eben auch ethnozentristisch-rassistische Strömungen. Die Suche nach sozialbiografischer Verankerung in einer ‚fassbaren' und unmittelbar identitätssichernden Gemeinschaft nimmt zu, wenn die mittelbare Identitätssicherung angesichts der Bedrohung des Arbeitsplatzes geschwächt ist. Ethnozentristische bis rassistische Zugehörigkeiten, die gerade nach ihrer Ideologisierung durch den Faschismus als archaisch und überwunden geglaubt waren, werden nun als Muster der Zugehörigkeit neu freigesetzt. Ihr repressiver Charakter tritt nun zurück und verunsicherte Menschen sehen in ihnen gleichsam eine fortschrittlich-kritische Qualität gegenüber linearen ökonomisch-technischen Modernisierungs- und Rationalisierungsprogrammen. Was Globalisierungskritiker auf internationaler Ebene an Reflexion und Gegensteuerung einfordern, verblasst für viele in der Bevölkerung. Für sie sind die rechtspopulistischen Kritikmuster fassbar, weil sie am eigenen Leibe nachvollziehbar und über die lokale Gemeinschaft kommunizierbar sind. Der lokale Raum erscheint auch hier als Widerstandsraum gegen die Globalisierung.

Um zukünftige Möglichkeiten der Sozialen Arbeit einschätzen zu können, bieten sich verschiedene Szenarien bezüglich der Frage an, wie sich die sozialstaatlichen Institutionen im Verhältnis von Globalität und Regionalität bezüglich ihrer Interventionskraft entwickeln werden. Vor dem Hintergrund der These der Dialektik von Globalem und Lokalem dürfte es nicht so weit kommen, dass der Globalisierungssog regionale Kulturen aufsaugt und überhaupt verschwinden lässt. Das Gegenteil ist ja immer wieder der Fall, denn es entwickeln sich lokale und regionale Gegenkulturen, die auch die sozialen Institutionen in ihr Magnetfeld ziehen können. Dabei können neue Aggregatsformen in der Entwicklung des Verhältnisses zwischen räumlich gewandelten sozialen Problemen und darauf bezogenen sozialen Institutionen entstehen. „Alte" sozialstaatliche Regulationsmuster verschieben sich auf den Rahmen der Gewährleistung sozialer Hintergrundsicherheit, neue sozialräumliche Regulationskontexte entstehen von unten in lokalen ‚Spacings', in denen sich Bindungen und Identitäten nun über sozialräumliche Bewusstwerdungsprozesse der Gemeinsamkeit formieren.

Dennoch ist es sinnvoll, hinsichtlich der Entwicklung des zukünftigen Verhältnisses von Globalem und Lokalem weiter auf die sozialpolitische Dialektik zu setzen. Denn neben dem Konflikt zwischen Arbeit und Kapital, dessen sozialpolitische Entwicklungsdynamik aber gegenwärtig und in mittlere Zukunft hinein geschwächt oder außer Kraft gesetzt ist, hat sich eine neue dialektische Konstellation im Globalisierungsprozess des Kapitalismus selbst entwickelt: der Konflikt zwischen ökonomischer Grenzenlosigkeit und dem immanenten Druck zur Begrenzung, zwischen ökonomisch unbedingter Bewegung und menschlich gebundener Entschleunigung, zwischen sozialer Entbettung und sozialer Bindung, aus der heraus sich eine strukturelle Angewiesenheit auch des global agierenden Kapitals auf regionale und lokale Rückbindungen behaupten lässt. In dieser sozialpolitischen Perspektive wird es in Zukunft nicht nur um globale Kolonisierung, sondern auch weiter um sozialstaatliche Mediatisierung gehen. Richard Münch hat in seiner Arbeit „Globale Dynamik, lokale Lebenswelten" (1998) diesen Aspekt in den Vordergrund gestellt: „Im Zuge der Globalisierung von ökonomischem Austausch, Arbeitsteilung, politischen Problemstellungen und kultureller Kommunikation verlieren die Nationalstaaten als politische und identitätsbestimmende Einheiten zunehmend an Bedeutung. Supranationale Einheiten und globale Organisationen schieben sich dagegen in den Vordergrund. Zugleich ergeben sich dadurch neue Spielräume für regionale Autonomie unterhalb der Nationalstaaten. In diesem Prozess werden die Nationalstaaten nicht überflüssig. Ihre Rolle verändert sich jedoch. Sie werden jetzt zu Mittlern zwischen globalen und regionalen Einheiten, müssen innere regionale und äußere globale Vielfalt bündeln. [...] Einerseits müssen sie Spielraum für regionale Vielfalt geben, andererseits die globale Vielfalt in sich repräsentieren können" (ebd.: 37).

Hier ergibt sich ein Ansatzpunkt, wie sich Sozialpolitik und Soziale Arbeit – vor dem Hintergrund der Angewiesenheit des globalisierten Kapitals auf regionale Entwicklungen und sozialstaatliche Mediationsfunktion – neu formieren können. Der Sozialstaat wird so – über die Gewährleistung sozialpolitischer Hintergrundsicherheit nach innen hinaus – neue Gestaltungsperspektiven der sozioökonomischen und kulturellen Mediatisierung entwickeln können. Die internationalen Finanzkrisen des beginnenden 21. Jahrhunderts haben diese regulative Notwendigkeit im sozialökonomischen Bereich freigesetzt. In den Bereichen der sozialen und kulturellen Gestaltung wird vor allem die transnationale Migrationsdynamik den Sozialstaat in jene pluralistische Formation zwingen, die Münch prognostiziert hat. Das Lokale muss jetzt nicht mehr gleichsam als Gegenwelt, die dem digitalen Kapitalismus äußerlich entgegen steht, gesehen werden, sondern ist im Kontext der nun erweiterten sozialpolitischen Balance in den Gesamtzusammenhang der ökonomisch-gesellschaftlichen Entwicklung in seiner Eigenkraft eingebunden. In dieser neuen Flexibilität der sozialpolitischen Mediatisierung werden auch die Institutionen und Projekte der Sozialen Arbeit im regionalen Raum ihre Spielräume suchen und finden müssen. Dabei steht sie nicht außerhalb der Ökonomie, sondern kann ihre spezifischen Beiträge zur „Relokalisierung" wirtschaftlich-sozialen Handelns im Rahmen *endogener Regionalentwicklung* erbringen.

Hinter diesen Entwicklungen wirkt ein räumliches Paradox des Politischen. Auf der einen Seite forciert der globalisierte Kapitalismus eine Loslösung und Abstrahierung der Ökonomie und Teilen der Politik vom Territorialen, vom räumlich gebundenen Nationalstaat; gleichzeitig aber gehen von dieser globalökonomischen Entwicklung massive sozialräumliche Wirkungen aus. Dabei kommen aber nicht nur die Spaltungen der Städte in den Blick, sondern auch die neuen territorialen Bezugnahmen politischer Initiativen und Bewegungen. Die Globalisierung hat ebenso regionalistische Bewegungen freigesetzt wie global orientierte Gegenbewegungen, die sich aber gerade in ihrer Globalisierungskritik auf ihre jeweiligen territorialen Bindungen berufen. Gegen die Privatisierung öffentlicher Räume und die fortschreitende Kapitalisierung öffentlicher Güter haben sich vielerorts gemeinwesenökonomische Gruppierungen gebildet, die im lokalen Raum das „gemeine Eigene" – Luft, Wasser, Boden – zu verteidigen gewillt sind (s.u.). Der Raum zeigt sich also wieder – nach einer Epoche der Institutionen – als politische Sphäre. Er ist – anders als die Institutionen – ein Resonanz- und Nährboden für das Wachsen von Nachhaltigkeitsinitiativen. Auch die Sozialpädagogik/Soziale Arbeit kann sich im Raum neu finden und ihre soziale Nachhaltigkeitsperspektive entwickeln. Dies werde ich am Beispiel der räumlichen Definition der Sozialen Arbeit als ‚sozialer Infrastruktur' vertiefen.

Nachhaltigkeit und geschlechtshierarchische Arbeitsteilung

„Nachhaltigkeit hat (k)ein Geschlecht." Treffender als diese Artikelüberschrift von Christiane Thorn (2002) kann man das geschlechtsdifferente Lagerdenken in der Nachhaltigkeitsfrage nicht ausdrücken. Die meisten männlichen Autoren zur Nachhaltigkeit argumentieren geschlechtsneutral, während fast alle Autorinnen darauf insistieren, dass der Nachhaltigkeitsdiskurs eben nicht geschlechtsneutral geführt werden könne. Dabei gehe es nicht nur darum, die besondere Reproduktions-Rolle der Frauen – vor allem in den Entwicklungsländern – herauszuarbeiten, sondern gerade die männliche Verstrickung in den Nachhaltigkeit blockierenden Externalisierungsprozess zu erkennen. Darauf wurde bereits bei der Herleitung der Dialektik der Nachhaltigkeit eingegangen.

Für die europäische Situation wird in diesem Zusammenhang vor allem das Problem der Vereinbarkeit zwischen Familie und Beruf – work-life-balance – als Bezugsgröße herausgestellt. Ein geschlechtstypisches Problem, das bis heute vor allem den Frauen zubelastet wird, und von dem viele Männer immer noch verschont sind. Es wird vor allem unter der Frage der Geschlechtergerechtigkeit und der Gleichstellung der Geschlechter verhandelt. In der Nachhaltigkeitsperspektive kann es daraufhin geschärft werden, dass die Vereinbarkeit von Beruf und Familie gerade für Männer die soziale Bindung vertiefen und damit den Externalisierungszwang mildern könnte.

Allerdings wird schnell eine Barriere sichtbar: Während die Frauen im sozialstaatlich gestützten Emanzipationsprozess in der Mehrzahl längst gelernt haben, zwischen Produktions- und Reproduktionssphäre zu changieren, sind die meisten Männer so gut wie nicht darauf vorbereitet. Die innerfamiliale Rolle war ihnen aus verschiedensten Gründen bisher verwehrt, ihnen fehlt die entsprechende Erfahrung und die öffentliche Anerkennung einer solchen zweiten Rollenexistenz. Dies äußert sich empirisch bei vielen Männern in der Spannung von Wunsch und Verwehrung. Empirischer Indikator dafür ist, dass in Umfragen eine Mehrheit von Männern (vor allem Väter) angibt, in der familialen Haus- und Erziehungsarbeit engagiert zu sein, dass sie das aber aufgrund ihrer nachweisbaren Arbeitsbelastung rechnerisch gar nicht so können. Gerade bei Vätern aus der Mittelschicht mit qualifizierten Berufen, wo die Diskrepanz zwischen gewollter, engagierter, tendenziell gleichberechtigter Vaterschaft und tatsächlicher Geschlechterpraxis besonders auffällig ist, zeigen das die entsprechenden Männerstudien der 2000er-Jahre. Der Spagat zwischen einer selbstbezüglich aufgeklärten und darin modernen Männlichkeit und der steigenden Beanspruchung in intensivierten Arbeitsprozessen muss bewältigt werden. Bei dieser *hidden gender structure* der Alltagsbewältigung handelt es sich keinesfalls um eine bloße Fortsetzung oder Retraditionalisierung überkommener Rollenmodelle. Es ist eher die Aushandlungsillusion sich als gleichwertig fühlender und sich entsprechend akzeptierender Partner in einer gesellschaftlichen Anspruchskultur der Gleichstellung der Geschlechter.

Zahlreiche Studien zur familialen Arbeitsteilung belegen überzeugend die Persistenz geschlechtstypischer Muster in zentralen Haushaltsbereichen, wiewohl die außerhäusliche Berufstätigkeit der Frauen und die häusliche Beteiligung der Männer deutlich gestiegen sind. Diese Tendenz hält seit Jahren in einem ungefähren Umfang an, wie ihn die große deutsche Länderstudie zur familialen Arbeitsteilung vor einigen Jahren ausgemacht hat (vgl. Gille/Marbach 2004). Die kürzlich erschienene Home-Office Studie (2019) belegt, dass Männer im Durchschnitt bei der Arbeitsmöglichkeit zu Hause noch mehr arbeiten, Überstunden machen, statt ihren Anteil an der Familienarbeit zu erweitern. Die herkömmlichen Geschlechterrollen verfestigen sich eher als dass sie abgebaut werden. Auch ist es fraglich, ob Männer, die gegenwärtig im Wandel der Arbeitsverhältnisse (z. B. Prekarisierung) aus dem Modell des Familienernährers herausfallen, weiblich konnotierte Beziehungsarbeit in der Familie für sich annehmen, oder sie auch männlich umzudefinieren versuchen. Es scheint fraglich, „ob mit diesem Wandel auch im Geschlechterverhältnis in Familie und Paarbeziehung grundsätzliche Veränderungen angestoßen werden" (Koppetsch/Speck 2015: 235). Das liegt oft nicht an den Männern selbst, sondern an der Frage der Anerkennung männlicher Hausarbeit seitens der sozialen Umwelt. Die Bedeutung des Milieus als Anerkennungsraum wird auch hier wieder sichtbar.

Wenn also die Vereinbarkeitsfrage nur auf der Verhaltensebene gestellt wird, bietet sie wenig Zugang zu Perspektive der sozialen Nachhaltigkeit. Erst die Thematisierung der Hintergrundstruktur der *geschlechtshierarchischen Arbeitsteilung* bringt uns hier weiter. Damit ist jenes System der Arbeitsteilung gemeint, welches die industriellen Gesellschaften des 19. und 20. Jahrhunderts prägte und bis heute in den Grundzügen vorhanden ist. Sie wird deshalb geschlechtshierarchische Arbeitsteilung genannt, weil die Produktions- und Reproduktionssphären nicht nur voneinander getrennt sind, sondern auch in einem – von der gesellschaftlichen Bewertung her – hierarchischen Verhältnis zueinander stehen: Reproduktive Haus- und Beziehungsarbeit wird gesellschaftlich nicht nur minder bewertet als außerfamiliale Erwerbsarbeit, sie wird auch als stillschweigend, wie selbstverständlich vorausgesetzt. Sie wurde seit Beginn der bürgerlichen Industriegesellschaft ausschließlich den Frauen zugewiesen, den Männern gehörte die außerfamiliale Erwerbs- und damit die familiale Ernährerrolle. Frauen arbeiteten, um etwas hinzuzuverdienen. Als die Frauen dann seit den 1920er-Jahren und in der zweiten Hälfte des 20. Jahrhunderts selbst in die Berufe strömten und in Massen erwerbstätig wurden, waren sie aber weiterhin an die häusliche Sphäre gebunden. Sie haben bis heute mit dem Problem der Vereinbarkeit von Familie und Beruf zu kämpfen. Für den Mann galt die Vereinbarkeitsfrage lange (und tendenziell bis heute) nicht.

Für den Nachhaltigkeitsdiskurs ist deshalb die Umwertung bis Umkehrung dieses Verhältnisses zentral. Das ist zum einen die gesellschaftliche Aufwertung der sozialen Reproduktionsarbeit, zum anderen die Revision der vergleichsweisen Überbewertung der industriellen und administrativen Erwerbsarbeit. Vor allem die Frage nach dem jeweiligen Sinn dessen, was produziert wird, rückt in der Nachhaltigkeitsperspektive in den Mittelpunkt. Denn nur mit dieser gesellschaftlich einvernehmlichen Selektion und Begrenzung kann Arbeit neu verteilt und Nachhaltigkeit justiert werden. In diesen Kontext kann dann auch ein entsprechendes Vereinbarkeitsmodell eingebunden werden. Nicht länger die nur ‚gleichgestellte Frau', die komplementär und ergänzend wirkte, gilt als alleiniges Leitbild. Statt dem traditionellen männlichen Ernährermodell wird inzwischen ein gleichberechtigtes *adult worker model* (Zwei-Erwerbstätigen-Modell) gefordert, in dem beide Geschlechter ihre eigene Option auf Berufsarbeit bei Gleichbelastung in der Familienarbeit realisieren können (vgl. Leitner u. a. 2004).

Soziale Gerechtigkeit

„Ohne Gerechtigkeit wird kein Umweltschutz zu machen sein, und ohne Umweltschutz lässt sich keine soziale Gerechtigkeit erzielen" (Lange/Santarius 2018: 9).

Der UNO World Summit 2002 in Johannesburg hatte die Thematik globaler Gerechtigkeit in den Mittelpunkt gestellt. Es ging dabei sowohl um die Risiken fehlender Verteilungsgerechtigkeit wie verweigerter Ressourcengerechtigkeit. In dieser Dualität der globalen Risiken haben sich zwei gegenseitige wirkende Dynamiken entwickelt: „die Überlastung der Ökosysteme durch zu hohen Verbrauch der globalen Ressourcen bei gleichzeitiger Aufspaltung der Gesellschaften" in Reich und Arm (Brocchi 2019: 41). Im Nachhaltigkeitsdiskurs selbst wird deshalb die *Verschränkung von sozialer und ökologischer Gerechtigkeit* thematisiert. Damit ist nicht nur das ökologische Gefälle zwischen den reichen Industriestaaten und den armen ‚Entwicklungsländern' und deren Umweltrisiken angesprochen, sondern auch Risikolagen in Ländern wie Deutschland. Hier sind es die sozial Benachteiligten, die vielerorts in Wohnquartieren als ‚sozialen Brennpunkten' zuhause sind, die besonders von Luftverschmutzung, räumlicher Enge und Lärm betroffen sind.

Soziale Gerechtigkeit ist in Deutschland und anderen europäischen Wohlfahrtsstaaten vor allem sozialstaatlich-sozialpolitisch definiert und auf das Problem sozialer Ungleichheit bezogen. Soziale Gerechtigkeit bezieht sich auf die Vergleichbarkeit bzw. Angleichung der Lebenschancen, auf die Minimierung von Exklusionsrisiken und die Gewährleistung einer allgemeinen sozialen Hintergrundsicherheit. Die Suche nach der sozialen Mitte spielte und spielt dabei immer noch eine tragende Rolle. Dieser sozialstaatlich geprägte Gerechtigkeitsdiskurs hat sich in den letzten Jahren – im Zuge eines sozialstaatskritischen Denkens in der Perspektive der reflexiven Modernisierung – hin zum Paradigma der Zugangsgerechtigkeit entwickelt: Soziale Gerechtigkeit ist danach sozialstaatlich nicht einfach voraussetzbar und gewährleistbar, sondern misst sich – als Zugangsgerechtigkeit – an den faktischen Möglichkeiten der Erreichbarkeit der sozialstaatlich propagierten Teilhabe an der Arbeits- und Bürgergesellschaft (vgl. Böhnisch/Schröer/Thiersch 2005). Diese sozialstaatlich gefasste Gerechtigkeitsdefinition kann auf einen gewissen kollektiven Konsens bauen, der öffentlich nicht entscheidend in Frage gestellt wurde, solange der Sozialstaat als Mediator der gesellschaftlichen Entwicklung funktionierte.

Mit der Entgrenzung des Sozialstaates und der Erosion der nationalstaatlichen Regulationshoheit in der neokapitalistischen Ära der Globalisierung ist dieser auf soziale Ungleichheit bezogene Gerechtigkeitsdiskurs seiner traditionellen Selbstverständlichkeit verlustig gegangen. Vor allem ist eben deutlich geworden, wie eng er an das Konstrukt des nationalen Sozialstaats gebunden war. „Die Perspektive Gerechtigkeit ist nun im Zuge dieses Entgrenzungsprozesses gleichsam ‚ortlos', ja heimatlos [geworden] und wir erkennen schlagartig, wie sehr soziale Gerechtigkeit von einem politischen Gemeinwesen wie dem Nationalstaat und einer nationalen Gemeinschaft wie dem Volke abhängig ist." (Müller 1997: 160)

Die Sozialpädagogik/Soziale Arbeit sollte gerade auch deshalb an der sozialstaatlichen Gerechtigkeitsdefinition festhalten. Sie hat ihre Begründung dafür auch in dem Argument, dass ihre Adressat*innen, die durchweg als Verlierer des Globalisierungsprozesses gelten, weiterhin eines verlässlichen sozialstaatlichen Supports und der darüber ermöglichten Öffnung von Zugangschancen bedürfen. Interessanterweise wird in einer neueren Zusammenschau der philosophischen und sozialwissenschaftlichen Gerechtigkeitsdiskurse just diese Perspektive der Zugangsgerechtigkeit – unter Einbeziehung des Befähigungsansatzes des ‚Capability Approach' (vgl. Böllert u.a. 2018) – favorisiert (vgl. auch Schramme 2006). Dabei müssen wir aber vorsichtig sein, dass wir nicht in die Fallen der Gerechtigkeitsrhetorik geraten, die heute allerorten aufgestellt sind. Denn „eine ökonomisch und medial globalisierte, politisch entsouveränisierte, moralisch individualisierte und kulturell pluralisierte Gesellschaft entwickelt eine höhere Anpassungselastizität und Frustrationstoleranz für soziale Ungleichheit und eine stärker rhetorisierte, dafür umso wirklichkeitsentleertere Vorstellung von sozialer Gerechtigkeit" (Müller 1997: 161). Deshalb bedarf es einer differenzierten Analyse der Ausprägungen und Wirkungen national- und sozialstaatlicher sowie ethnischer Entgrenzungstendenzen, um einschätzen zu können, wo die Gerechtigkeitsperspektive in Zukunft verortbar und begründbar ist. Dabei stoßen wir erst einmal auf eine verbreitete Gerechtigkeitskonfusion, die in dieser Entgrenzungsdynamik freigesetzt worden ist. Darin haben sich unterschiedliche bis widersprüchliche und gespaltene Welten des Gerechtigkeitsdiskurses aufgetan, die in keinem Bezug zueinander zu stehen scheinen. Schließlich ist vielfach deutlich geworden, dass sich das subjektive und gruppenbezogene Gerechtigkeitsempfinden nicht nur pluralisiert hat, sondern dass auch vielerorts die Spannung zwischen individueller Gerechtigkeitserfahrung und kollektivem Gerechtigkeitsverständnis – wie es ja der Sozialstaat generiert hat – verloren gegangen ist. Deshalb braucht die Sozialpädagogik/Soziale Arbeit eine empirisch operationalisierbare Gerechtigkeitskonzeption, mit der ihre Klient*innen im Kontext soziale Gerechtigkeit verortet werden können.

Diese hat m.E. David Miller (2008) entwickelt. Er hat in seiner Gerechtigkeitsinterpretation darauf verwiesen, dass das Gerechtigkeitsempfinden milieugebunden ist und deshalb große soziale Unterschiede über die Milieugrenzen hinaus meist gar nicht als so eklatant wahrgenommen werden, wie sie sind. „Gerechtigkeitsdefizite manifestieren sich [...] nicht als komparative Ungleichheit" (Schramme 2006: 237), sondern als „Integrationsdefizite". Nicht so sehr der Vergleich mit anderen sozialen Gruppen, sondern vor allem das Gefühl, von der Gesellschaft im Stich gelassen, ausgeschlossen zu werden, wird also als ungerecht empfunden. In dieser Richtung argumentiert auch der Sozialphilosoph John Rawls (1975), wenn er sagt, dass die sozial Benachteiligten ihre Lage nicht als ungerecht empfinden, solange sie sich kollektiv gesichert fühlen. Deshalb können in der Unterschicht dann soziale Abwehrhaltungen entstehen, wenn ihre sozialpolitische Hintergrundsicherheit bedroht ist. Dann werden auch hier soziale Vergleichsgruppen gesucht. Allerdings meist nicht in der innergesellschaftlichen Status- und Einkommenshierarchie, sondern in statusähnlichen Gruppen außerhalb des eigenen Milieus, denen gegenüber man sich abgrenzen kann. Das sind dann z. B. Migrant*innen und Flüchtlinge, auf die man das nun freigesetzte Empfinden der Ungerechtigkeit abspaltet. Hier wird der konflikthaltige Zusammenhang von sozialer Gerechtigkeit und sozialer Nachhaltigkeit besonders deutlich. Der Migrationskonflikt ist ein Testfall für den Umgang mit diesem Konflikt. An ihm wird die Integrationsfrage – als Grundlage der sozialen Nachhaltigkeit – besonders virulent. So wie sich überhaupt soziale Gerechtigkeit historisch über die Austragung und Anerkennung sozialer Konflikte entwickelt hat, ist ihre Einforderung immer wieder auf des die Anerkennung gesellschaftlichen Konflikt als Energiequelle angewiesen. Gerade die Sozialpädagogik/Soziale Arbeit sollte deshalb ihre Klient*innen als Betroffene dieser Konflikte erkennen und sie darin als Akteure, als Bürger*innen unterstützen. Es ist auch ein Beispiel für die Realisierung des Projekts *Respekt.*

Gemeinwohl und das ‚Gemeine Eigene'

„Wir sind so sehr daran gewöhnt, Eigentum für das Recht zu halten, dass es uns erlaubt, andere von der Nutzung einer Sache auszuschließen, dass wir aus den Augen verloren haben, dass es auch Zeiten gab, in denen Eigentum als das Recht definiert wurde, nicht von der Nutznießung ausgeschlossen zu sein. […] Die Marktwirtschaft hat ein Verständnis von Eigentum an den Rand gedrängt, in dem Eigentum als Zugangsrecht zu öffentlichen Gütern definiert war […] In einer kollaborativen Wirtschaft wird das Recht auf Zugehörigkeit wichtiger als das Ausschlussrecht" (Rifkin 2011: 394).

Sozial konstituiert sich Gemeinwohlbewusstsein in kollektiven Wahrnehmungen und Betroffenheiten. Es konkretisiert sich vor allem in lokalen Milieus. Solche lokalen Milieus des Gemeinwohls strukturieren sich besonders in Projekten der Gemeinwohlökonomie oder auch Gemeinwesenökonomie. Der erste Begriff bezieht sich vor allem auf das Ziel solcher Projekte, der zweite Begriff mehr auf das Milieu der Gegenseitigkeit, das es trägt.

Wir haben es mit einer kapitalistischen Ökonomie zu tun, die ihr Verwertungs- und Profitinteresse auch auf die unmittelbaren und existenziellen Lebensgrundlagen der Menschen richtet. Auf der anderen Seite stehen die Menschen, die sich dagegen wehren. Hier ein lineares, wachstumsfixiertes, dort ein zyklisch-bewahrendes Zeitverständnis. Die kapitalistische Ökonomie ist erst einmal nicht auf die gemeinwesenökonomischen Aktivitäten angewiesen. Dann aber mittelbar doch, so paradox das klingen mag, denn sie kann auch von dieser sozialen Kreativität in den Regionen, in denen sie investieren, deren soziale Ressourcen sie nutzen will, profitieren. Bis dahin, dass sie hofft, diese als Ressourcen selbst vereinnahmen, kapitalisieren zu können. Das bedeutet aber auch, dass sie Zonen der sozialökologischen Nachhaltigkeit tolerieren muss, in denen auch andere Prinzipien des Wirtschaftens gelten als die des Markt- und Profitkapitalismus.

Wichtig ist, dass sich die gemeinwesenökonomische Idee der

lokalen und regionalen Initiativen nicht im antikapitalistischen Widerstand erschöpft, sondern selbst Prinzipien des solidarischen Wirtschaftens und der Kreislaufwirtschaft entwickelt, die nicht nur im Kontrast zur herrschenden Ökonomie gestaltet werden, sondern auch für sich beanspruchen, für die Reform der Ökonomie insgesamt Modell zu stehen: als sozial gebundene, gemeinwohlbezogene Stakeholder-Ökonomie, in der, im Gegensatz zum sozial entbetteten, profitzentrierten Shareholder-Modell, alle am Wirtschaftsprozess von der Produktion bis zur Distribution Beteiligten genossenschaftliche Rechte und Pflichten übernehmen. Es entstehen gemeinwohlpolitisch formierte Gruppen, die für die kollektive Bewahrung des „gemeinen Eigenen" kämpfen und lokale Beteiligungs- und Sicherungsmodelle als Schutz vor industriellen Übernahmen entwickeln (vgl. Elsen 2007). Im Kontrast zu den klassischen Genossenschaften, die sich aus dem Solidaritätsgehalt der Milieus herausgebildet haben, sind es heute Zusammenschlüsse von Bürger*innen, die nicht nur das gemeinsame Interesse um die Erhaltung der basalen Lebensgrundlagen zusammenführt, sondern die auch den biografischen Eigenwert genossenschaftlicher Selbsttätigkeit für sich entdecken. Der abstrakten Freiheit des Marktes, wie sie die neoliberale Wirtschaftslehre vertritt, wird die konkrete Freiheit des Menschen in einer lebensdienlichen Wirtschaft gegenüber gestellt. Vor allem die vom kapitalistischen Markt verursachten ‚Trennungen' sollen überwunden werden: so die Überwindung der „Trennung individueller und kollektiver Belange, der Trennung des Wirtschaftssystems aus seiner Einbettung in Gesellschaft und Biosphäre, der trennenden Externalisierung ökologischer und sozialer Lasten, der Privatisierung der Gewinne und der Sozialisierung der Lasten sowie der Separierung sozialer Belange in einem ausgesonderten Bereich, der keine Verbindung zu sozial produktiven Handeln ermöglicht und dabei die Anspruchsberechtigten im Verteilungssystem diskriminiert" (Elsen 2014: 246). Dem prinzipiellen Rationalitätsanspruch, dass der Markt alle Bedürfnisse befriedigen könne, wird entgegen gehalten, dass dies so lange Ideologie bleibe, so lange nicht alle Menschen auch befähigt sein werden, Zugang zu den Gütern, ihrer Herstellung und Verbreitung zu halten. Dieser ‚Capability-Approach' (vgl. Sen 2002) in Ablösung des marktliberalen Bedürfniskonzepts zielt sowohl auf die sozialstrukturellen Voraussetzungen wie die entsprechende Befähigung von Individuen und Gruppen. Der kapitalistische Markt könne dies nicht leisten und muss deshalb als ökonomischer Ort unter anderen behandelt werden. Diese alternative Wirtschaftsethik ist eingebettet in die Tradition einer ‚solidarischen Ökonomie', die auf die Bedeutung gemeinsamen ‚informellen Wirtschaftens' zielt, das von seinen Entwicklungspotenzialen und nicht von zudefinierten Nischendefinitionen her zu betrachten sei.

In Projekten der Gemeinwesenökonomie kann sich – im regionalen Raum – soziales Kapital im Sinne stabiler sozialer Netzwerke bilden. Dabei geht es auch um die genossenschaftliche Eigenbefriedigung jener Grundbedürfnisse, die immer mehr in den Sog privatkapitalistischer Verwertung („Enteignungsökonomie") zu geraten drohen. Solche Grundbedürfnisse sind vor allem Wasser, Energie und Wohnen, für die ein Grundrechtstatus – gleichsam im Sinne neuer Menschenrechte – beansprucht wird. Diese Rückbesinnung auf das „gemeine Eigene", die sich heute angesichts der zunehmenden Privatisierung öffentlicher Güter in der Bevölkerung wieder bemerkbar macht, hat in der Entwicklungsgeschichte der Neuzeit immer wieder soziale Bewegungen als ökonomische Gegenbewegungen angetrieben. Edward P. Thompson (1980) hat die von ihnen propagierten ökonomischen Vorstellungen von Gemeinwohl, die vor allem in Krisenzeiten freigesetzt werden, mit dem Begriff der „moralischen Ökonomie" umschrieben. Sie werden getragen von einem – periodisch verschütteten – kollektiven Gedächtnis, das dem Markt immer wieder eine human-existentiell verwurzelte Moral des Wirtschaftens entgegenhält.

Die Soziale Arbeit kann sich in dieses gemeinwesenökonomische Feld einfädeln. Da ist zum einen die Tradition der Gemeinwesenarbeit, die längst nicht mehr nur als Methode, sondern als Programm der sozialökologischen Integration verstanden wird, wenn sie sich um Projekte des solidarischen Wirtschaftens und der tauschfördernden Netzwerkbildung in der Region erweitern kann. Aber auch Streetwork-Projekte können sich gemeinwesenökonomisch qualifizieren. Gerade sozial benachteiligte und desintegrierte Jugendliche und junge Erwachsene, die von Streetworker*innen erreicht werden, lassen sich in offene Beschäftigungsprojekte einbinden und tragen so zur kommunalen Wertschöpfung bei. Die Projekte der sozialpädagogischen Beschäftigungsförderung eignen sich überhaupt für eine gemeinwesensökonomische Rahmung. Sie lassen sich auch in allgemeine Projekte der Bürgerarbeit einbinden. Hier ist aber wieder zu berücksichtigen, wie die Lebensinteressen sozial Benachteiligter und ihre damit verbundenen alltagskulturellen Repräsentationen in die Projektkultur der dort dominanten Aktivbürger*innen eingebracht werden können. So wie dies bereits im Kapitel zur Bürgergesellschaft hergeleitet wurde (s. o.).

Gruppe und Milieu

Gerade wenn es um konflikthaltige Herausforderungen wie die Akzeptanz und Durchsetzung von Nachhaltigkeit und um sozialökologische Verantwortung geht, braucht es die Gegenseitigkeit und Bestätigungskraft einer Gruppe und den Anerkennungsraum eines Milieus. Marktgetriebene Beschleunigung und soziale Entbettung im digitalen Kapitalismus haben die Individualisierung zu einem Höhepunkt getrieben. Im Mittelpunkt des Marktes wähnt sich der Einzelne, der sich selbst organisieren und die Risiken auch entsprechend allein tragen soll. Im Fokus des Internet bewegt sich der Einzige in einem egozentrischen Magnetfeld in der Illusion, dass alles von ihm ausgeht und sich alles an ihm ausrichtet. In der sozialen Gruppe spiegelt man sich, aber man lässt sich ungern verbindlich ein. Gemeinschaft wird gesucht, wenn sie gebraucht wird, aber sie gilt kaum noch als zentraler sozialer Wert.

Schon die Sozialpädagogik/Soziale Arbeit der 1920er-Jahre hat sich mit der Individualisierung auseinandergesetzt, ja gleichermaßen einen Individualisierungsschock erlebt. Die industrielle Modernisierung hatte die Menschen aus den traditionellen Milieus herausgerissen. Der Sozialpädagoge Carl Mennicke sprach von der „sozialpädagogischen Verlegenheit“ der industriellen Moderne, die den Menschen als Individuum freisetzt, ihm aber keine neuen sozialen Orientierungen vermitteln kann. Für ihn ist die soziale Gruppe als Ausdruck der Gemeinschaft die Form, in der sich das Soziale des Menschen herausbildet und seine individuelle wie gesellschaftliche Qualität erhält. Ob dieser *sozialintegrativen Kraft* ist sie für ihn ein zentraler sozialpädagogischer Ort. Seine „Sozialpädagogik“ (1937/2001) konzipierte er dementsprechend als „Gemeinschaftserziehung“: „Die Gruppe, in der der Mensch lebt, enthält alle Elemente, die er für seine Erziehung und Bildung braucht. Diese Elemente werden dem heranwachsenden und auch noch immer wieder dem erwachsenen Menschen, durch die Umstände, so wie sie sind, vor Augen geführt, so daß er nicht anders kann, als sie aufzunehmen“ (Mennicke 2001: 38). In den 1920er- und beginnenden 1930er- und in den 1950er-Jahren, in den Zeiten der gesellschaftlichen Brüche und Übergänge ist dies natürlich wesentlich deutlicher und verbindlicher in den Mittelpunkt des sozialpädagogischen Diskurses gestellt worden als das in den letzten Jahrzehnten der zunehmenden Individualisierung der Fall war und immer noch ist. Heute stehen mehr die einzelnen ‚Adressat*innen‘ im sozialpädagogischen Mittelpunkt.

Die Tradition der Sozialpädagogik der 1920er-Jahre, nach der zwar am Einzelnen anzusetzen ist, dies aber immer in der Spannung zu Gruppe und Gemeinschaft, ging in den neueren Theorie-Professionalisierungsdiskurs seit den 1970er-Jahren nicht ein. So findet sich im prominenten Handbuch der Sozialpädagogik (Otto/Thiersch 2018: 935) lediglich ein dürrer Hinweis im Methodenbeitrag, und hier verengt auf die soziale Gruppenarbeit in ihrer pragmatischen Aufgabe der „Steigerung der sozialen Funktionsfähigkeit“. In der damaligen Idee der Gemeinschaftserziehung war mehr enthalten, sie wurde von Mennicke bis hin zur Wiener Individual- und Sozialpädagogik (vgl. Böhnisch 2018) als theoretisch-methodischer Kern angesehen. Gemeinschaftserziehung *war* für sie Sozialpädagogik. Der damals in der sozialpädagogischen Diskussion zentrale Verwahrlosungsbegriff, der später wegen seines stigmatisierenden Gebrauchs den Betroffenen gegenüber zu Recht in Verruf geriet, wurde damals in der wissenschaftlichen Diskussion eher in dem Sinne verwandt, dass Verwahrlosung als Funktion der Gemeinschaft betrachtet wurde. Das war, vor allem in der individualpsychologischen Sozialpädagogik dialektisch gedacht: Die Notwendigkeit der Gemeinschaftserziehung resultierte eben nicht nur aus der Unfähigkeit dieser Jugendlichen, sich in die Gesellschaft einzufügen, sondern genauso aus der Unfähigkeit der Gesellschaft, sie so zu integrieren, dass sie sich entwickeln und entfalten konnten.

Die Notwendigkeit einer Gemeinschaftserziehung geht also aus dieser Dialektik der Sozialintegration hervor. So kann sie heute erst recht begründet werden. Dabei geht es in der empirischen Wirklichkeit nicht um eine unmittelbare Spannung zwischen Individuum und Gesellschaft, wie dies die meisten theoretischen Modelle in der Sozialpädagogik suggerieren, sondern um den *intermediären* Bereich der sozialen Gruppen. Das Intermediäre hat dabei eine eigene Kraft, denn in und mit der Gruppe wird vieles getan, was man als Einzelne(r) oft nicht tun würde. Es entwickeln sich Gruppenidentitäten. Es ist so viel über die sozialen Funktionen der Gleichaltrigengruppe im Jugendalter geschrieben worden, über die pädagogische Gruppe in der Jugendverbandsarbeit, über Selbsthilfegruppen und über die therapeutischen Vorteile, wenn man Klient*innen nach der Arbeit am Einzelfall in eine Gruppe bringt, in der sie sich sozial bestärken können. Gleichzeitig haben wir in der Jugendhilfe ein System, das primär die Einzelfallarbeit fördert, die sozialpädagogische Qualität der Gruppe aber übergeht. Streetworker*innen, die ja mit Cliquen arbeiten, können ein trauriges Lied vom Zwang zur Einzelfallberatung singen, wenn es um Beantragung von Mitteln geht. Zudem entziehen sich Gruppendynamiken standardisierten Wirkungskontrollen. Vielleicht ist nicht zuletzt auch deshalb an einem sozialpädagogischen Begriff der Gruppe als allgemeinem wie zentralem Paradigma der Disziplin bis heute nicht weitergearbeitet worden. Man ist im Bereich der sozialpsychologischen Vorteile des Gruppeneinsatzes – in der sozialen Gruppenarbeit – hängen geblieben. Dabei gibt es einen soziologischen Diskursstand, der eben auf diese *sozialintegrative* Qualität der sozialen Gruppe abzielt.

Soziologisch gesehen ist die Gruppe eine Form der Vergemeinschaftung, eine Austauschinstanz oder Vermittlungsagentur zwischen Individuum und Gesellschaft. Dabei geht es um die Funktionen, welche soziale Gruppen für die Gesamtgesellschaft leisten. Soziale Integration und sozialer Konflikt als Konstituenten einer modernen arbeitsteiligen Gesellschaft sind – von der Erziehung bis zur Arbeit – maßgeblich über Gruppen vermittelt. Dies lässt die Gruppe zu einer gleichrangigen Kategorie zwischen und neben Individuum und Gesellschaft werden (vgl. dazu Schäfers 2002). Auf diese grundlegende Bedeutung der sozialen Gruppe hat schon Georg Simmel in seiner „Soziologie" (1908) hingewiesen: „Simmel hat damit deutlich machen wollen, dass individuelle Eigenständigkeit und Eingebundensein in soziale Zusammenhänge nicht unabhängig voneinander zu sehen sind, dass die populäre Gegenüberstellung von Individuum und Gesellschaft nicht das erfassen kann, was die ganz einheitliche Position des sozial lebenden Menschen ausmacht: die Unablösbarkeit der Person von den sozialen Zusammenhängen, in denen sie lebt und die ihr ein individuelles Dasein erst ermöglichen" (Schwonke 1994: 37). Die Soziale Arbeit hat das Know-how für Gruppenbildung. Die Gleichaltrigengruppen in der Jugendarbeit sind offene soziale Felder des Experimentierens, des Grenzen-Erprobens, der Einübung von sozialen Rollen jenseits von Elternhaus und Schule.

Auch sind peers Lernorte der Geschlechtsidentifikation auf der Suche nach männlicher und weiblicher Identität. Alles, was die Gruppe aus sich heraus gibt, – Gegenseitigkeit, Anerkennung, Erregung, Aktivität – geschieht *in* der Gruppe; die Gruppe genügt sich selbst und ihr ist es egal, was in der gesellschaftlichen Umwelt über sie gedacht wird oder wie man sie bewertet. Deshalb ist das Erleben der Gruppenzugehörigkeit für Jugendliche so wichtig: Das gegenüber Familie und Gesellschaft isolierte noch unwirkliche *Ich* öffnet und bezieht sich in der Intimität des *Wir* der Gruppe und kann sich so sozial regulieren.

Die Jugendarbeit ist ein pädagogischer Ort der Begleitung solcher Gruppenprozesse. Aber auch in der Arbeit mit erwachsenen Klient*innen spielt die Gruppe eine wichtige Rolle. Sie ist der Ort der sozialen Spiegelung, an dem sich die einzelnen vergewissern können, dass ihre Versuche der Verhaltensänderung sozialen Anschluss und soziale Anerkennung finden können.

Verantwortung erwächst aus der Dialektik des Spannungsverhältnisses zwischen Individuum und Gemeinschaft. In der Gruppe bildet sich dies in der Balance von Individualität und Kollektivität sozial ab. Hier erhält der Einzelne die Gewissheit, dass sein Verantwortungshandeln auch von anderen getragen wird, sozial verallgemeinerbar ist. Die Gruppe erweitert sich in das soziale Milieu, das gleichsam ein Forum der Resonanz und Anerkennung und der Öffnung in die Gesellschaft bilden kann. Milieus sind sozialräumliche und sozialemotionale Kontexte der Gegenseitigkeit und Anerkennung, die Einzelne und Gruppen in ihren Haltungen und Absichten auch dann stärken und stabilisieren können, wenn die gesellschaftliche Umwelt gegenteilig gepolt ist. Alternative Aktivitäten brauchen alternative Milieus. Das gilt besonders auch für die Nachhaltigkeitsarbeit.

Solche Milieus sind also soziale Kontexte, in denen sich gegenseitige Bestätigung und Anerkennung auch abseits von gesellschaftlichen Mehrheits- und Normalitätsströmen entwickeln und festigen können. *Milieubildung* ist in diesem Sinne wichtig für den Bestand alternativer Projekte. Milieubildung ist ein Prozess, den die Sozialpädagogik/Soziale Arbeit traditionell in geschlossenen Settings (z. B. in der Heimerziehung, in der längerfristigen stationären Suchttherapie oder im Betreuten Wohnen) selbst initiieren, den sie aber in der sozial offenen Alltagswelt z. B. in der Jugendarbeit begleiten, stützen und mitstrukturieren kann. Dabei ist die sozialarbeiterische Intervention immer von der Perspektive der „offenen Milieubildung" geleitet, denn nur offene demokratische Milieus in der gelungenen Balance von Kollektivität und Individualität können erweiterte Handlungsfähigkeit aktivieren. Im Begriff des „offenen Milieus" ist der Respekt vor der Integrität des anderen innerhalb und außerhalb der Milieugrenzen als strukturierendes Charakteristikum enthalten. Regressive Milieus dagegen sind dadurch gekennzeichnet, dass in ihnen Rückhalt, Geborgenheit und Gegenseitigkeit auf Kosten anderer, ja über die Unterdrückung und Ausgrenzung anderer gesucht wird. Gewalttätigkeit zum Beispiel geschieht vor dem Hintergrund regressiver Milieubildung. Wir müssen aber auch – im Sinne *akzeptierender* Sozialen Arbeit – erst einmal verstehen können, warum sich Klient*innen in regressiven und autoritären Milieus geborgen und wohl fühlen.

Milieubildung in einem Jugendzentrum hat eine innere und eine äußere Seite. Nach innen kommt es darauf an, kontinuierlich Projekte zu initiieren, in denen die Jugendlichen über unterschiedliche Rollen und gemeinsame Aktionen Selbstwert und Anerkennung erhalten können und so eine Bindung zum Zentrum entwickeln. Nach außen sollen Möglichkeiten geschaffen werden, dass die Jugendlichen ihre Projekte – seien sie musischer, sozialer oder ökologischer Art – öffentlich darstellen können. Zur Milieubildung gehört auch, dass man Ehemalige und/oder andere Schlüsselpersonen im Quartier gewinnt, das Jugendzentrum mit zu begleiten und in Konflikten nach außen zu unterstützen. Das kann durchaus auch ein Verein oder Beirat sein, wobei immer darauf geachtet werden muss, dass die Jugendlichen maßgeblich die Entscheidungen mittreffen und die Verantwortung tragen.

Milieubildung kann sich in der Sozialen Arbeit und Jugendhilfe aber auch überall dort entwickeln, wo Gruppen in Hilfe- und Beratungsprozessen regelmäßig zusammenkommen. Also zum Beispiel in Mütter-, Familien- oder Informationszentren, in der Männerberatung und in Projekten der Jugendberufshilfe. Wichtig dabei ist immer der Zusammenhalt nach innen aber gleichzeitig auch die Öffnung nach außen. In dieser Balance kann gegenseitige soziale Bindung genauso gedeihen, wie Respekt gegenüber anderen, können Nachhaltigkeitsthemen und -projekte in eigener Sache generiert und gestaltet werden.

Milieubildung bezieht sich aber nicht nur auf die Klient*innen, sondern genauso auf die Sozialarbeiter*innen selbst. Wir hören immer wieder von der Vereinzelung der Sozialarbeiter*innen in den Verwaltungen und Verbänden. Aber auch davon, dass es notwendig ist, unter dem Aspekt der Nachhaltigkeit die vielfältigen aber auch zersplitterten Aktivitäten und Projekte in einer – zumindest gedachten – Infrastrukturperspektive aufeinander zu beziehen. Man könnte so eine ‚hidden structure' finden und diskutieren und dabei erkennen, dass viele, die das Gleiche tun, das

Gleiche denken, ohne es als Gemeinsames wahrzunehmen. Die Arbeitskreise kritischer Sozialarbeiter*innen können Kerne für solche Infrastruktur- und Milieubildung sein. Vor allem aber auch die regionalen Hochschulen der Sozialen Arbeit, die in diesem Buch immer wieder zur Annahme solcher Funktionen der Netzwerkbildung aufgefordert werden.

Soziale Infrastruktur

Soziale Nachhaltigkeit ist auf die infrastrukturelle Verstetigung entsprechender sozialer Projekte angewiesen. In Deutschland gab und gibt es immer wieder eine Vielzahl von Modellprojekten, die aber kaum infrastrukturell übertragen werden, Leuchtpunkte, die nach einigen Jahren wieder verglühen. Dazu trägt auch eine sozialstaatliche Förderungspolitik bei, die Projekte eher in Konkurrenz zueinander zwingt, als dass sie regionale Kooperationsbeziehungen eingehen. Eine nachhaltigkeitsbewusste Sozialpädagogik/ Soziale Arbeit wird deshalb mehr als früher darauf dringen müssen, dass sich eine Infrastruktur der Sozialen Arbeit herausbildet, auf der man immer wieder aufbauen kann. Erst mit einer solchen Infrastruktur-Orientierung kann die Soziale Arbeit zum regionalen Gestaltungsraum werden.

Es bedarf einer grundsätzlichen Neubelebung der regionalen Sozialpolitik, um für die Zukunft eine soziale Gegenwelt zur Entwicklung des digitalen Kapitalismus aufzubauen. Unser Ausgangspunkt dabei ist, dass die sozialen Spannungen, wenn sie politisch nicht übergangen werden, umso intensiver im Lebensalltag der Menschen bewältigt werden müssen, da öffentliche Räume der sozialpolitischen Thematisierung immer rarer werden. Kollektive Gestaltungsräume müssen für soziales Handeln erfahrbar werden, sollen sie sich in sozialpolitisch wirksame Identitätsformung umsetzen können. Das bedeutet vor allem auch, dass die gesellschaftlichen Bildungssysteme kollektive Strukturen ausbilden müssen und nicht weiter nur Selektionsstrukturen sein dürfen. Die Menschen sollen schon als Jugendliche erfahren, dass es sich lohnt, an sozialer Gemeinsamkeit orientiert zu sein sowie sich auf soziale Konflikte einzulassen und dass dies nachhaltigere sozialbiografische Verankerungen schafft als der dauernde Zwang zur individuellen Positionierung im Wettbewerb um Leistungen und Erreichbarkeit. Für die Schule bedeutet diese Aufforderung, einen sozialen Gestaltungsauftrag wieder zu entdecken, eine radikale Neuverortung. Zurzeit gerät sie in Gefahr, zum nackten Selektionsapparat mit ordnungsstaatlicher Hintergrundlegitimation zu werden. Denn sie ermöglicht weder Erfahrungen im Umgang mit den Bildungs- und Verhaltensaufforderungen des digitalen Kapitalismus und der Bewältigung seiner sozialen Folgeprobleme, noch in der Bewältigung von Jugend. Das bedeutet aber auch, dass die Schule lokal in eine ‚civic culture' eingebettet sein muss.

Um nachhaltig wirken zu können, braucht diese kommunale Kultur eine bürgerschaftliche Vertragsbasis. Es geht nicht mehr nur darum, Bürger*innen für (fachlich abgeschirmte) soziale Projekte ‚zu gewinnen' und ihnen dabei das Gefühl zu geben, sie hätten Dingen zuzustimmen, die ihnen selbst nichts bringen und Menschen zu Gute kommen, die sie eigentlich nichts angehen. Deshalb muss – wie dies aus der langen Geschichte von Gesellschafts- und Sozialverträgen bekannt ist – an den Integrationsperspektiven der Einzelnen angeknüpft werden: Du und deine Familie werden sich in dieser Stadt nur wohlfühlen und sozial eingebunden sein können, wenn ihr peilt, dass es euren Kindern in Kindergarten und Schule nur dann gut geht, wenn auch etwas für die anderen Kinder und Jugendlichen getan wird. Ihr müsst begreifen, dass gleichberechtigte Lebensräume für alle die kulturelle Qualität und das soziale Wohlbefinden in der Gemeinde eher steigern als eine Ghettoisierung, die Abgrenzung, Abwehr und Angst erzeugt und in diesem Sinne regressiv auf das kommunale Klima zurückwirkt. Und schließlich muss auch begriffen werden: Wenn du in unserer Stadt alt werden willst, musst du dich auch um die kommunalen Generationenbeziehungen und soziale Öffentlichkeit für alte Leute kümmern und dich auch mit anderen Bürger*innen darüber verständigen können. Die kommunalen Institutionen sind in diesem diskursiven Modell nicht mehr die ersten (und bisher meist einzigen) Ansprechpartner, sondern sie erhalten nun die Funktion, solche Diskurse um neue Sozialverträge anzustoßen und Raum dafür zu geben.

Diskurse und Vereinbarungen zu neuen Sozialverträgen beginnen im Kleinen und hoffen so auf den späteren kommunalen Synergieeffekt: Verträge zwischen Lehrer*innen und Schüler*innen in den Klassen, Verträge der Eltern untereinander um den Kindergarten herum, Verträge zwischen der Polizei und Jugendlichen, zwischen Altersheimen und Vereinen, interkulturelle Verträge zwischen Bewohnergruppen im Stadtteil, aber auch Sozialverträge mit ortsansässigen Firmen, in denen deren kommunale Sozialpflichten ausgehandelt und niedergelegt sind. In einem Gesamtprojekt *Bürgerkommune* können diese Verträge statuiert und vernetzt werden. „In einer Bürgerkommune wirken Menschen, private und öffentliche Institutionen, darunter die Kommune, bezogen auf ein kommunales oder regionales Territorium freiwillig, zur Förderung des Gemeinwohls gleichberechtigt, kooperativ und sich ergänzend [...] zusammen. Niemand ist ausgeschlossen" (Plamper 2000: 27). An dieser Stelle ist die Soziale Arbeit gefragt, um die Mittelschichtzentrierung bürgerschaftlichen Engagements zu durchbrechen. Wichtig an solchen kommunalen Netzwerken ist, dass die hier steuernde Kommunalverwaltung sich dahingehend wandelt, dass sie zur dezentral agierenden und ermöglichenden Verwaltung wird. Es braucht vor allem auch die Entwicklung einer kommunalen Anerkennungskultur, in der die unterschiedlichen Beiträge der Bürger*innen, eben auch der sozial benachteiligten, gleichwertig behandelt werden.

Die Soziale Arbeit kann sich als Teil dieser civic culture verstehen. Dazu muss sie aber ihren eigenen Subtext lesen können. Denn sie stellt nicht nur ein Ensemble von Einrichtungen und Diensten dar, sondern auch eine Struktur von Beziehungen, einen eigenen regionalen Sozialatlas, der von und in den Menschen selbst ist und immer wieder aktiviert werden kann. Wenn man zum Beispiel Ehemalige aus Jugendzentren befragt, was ihnen von der Jugendarbeit an positiver biografischer Erinnerung geblieben ist, dann kommt vieles an biografisch-sozialer Nachhaltigkeit zu Tage, was auch das spätere soziale Handeln beeinflusst. Gemeinwesenprojekte hinterlassen Abdrücke, aus denen man wieder neue soziale Pfade bilden kann. Soziale Modellprojekte gegenseitiger Unterstützung können über die Modellphase hinaus zu kommunalen Sozialverträgen verlängert werden. Hier können Sozialarbeiter*innen sowohl von ihren Projekten her als auch als sozial sensible Bürge*innen einiges mit bewegen.

Die „infrastrukturelle Wende" muss in der Sozialen Arbeit aber erst richtig eingeläutet werden. Zu sehr sind die Arbeitsfelder auf Maßnahmen zentriert, zu wenig wird die weitgehend verdeckte infrastrukturelle Kraft der Sozialen Arbeit genutzt. Vor allem die in letzter Zeit favorisierten wirkungspolitischen Instrumente, die maßnahmenzentriert sind und auf Wirkungsketten schielen, die in personenbezogenen Diensten so nicht ablaufen, blockieren eine infrastrukturorientierte Bewertung sozialarbeiterischer Tätigkeit. Deshalb muss diese Infrastruktur erst freigelegt werden, müssen die unterschiedlichen Beziehungsstränge und Einflusszonen aufgeschlossen werden, die sich über Jahre hinweg in einem regionalen Umkreis oder einem städtischen Quartier gebildet haben. Netzwerke werden sichtbar (s. u.).

Die Digitalisierung hat neue Möglichkeiten, aber auch – für die Nutzer*innen – Probleme des Datenschutzes gebracht (vgl. Kutscher 2018). Erprobt sind inzwischen mobile Apps und Infoportale, mit denen Adressat*innen erreicht und begleitet werden können. Wichtig für die infrastrukturelle Perspektive sind Online-Plattformen, welche regional verstreute Einrichtungen, Initiativen und einzelne Interessierte zusammenbringen können. Viele kommunale Sozialverwaltungen haben ja begonnen, projektorientierte Kooperationen über fachspezifische Grenzen hinweg mit außerbehördlichen Projekten digital zu vernetzen. Auch bei der Entwicklung von Bildungslandschaften werden unterschiedliche regionale Lernorte digital zusammengeführt (vgl. Krause 2016: 447), warum nicht auch im Sozialbereich.

Solche Erfahrungen und Kompetenzen können auch sozialinfrastrukturell genutzt werden. Dabei kommt es darauf an, welche politisch-thematischen Schwerpunkt gesetzt, welcher infrastrukturelle Typus aufgeschlossen werden soll. So kann zum Beispiel ein Netzwerk von Ehemaligen aus der Jugendarbeit in der Region erarbeitet werden. Auch können unterschiedliche soziale

Initiativen auf einen sozialpolitisch gemeinsamen Nenner gebracht werden. Soziale Einrichtungen und Dienste können daraufhin vernetzt werden, welche Impulse für einen sozialpolitischen Wandel in der Region sich aus ihrer Arbeit herauslösen lassen. In diesem Prozess kann nach einer gemeinsamen sozialpolitischen Sprache für die Entwicklung der Region als Sozialregion gesucht werden. Diese Plattformen sollten von einer politisch und administrativ unabhängigen Stelle aus entwickelt und betreut werden. Hier bieten sich wieder die jeweiligen Hochschulen für Soziale Arbeit in der Region an, die das auch in ihre Ausbildung einbringen könnten.

Sekundäre Integration

Mit der Infrastrukturorientierung kann auch der Beitrag der Sozialpädagogik/Sozialen Arbeit zur sozialen Integration sichtbar gemacht werden. Soziale Integration, der gesellschaftliche Zusammenhalt, zählt zu den wesentlichen Grundlagen sozialer Nachhaltigkeit. Wir fassen den besonderen Beitrag der Sozialen Arbeit dazu in den Begriff der „sekundären Integration". Eine moderne sozialstaatlich-demokratische Gesellschaft kann Krisenprobleme nicht durch Ausgrenzung lösen, sondern ist auf Modi und Agenturen sekundärer Integration in ihrer Brückenfunktion angewiesen. Das betrifft zum einen das Gros der Menschen, die unter dem Druck psychosozialer Probleme oder Beeinträchtigungen von der gesellschaftlichen Teilhabe ausgeschlossen sind, zum anderen vor allem diejenigen, die zeitweise oder längerfristig nicht in den Arbeitsmarkt hineinkommen können, also arbeitsgesellschaftlich vorübergehend exkludiert sind. Institutionell betrachtet hat die Soziale Arbeit in diesem Zusammenhang Übergangs-, Umwegs- und Betreuungsangebote entwickelt, die nachhaltigkeitswirksam organisiert werden können, wenn sie in einer regionalen Infrastruktur verankert sind.

Der Integrationsbegriff zielt auf die Frage, was eine Gesellschaft zusammenhält, aber auch, wie jemand in der Gesellschaft sozial verortet ist und an ihr teilhaben kann. In der Gesellschaft sind *alle* ‚Gesellschaftsmitglieder', sie müssen nicht erst inkludiert werden. Manche sind aber in die Zone der *Desintegration* gerutscht. Soziale Integration und Desintegration liegen in der sozialstaatlichen Gesellschaft eng beieinander. Und in dieser Spannung liegt der Zugang der Sozialen Arbeit.

Der soziale Konflikt ist in demokratischen Gesellschaften Voraussetzung für soziale Integration. Über den Konflikt wird die integrative Hintergrundstruktur des gegenseitigen Aufeinander-angewiesen-Seins freigesetzt und damit sichtbar. Diese integrative Qualität erhält der Konflikt vor allem aus der Dialektik, die ihm innewohnt und aus der sich Integration speist. Schon Georg Simmel hat diese dialektische Spannung des Konflikts dahingehend beschrieben, dass er „eine Synthese von Elementen ist, ein Gegeneinander, das mit dem Füreinander unter einen höheren Begriff gehört" (1908: 247). Integration durch Konflikt bedeutet aber nun nicht, dass – gleichsam als Resultat – gesellschaftliche Harmonie eingekehrt sein muss. Vielmehr ist unter Integration ein Zustand zu verstehen, der in der Regel dadurch gekennzeichnet ist, dass grundlegende Gemeinsamkeiten – wie in unserem Zusammenhang die gegenseitige Angewiesenheit – deutlich, Interessengegensätze aber nicht aus der Welt geschafft werden. Sie sind – eben im Sinne der Dialektik – weiter vorhanden, aber so in einem übergreifenden Zusammenhang eingebunden, dass nicht ihre Gegensätzlichkeit, sondern das Prinzip des Aufeinander-angewiesen-Seins gesellschaftlich wirksam wird.

Inzwischen erleben wir eine Tendenz zur Verräumlichung sozialer Konflikte. Es ist ein Kampf um die Räume entbrannt, ohne dass es das Gros der Bevölkerung merkt. Denn die rechtsextremistischen Gruppen arbeiten verdeckt, im Milieu des Alltäglichen, in das hinein sie ihre Beziehungen flechten: in Jugendhäuser, Stammtische, Vereinsaktivitäten. Gewaltdemonstrationen hin und wieder, um die Region in Atem und damit auch – von ihnen aus gesehen – in Bewegung zu halten. Die Bürgerdemonstrationen, die als Reaktionen auf rechtsextremistische Anschläge oder Aufmärsche organisiert werden, agitieren zwar räumlich aber eben nur akzidentiell. Zudem geben sie den Rechtsextremen die subjektive Genugtuung, durch ihre Provokation so viele Leute auf die Straße gebracht zu haben. Anerkennung durch Erregung von Aufmerksamkeit. Das funktioniert auch hier.

Besonders in der regionalen Jugendpolitik – nicht nur in Ostdeutschland – ist die rechtsextrem gesteuerte Besetzung von Räumen brisant. Die Vernachlässigung der Offenen Jugendarbeit in ländlichen und kleinstädtischen Räumen hat mancherorts dazu geführt, dass rechtsextreme Gruppen mit ihren Jugendangeboten in diese Lücke gestoßen sind. Insgesamt ist es also in Zukunft dringend, – leider politisch nicht so spektakulär – den Rechtsextremismus im Alltag durch infrastrukturell nachhaltige sozialräumliche Manifestationen zurückzudrängen. Jugendzentren, regionale Beschäftigungsprojekte, partizipativ organisierte Kulturangebote für Jugendliche und junge Erwachsene, aber auch gemeinwesenoffene Schulen können lokale Räume demokratisch besetzen und ein antirassistisches Magnetfeld schaffen.

In einer anderen Gesellschaft

„Wir denken […] eine Postwachstumsgesellschaft keineswegs ohne Wachstum, wir denken sie aber ohne Zwang zum stofflichen Wachstum" (Opielka 2018: 45)

Das alte Konfliktthema der industriellen Moderne ist in der Nachhaltigkeitsperspektive neu freigesetzt: Welches Ziel soll die Ökonomie haben, für wen ist sie eigentlich da, woran bemisst man ihren Wert und muss nicht der Wert des Menschen über dem des Marktes stehen? In diesem Zusammenhang ist gegenwärtig ein wirtschaftstheoretisches und inzwischen endlich auch in den politischen Diskurs transformiertes Projekt interessant, das dabei ist, zu einem weltweiten Diskurs mit politischem Support zu werden: Die Suche nach einer humanen Wachstumsformel. Der Ansatzpunkt dafür ist der Diskurs um die Bewertung der sozialökonomischen Entwicklung bzw. die Indikatoren, nach denen Entwicklung, Wachstum und Wohlstand gemessen werden sollen. So ist das Bruttoinlandsprodukt (BIP) als bisherige Leitgröße für die Messung des Wohlstands einer modernen Gesellschaft angesichts der steigenden sozialen und ökologischen Kosten eines einlinig ökonomisch definierten Wachstums vor allem auch deshalb in die Kritik geraten, weil offenkundig wurde, dass fortschreitendes und beschleunigtes wirtschaftliches Wachstum das Leben der Menschen nicht automatisch verbessert: auf der einen Seite erfolgreiches ökonomisches Wachstum, auf der anderen Seite und gleichzeitig sogar „soziale Rezession“ (Jackson 2013: 5). Ab einem bestimmten Wohlfahrtsniveau führe die Erhöhung des Pro-Kopf-Einkommens nicht mehr selbstverständlich zur Steigerung des Wohlbefindens der Menschen. „Die Schwäche monetärer Indikatoren bei der ökonomischen Erfolgsmessung hat auch damit zu tun, dass Geld nur Tauschwerte zum Ausdruck bringen kann, aber keinen Nutzwert. Menschen benötigen jedoch letztendlich vor allem Nutzwerte, diese sind das Ziel des Wirtschaftens. Ein Tauschwert kann mich weder wärmen noch ernähren, noch umarmen. Dazu brauche ich Nahrung, Kleidung Wohnung, soziale Beziehungen, intakte Ökosysteme. BIP und Finanzgewinn sagen aber nichts Verlässliches über die Verfügbarkeit von Nutzwerten aus [...] Die Schwächen des BIP sind schon länger bekannt, weshalb die Suche nach alternativen Wohlstandsindikatoren schon in den 1970er Jahren begann“ (Felber 2014: 34f.). So kann „ein höheres BIP mit höherer Arbeitslosigkeit, ungerechter Verteilung, Umweltzerstörung oder Kriegsführung einhergehen sowie ein höherer unternehmerischer Finanzgewinn mit weniger sozialer Sicherheit, geringeren Einkommen, Umweltzerstörung oder Menschenrechtsverletzungen“ (Pufé 2014: 285). Gerade für die Perspektive der Nachhaltigkeit bräuchte es deshalb eine „Gemeinwohlbilanz, ein Gemeinwohl-Audit, die Finanzbilanz würde so von der Ziel- zur Mittel-Bilanz. Ganz analog zum Geld, das eigentlich nur ein Tauschmittel sein sollte und nicht der Tauschzweck – der Tauschzweck ist die Befriedigung von Bedürfnissen –, erfüllt die Finanzbilanz eine zentrale Bedingung, sie ist aber nicht der eigentliche Gegenstand der unternehmerischen Tätigkeit. Der gesellschaftliche Zweck des unternehmerischen Strebens, sein gemeinwohldienlicher Auftrag, wird in der Gemeinwohl-Bilanz abgebildet. Der monetäre Gewinn wird gegengleich vom Zweck zum Mittel“ (ebd.: 49f.). Gewinne sollen sowohl den Unternehmen wie dem Gemeinwohl nützen.

Das BIP bezieht sich nur auf die Menge der Güter und Dienstleistungen und ihre Maximierung, so wie sie auf den Märkten erscheinen. Nicht berücksichtigt sind neben den ökologischen Kosten des Ressourcenverbrauchs vor allem auch die sozialen Kosten wie Armuts- und Gesundheitsrisiken. Vernachlässigt werden neben den Leistungen, die im familial-häuslichen Bereich der Erziehungs- und Sorgearbeit erbracht werden, auch die infrastrukturellen Effekte sozialer Integration, wie sie von der Bürgerarbeit und der Sozialen Arbeit ausgehen. Insgesamt geht es also nicht mehr dominant um das Marktniveau von Lebensqualität, sondern um ihre soziale und kulturelle Einbettung. Damit wird das ökonomische Prinzip eines externalisierten Wachstums in ein kritisches Spannungsverhältnis zur sozialen Entwicklung gebracht. Das führt hin zu „Postwachstumskonzepten", in denen „Wohlstandseffekte von der Notwendigkeit eines stoffbasierten Wirtschaftswachstums und damit von einem Wachstum, wie wir es kennen" – als Wachstumszwang –, entkoppelt sind (Opielka 2017: 41 f.). Eine solche Entkoppelung kann aber – so Tim Jackson (2017: 159) – auch bei erhofften technologischen Innovationen – nur gelingen, wenn das marktkapitalistische Prinzip durchbrochen wird. „Die Vorstellung, man könne tiefe Einschnitte bei Emissionen und Ressourcenverbrauch vornehmen, ohne sich mit der Struktur der Marktwirtschaften auseinanderzusetzen, gehört schlichtweg ins Reich der Phantasie." Seit einiger Zeit ist ein wirtschaftstheoretisches und inzwischen endlich auch in den politischen Diskurs transformiertes Projekt interessant, das dabei ist, zu einem weltweiten Diskurs mit politischem Support zu werden: Die Suche nach einer humanen Wachstumsformel. Der aktuelle Ansatzpunkt dafür ist die Auseinandersetzung um die Bewertung der sozialökonomischen Entwicklung, also um die Indikatoren, nach denen Entwicklung, Wachstum und Wohlstand bemessen werden sollen. Es wurde bereits beschrieben, dass das Bruttoinlandsprodukt als bisherige Leitgröße für die Messung des Wohlstands einer modernen Gesellschaft angesichts der steigenden sozialen und ökologischen Kosten eines einlinig ökonomisch definierten Wachstums auch deshalb in die Kritik geraten ist, weil offenkundig wurde, dass fortschreitendes und beschleunigtes wirtschaftliches Wachstum das Leben der Menschen nicht automatisch verbessert.

Wenn wir die Nachhaltigkeitsperspektive in den Mittelpunkt stellen, hoffen wir auf eine andere Gesellschaft. Dies meint eine Gesellschaft, in der die Balance von Ökonomischem und Sozialem wieder eingekehrt ist, der Kapitalismus sozial in Grenzen gehalten werden kann. So wie der Kapitalismus in der Ersten Moderne zu seiner Erhaltung und Modernisierung auf den Einbau des Sozialen angewiesen ist, so ist er in der Zweiten Moderne auf sozialökologische Nachhaltigkeit angewiesen. Das bedeutet, dass – gemäß dem Paradigma Dialektik der Angewiesenheit – das ökonomische System marktbewerteten Wachstums soziale Elemente des Innehaltens, der Sorge um Umwelt und Mensch integrieren, wachstumsmodifizierende Elemente zulassen muss. Das würde auf alle Gesellschaftsbereiche zurückwirken, denn der Zwang zum Wachstum hat sich durch alle Institutionen der Gesellschaft bis hinein in die Lebensstile und „mentalen Infrastrukturen“ (vgl. Welzer 2011) verstetigt. Auch die Sozialpädagogik/Soziale Arbeit ist von diesem Zwang betroffen. Denn der Zwang zum linearen Wachstum mit seinem sozialen Korrelat des Zwangs zum Mithalten grenzt Menschen aus, die dann zu unseren Klient*innen werden. In diesem mittelbaren Sinne ist also die Nachhaltigkeitsperspektive folgenreich für unsere Disziplin. Allerdings hat sich diese in den letzten Jahrzehnten ihrer Modernisierung in scheinbarer Paradoxie nicht gegen diesen Zwang gewandt, sondern ihn in gewisser Weise selbst übernommen. Denn diese Linearität bildet sich u. a. ab in den zentralen sozialpädagogischen Fragen der Normalität, der arbeitsmarktlichen Integration und der administrativen Passungsfähigkeit der Fallbearbeitungen.

Die Konzeption einer Sozialpädagogik der sozialen Nachhaltigkeit beginnt in diesem Geiste mit einer Kritik des linearen Modernisierungs- und Professionalisierungsdenkens und versucht den Diskurs neu zu öffnen. Im Vordergrund steht dabei eben auch die Frage, wie bisherige lineare Methoden und Verfahren des sozialpädagogischen Fallarbeit und ihre Evaluation den Linien der administrativen Falllogik folgten und deshalb alle von dieser Methodik übergegangenen oder abdrängten Fähigkeiten und Kompetenzen der Klient*innen nicht in den Blick nehmen konnten. Gesellschaftstheoretisch kommt der Sozialpädagogik/Sozialen Arbeit dabei das von Jeremy Rifkin (2011) propagierte Paradigma *Empathie statt Konkurrenz* entgegen. Für uns lässt sich hier die These ableiten, dass die bisherigen Institutionen der Sozialpädagogik/Sozialen Arbeit, wie auch die Schule, dem Konkurrenz- und Selektionsdenken gefolgt ist, sich also der hauptsächlichen Integrationslinie der kapitalistischen Wachstumsgesellschaft angepasst hat. Diese traditionelle Linie kann im Hinblick auf eine zukünftige an sozialem Wachstum orientierte Gesellschaft einer *empathischen Zivilisation* (Rifkin) keine Nachhaltigkeitsperspektive erzeugen. Die individualistische Konkurrenzgesellschaft muss sich – so Rifkin – deshalb in eine Gesellschaft der Gegenseitigkeit wandeln. Die Sozialpädagogik kann hier ihre pädagogischen Kerne *Beziehung* und *Gruppe* so einbringen, dass sie als Nachhaltigkeitskerne gelten können. Denn die Existenz des Menschen wird auch weiter eine soziale sein und sich entsprechend in sozialen Beziehungen lebendig halten. Darüber wölbt sich der Nachhaltigkeitsbogen *soziale Gerechtigkeit* (s.u.). Angesichts der oben dargestellten Verkettung der unterschiedlichen ökologischen, ökonomischen und sozialen Dimensionen der Nachhaltigkeit wird soziale Gerechtigkeit auch für zukünftige Generationen das soziale Fundament der Menschenwürde bilden.

Aus bewältigungstheoretischer Sicht ist es die Kernaufgabe der Sozialpädagogik/Sozialen Arbeit Menschen in kritischen Lebenssituationen in ihrem Streben nach psychosozialer Handlungsfähigkeit so zu unterstützen, dass sie sich wieder in ein sozial gelingendes Leben einfädeln können, soziales Handeln gesteuert werden kann und soziale Beziehungen aufgenommen werden können. Sozialpädagogik hat es dabei vor allem mit Menschen zu tun, die ihre innere Hilflosigkeit nicht thematisieren können und unter Druck geraten, sie antisozial nach außen oder selbstdestruktiv nach innen abspalten zu müssen (vgl. ausf. Böhnisch 2018). Es ist also nicht das äußere Verhalten, sondern es sind die darunterliegenden Botschaften und Sehnsüchte, die uns die eigentlichen Befähigungen der uns anvertrauten Menschen verraten.

Jeremy Rifkin (2009) setzt hier wieder den Punkt: Wir leben in einer Gesellschaft, in der wir zum Streben nach Besitz und Konsum als Statussicherung gezwungen sind, obwohl wir damit Konkurrenz zur Lebensform machen und andere zwangsläufig immer wieder ausschließen. Denn eigentlich verdeckt das die in uns schlummernde Sehnsucht nach Zugehörigkeit, die Empathie und Respekt gegenüber anderen verlangt. Darin ist auch das positive Gespür gegenseitiger Abhängigkeit verborgen, dass im Konkurrenzdenken und den bloß utilitaristischen Beziehungen diskriminiert ist. Die Akzeptanz gegenseitiger Abhängigkeit, die den Respekt vor kultureller Vielfalt einschließt, ist für Rifkin der Schlüssel zu sozialer Nachhaltigkeit. Sie schließt den Respekt vor der Natur ausdrücklich mit ein, indem sie die Verletzlichkeit der Natur und die Verletzlichkeit des Menschen miteinander in Einklang bringt.

Die Perspektive einer ‚anderen Gesellschaft' ist nicht so abwegig, wie manche glauben, die keine Alternative zum neoliberalen System des globalen Kapitalismus sehen. Denn dieser ist fragil geworden, seine Totenlieder werden bereits – wenn auch vorschnell – gesungen (vgl. Geiselberger 2017). Zu groß ist die soziale Sprengkraft seiner Ideologie geworden: das abstrakte, sozial ungebundene Menschenbild, der abstrakte Raum, der nur dem Markt gehört, der Hyper-Individualismus, der Gemeinschaft und Solidarität zerstört und nicht zuletzt der Mithalte-Zwang, der Millionen Mensch in Angst vor dem Abgehängt-Werden versetzt. Populistische und identitäre Gegenpole haben sich herausgebildet, die ebenfalls ‚eine andere Gesellschaft' propagieren, allerdings eine Gesellschaft jenseits von Demokratie, weltoffener Toleranz und sozialem Konfliktbewusstsein.

Der französische Sozialphilosoph Alain Tourraine sah schon anfangs des 21. Jahrhunderts die politische Gesellschaft, so wie wir sie aus dem 20. Jahrhundert kennen, im Verschwinden: „Zwischen dem globalisierten planetarischen Markt und der Unzahl von identitären Bewegungen, die an seinen Rändern entstehen, tut sich ein großes schwarzes Loch auf. In diesem Loch drohen der Gemeinwille, Nation, Staat, die Werte, die öffentliche Moral, die zwischenmenschlichen Beziehungen, mit einem Wort: die Gesellschaft, zu verschwinden." (Tourraine zit. nach Ziegler 2003: 57)

Diese Gesellschaft der neueren Moderne, wie wir sie kennen, lebte ja von der Zuversicht, dass das persönliche Betroffensein von ökonomisch-gesellschaftlichen Verhältnissen auf gesellschaftliche Konflikte rückgebunden und so sozial sichtbar sowie darstellbar werden könne. Die Macht der Herrschenden und die Ohnmacht und Abhängigkeit der Beherrschten stehen in diesem Verständnis in einer Relation zueinander, die deshalb erfahrbar gemacht werden kann, weil beide Seiten eingebettet sind in dieselbe soziale Welt. Diese Relation ist in der Geschichte immer wieder in mehr oder minder radikaler Praxis aktiviert worden: In den Aufständen, Revolutionen und Reformbewegungen. Sie ist inzwischen längst – politisch gesehen – in das moderne Prinzip der Legitimation eingelassen. Politische Macht ist seitdem – zumindest in demokratisch verfassten Staaten und ihren Gesellschaften – an ihre Begründung, ihre Legitimation vor den Menschen gebunden. Aber: Politische Legitimation und sozialer Konflikt können sich nur als *soziale Relationen* entfalten, sie sind in einen sozial erfahrbaren gesellschaftlichen Rahmen eingebettet.

Mit dem politischen Aufkommen des digitalen Kapitalismus scheint diese Grundvoraussetzung sozialer Relationalität nicht mehr gegeben. Es haben sich zwei auseinanderdriftende Welten gebildet. Neben der uns gewohnten raum-zeitlich begrenzten und über soziale Beziehungen fassbaren sozialen Welt ist eine virtuelle parasoziale Welt der globalen Kapitalzirkulation und -akkumulation entstanden, die ihrer eigenen, kapitalgebundenen Logik folgt. Sie bildet eine Moral aus, die den sozial gebundenen Normen nicht nur entgegensteht, sondern auch nicht mehr sozial kommunizierbar und vermittelbar ist. Damit wird es nahezu unmöglich, jene Beziehungen zwischen diesen beiden Welten herzustellen, in denen sich Konflikt und Legitimität als Funktionserfordernisse demokratischer Gesellschaften konstituieren können.

Mit der Nachhaltigkeitsfrage ist aber ein weltumspannendes Problem sichtbar geworden, das alle angeht: die Bedrohung der Existenz des Menschen überhaupt. Diese Relation ist nicht – so wie das Soziale – aushebelbar. Deshalb ist das sozialökologische Gesamtprojekt das einzige konsequente Zukunftsprojekt, in dem sich lokale und globale Entwicklungen vermitteln lassen. Es ist in seinem Kern, auch wenn das viele noch nicht wahrhaben wollen, ein antikapitalistisches Projekt.

Teil III
‚Projekte' sozialer Nachhaltigkeit und ihr sozialpädagogischer Bezug

Wenn ich im Folgenden sozialpädagogische Interventionsmuster, Haltungen und Methodiken als ‚Projekte' vorstelle, werden manche sagen, da ist doch nicht viel Neues. Verantwortung z. B. gehört doch zum Geschäft der Sozialpädagogik/Sozialen Arbeit, genauso wie Partizipation. Wir schauen doch auch heute hinter das äußere Verhalten der Klient*innen und versuchen, sie in akzeptierender Haltung zu verstehen. Was soll da anders sein? Hier setzt erst einmal Harald Welzers Lego-Argumentation (2019) an. Wir müssen, wenn es um Nachhaltigkeit geht, solche uns bekannten Prinzipien neu kontextualisieren und gewichten. Im Sinne von reflexiver Erneuerung von Mitteln zu Zielen machen. Verantwortung und Empathie z. B. sollen von interaktiven, personal variablen Prinzipien der Hilfe zu Strukturprinzipien, zu Principia media der Sozialordnung etwa im Sinne Rifkins „empathischer Zivilisation" (2011) werden und das in einer und gegen eine wachstumsfixierte(n) Konkurrenzgesellschaft. Genauso sollen sie als Organisationsprinzipien und innere Rechtstitel in die sozialpädagogischen Trägerverfassungen und ihre Praxis eingehen. Dadurch ergeben sich neue Kontexte. Bei den Umkehrungen ist dies noch deutlicher. Ökonomistische Ziele wie Gewinn, Markt und Effizienz sollen zu Mitteln zurückgestuft werden. Das gilt ja gerade für die Organisationen der Sozialen Arbeit, die inzwischen in dieses Ziel-Mittel-Dilemma hineingeschlittert sind (s. o.). Wichtig ist in diesem Zusammenhang auch, dass sich aus der Umkehrung und Neubewertung dieser Prinzipien Ansprüche oder Rechte für die Betroffenen ableiten lassen. Es handelt sich bei ‚Projekten' also nicht einfach um begriffliche Umdeutungen, sondern um Initiativen, welche die *Strukturen* der sozialpädagogischen Institutionen betreffen: Hierarchie-, Kommunikations- und Beteiligungsstrukturen, Rechte der Klient*innen, aber auch der Mitarbeiter*innen, Zuständigkeiten, Arbeits- und Öffentlichkeitsrechte und Methodiken. Projekte der Nachhaltigkeit, die bisher als Mittel eingestufte Auflagen wie Innehalten, Partizipation, Verantwortung oder Respekt nun als Ziele begreifen sind natürlich immer auch Risikovorhaben, die gewohnte Handlungssicherheiten durchbrechen. Deshalb sind Projekte wie Konfliktfähigkeit zentral, weil sie nicht nur den Umgang mit ungewohnten Themen ermöglichen, sondern vor allem auch die Handlungsfähigkeit der Professionellen stärken. Das alles ist von einer Tragweite, die auf Organisationsreformen in den Trägerstrukturen drängt. Für die Träger der Jugendhilfe und Sozialen Arbeit wird es dabei darauf ankommen, ob und wie es ihnen gelingt, die Balance zwischen der festlegenden sozialgesetzlichen Gewährleistung und den öffnenden Gruppen- und Milieustrukturen mit ihrer kommunalen Vernetzung immer wieder herzustellen. Sie können über diesen ‚regulierten Austausch' zu ‚lernenden Organisationen' werden.

Kritik der Linearität

Der Zwang zum linearen Wachstum mit seinem psychosozialen Korrelat des Zwangs zum Mithalten grenzt Menschen aus, die dann oft zu unseren Klient*innen werden. Die Träger der Sozialpädagogik/Sozialen Arbeit haben sich aber in den letzten Jahrzehnten ihrer Modernisierung meist nicht gegen diesen Zwang gewandt, sondern haben sich ihm in gewisser Weise selbst ergeben. Diese Linearität bildet sich immer noch im sozialpädagogischen Defizit- und Normalisierungsdenken mit den entsprechenden linearen und standardisierten Kausalketten der Fallbearbeitung ab. Manche der biografisch zurückgedrängten Fähigkeiten der Ausgegrenzten werden in dieser Linearität übergangen, pädagogische Umwege diskreditiert.

Mit den Projekten *Innehalten* und *Reframing* will ich den sozialpädagogischen Nachhaltigkeitsdiskurs mit der Grundhypothese eröffnen, dass eine lineare sozialpolitische und sozialpädagogische Modernisierungsstrategie aus Nachhaltigkeitssicht in eine Sackgasse führt und wir uns Zeit nehmen und soziale Phantasie entwickeln müssen, andere Wege zu suchen. Hier kommt der Sozialpädagogik das von Jeremy Rifkin (2011) propagierte Paradigma *Empathie statt Konkurrenz* – entgegen. Für uns lässt sich hier die These ableiten, dass etliche in der Sozialpädagogik/Sozialen Arbeit (nicht nur die Schule) dem Konkurrenz- und Selektionsdenken gefolgt sind, sich also der hauptsächlichen Integrationslinie der kapitalistischen Wachstumsgesellschaft angepasst haben. Diese Linie kann im Hinblick auf eine zukünftige, an sozialem Wachstum orientierte Gesellschaft einer „empathischen Zivilisation" (Rifkin) keine Nachhaltigkeitsperspektive erzeugen. Die individualistische Konkurrenzgesellschaft muss sich deshalb – so Rifkin – in eine Gesellschaft der Gegenseitigkeit wandeln. Die Sozialpädagogik/Soziale Arbeit muss ihre entsprechenden pädagogischen Kerne, die durchaus der Saat der Nachhaltigkeit zugesetzt werden können, neu definieren und so einbringen, dass sie als Nachhaltigkeitskerne gelten können.

Ansätze dazu gibt es. Denn die Pluralisierung der Gesellschaft hat dazu geführt, dass die Sozialpädagogik nicht mehr strikt an eine gesellschaftliche Norm der Resozialisierung gebunden ist, sondern unterschiedliche Optionen unterhalb bzw. abseits der gesellschaftlich sanktionierten Normalisierungslinie entfalten kann. So hat sich zum Beispiel in der sozialpädagogischen Jugendberufshilfe längst die Faustregel bewährt, dass es wenig Sinn macht, arbeitslose oder im Ausbildungsprozess gescheiterte junge Menschen unbedingt und direkt in den ersten Arbeitsmarkt zu vermitteln. Vielmehr sollen sie erst einmal Anerkennung und Wirksamkeit als tätige Menschen jenseits der Erwerbsarbeit erfahren können. So lassen sich auch Befähigungen aufschließen, die im linearen Zugang nicht erkannt werden konnten. Das ist ein Modell, das für die Soziale Arbeit der Zukunft insgesamt gelten kann. Sie wird so zur Agentur einer ‚Tätigkeitsgesellschaft'. Diese Sondierung und Stärkung des Übergangenen ist für mich die zukünftige Kernaufgabe der Sozialpädagogik in allen ihren Arbeitsfeldern. Dazu braucht es ein *vernetztes Denken,* in dem verschiedene Zugänge und Optionen beleuchtet werden können und eine resultante Perspektive ermöglicht wird. Diese ist dann nicht einfach linear-fallzentriert, sondern orientiert sich an den zukünftigen Lebensmöglichkeiten der Klient*innen, also an der ‚biografischen Nachhaltigkeit' der Hilfe.

Das Projekt Innehalten

Innehalten ist ein Schlüsselbegriff des sozialökologischen Nachhaltigkeitsdiskurses, das Gegenmittel zu Externalisierung und Linearität, das Zeit zur relativen Größe macht. Die Relativität von Zeit zeigt sich gerade auch im unterschiedlichen biografischen Zeitempfinden und hier vor allem darin, dass Zeit in der Biografie als endlich empfunden wird, obwohl sie das individuelle menschliche Dasein übergreift. Diese zeitphilosophische Perspektive wird auch für das sozialwissenschaftliche Denken dort wichtig, wenn es – wie im Falle des Nachhaltigkeitsdiskurses – um Handlungsaufforderungen geht, deren Effekte jenseits des biografischen Zeithorizonts einzelner Menschen liegen. Auch die Probleme der sozialen Entbettung und Digitalisierung von Zeit, die uns im Zeitalter der mikroelektronischen Technologisierung und der Globalisierung beschäftigen, bedürfen zeitphilosophischer Analysen. Die Digitalisierung der Zeit, wie sie sich heute in einer technologisch transformierten Ökonomie durchsetzt, bringt Zeitkonflikte zwischen Subjekt und Gesellschaft als auch der individuellen Zeitbewältigung mit sich, welche die biografische Handlungsfähigkeit der Individuen immer wieder bedrohen. Während sich im Zuge der Entgrenzung der Übergänge die Bildungszeiten verlängern, biografisch differenzieren und Umwege und Brüche bei der Integration in die Arbeitswelt zunehmen, verlangt ein flexibilisierter Arbeitsmarkt, dass die Leute „auf den Punkt" verfügbar und entsprechend der aktuellen Nachfrage qualifiziert sind – ohne Rücksicht auf biografische Entwicklungszeiten und Bewältigungsprobleme. Gegen diese Digitalisierung und Beschleunigung der sozialen Zeit richtet sich ein sozialwissenschaftlicher Zeitdiskurs, in dem Perspektiven der „Entschleunigung" entwickelt, herrschende Zeitstrukturen dekonstruiert werden sollen (vgl. Rosa 2005).

Gerade auch die Sozialpädagogik braucht Zeit, wenn sie auf

die Einzelnen und ihre biografischen Besonderheiten eingehen, offene Gruppenprozesse und fördernde Beziehungen ermöglichen, übergangene Fähigkeiten aufschließen soll. Gleichzeitig steht sie immer wieder unter Zeitdruck, wenn institutionelle Vorgaben verkürzt, organisatorische Verfahren unter dem Diktum der Effizienz zeitlich rationalisiert werden. Die Notwendigkeit pädagogischer Umwege ist pädagogisch-fachlich vielfach belegt, wenn es in der Schule darum geht, „schwache" Schüler*innen zu fördern oder sozial benachteiligten Jugendlichen soziale Anschlüsse zu ermöglichen. Gerade an der linear getakteten Zeitstruktur der Schule ist immer wieder heftige Kritik geübt worden. In ihrer Verstrickung von Stoffdruck und Zeitdruck kommt sie immer wieder in Beschleunigungsdilemmata. Es kommt damit unweigerlich zu Konflikten zwischen pädagogischer und organisatorischer Zeit. Die Zeit ist somit eine zentrale Kategorie pädagogischer Reflexivität.

Innehalten bedeutet auch, Zeit haben, um hinzuhören. Übergangene Nachhaltigkeit meldet sich in *verdeckten Botschaften,* in Hilferufen der Natur und der mit ihr zerstörten Menschen. Das Erkennen dieser oft verdeckten Botschaften ist die Essenz jeder Nachhaltigkeitspolitik. Es eignet sich auch als pädagogisches Prinzip. Probleme der Nachhaltigkeit liegen nicht offen zutage, ökosoziale Erscheinungen, die auf Bedrohung von Nachhaltigkeit hinweisen, werden unterschiedlich gedeutet. Der Konflikt zwischen Externalisierung und Innehalten spiegelt sich im Konflikt zwischen äußerer Deutung und innengerichteter Wahrnehmung. Nachhaltigkeitsprobleme erkennen heißt Botschaften erkennen, die hinter den äußeren Daten versteckt sind und deshalb übergangen werden. Die Fähigkeit, hinter diesen äußeren Erscheinungen die inneren Hilferufe der Natur wie der Menschen wahrzunehmen, ist eine Fähigkeit der Initiierung von Nachhaltigkeit.

Wir können dies auf die Sozialpädagogik übertragen. Entscheidend für die spätere Biografie eines Kindes oder Jugendlichen, mit denen wir es in der Jugendhilfe zu tun haben, ist die Art und Weise, wie wir sie und ihr Verhalten deuten. Bleibt es bei der Außendeutung oder haben wir das Interesse und die Zeit nach innen zu gehen. Dann merken wir, dass hinter beispielsweise abweichendem Verhalten ganz andere Antriebe stecken, als diejenigen, die sich in dem Verhalten präsentieren. Wir stoßen darauf, dass dieses Verhalten oft das einzige Mittel ist, um auf sich aufmerksam zu machen, soziale Anerkennung und Selbstwert zu bekommen. Von dem Kinde und Jugendpsychiater David Winnicott (1988) stammt die diagnostische Erkenntnis, dass in der Aggressivität und Gewalttätigkeit mancher Kinder und Jugendlichen die Hoffnung steckt, bemerkt und als Menschen erkannt zu werden, die Zuwendung brauchen. Wenn wir dies erkennen, sind wir einen Schritt weiter in dem Bemühen, diesen Jugendlichen Hilfe zukommen zu lassen, die biografisch nachhaltig wirken kann. Dies ist ein Beispiel dafür, wie wir die allgemeine Nachhaltigkeitsperspektive methodisch in die Sozialpädagogik übersetzen können. Denn die nur äußere Deutung verleitet zu Kausaldefinitionen, die nicht der inneren Psychodynamik der Betroffenheit und ihre Bewältigung entsprechen, die dem Normalitätszwang folgen und deshalb bei den Klient*innen nicht nachhaltig wirken können. Die Suche nach biografischer Nachhaltigkeit steht hier also vor dem situativen Interventionsdruck der Verhaltensregulierung. Und: biografische Nachhaltigkeit als Ziel und als institutionalisiertes Prinzip sozialer Hilfe kann sich zur sozialen Nachhaltigkeit verlängern.

Eine solche nachhaltigkeitssensible Hilfe braucht Empathie und Respekt und damit eine akzeptierende Haltung den Kindern und Jugendlichen gegenüber. Wir suchen hinter dem sozial negativen Verhalten die positiven Antriebe der psychosozialen Selbstbehauptung, die am äußeren Verhalten nicht sichtbar sind. Dieses Nachhaltigkeitsdenken kann Grundlage für jede sozialpädagogische Diagnostik sein. In der Diskussion um Aktivierung und Empowerment wird viel davon gesprochen, dass man an den inneren *Ressourcen* der Klient*innen ansetzen müsse. Diese Ressourcen stecken aber oft in verborgenen Botschaften. Aus der Perspektive des Bewältigungsansatzes ist die grundlegende Ressource das Streben nach biografischer Handlungsfähigkeit, d.h. nach sozialer Anerkennung und Selbstwirksamkeit und damit nach Selbstwert, welche das Verhalten und Handeln in kritischen Lebenssituationen steuert (vgl. Böhnisch 2018). Dieses Streben nach Handlungsfähigkeit aus dem antisozialen Sog herauszuholen und prosozial zu formen, ist das sozialpädagogische Handlungsziel. Dazu braucht es aber zeitaufwendige Umwege und Settings, in denen die Klient*innen in soziale Kontexte gebracht werden können, in denen sie spüren können, dass sie nicht auf antisoziales oder selbstdestruktives Verhalten angewiesen sind, um soziale Anerkennung und Selbstwirksamkeit (und nicht mehr Erregung von Aufmerksamkeit durch Auffälligkeit) erlangen zu können. Entsprechend veränderte Zeitstrukturen verlangen eine vertrags- und vertrauensgestützte Zeitautonomie für die Professionellen und Zeitelastizität in den Organisationsstrukturen.

Innehalten ist auch eine Dimension und ein Ziel sozialen Lernens in der Jugendarbeit. Dass Sozialarbeiter*innen wie Jugendliche unter Externalisierungszwang stehen, der auch somatisch wirkt, müssen hier auch entsprechend körperlich-emotionale Übungen entwickelt werden, um das Innehalten aushalten zu können. Die Balance zwischen Entspannung und Aktivität ist Voraussetzung dafür, dass ich mich in meinem Selbst erweitern kann. Auch das ist eine Bedingung für nachhaltigkeitssensibles Denken.

Das Projekt Reframing

Innehalten gibt Zeit und Anregung zum *Umdenken* und *Neudenken.* Das sind zentrale Stichworte, wenn es um die Initiierung eines Nachhaltigkeitsdiskurses geht. Zu eingestanzt ist die ökonomisch-technologische Machbarkeitsmentalität in unser Denken, zu linear unsere soziale Orientierung. Das gilt für den Nachhaltigkeitsdiskurs genauso wie für das institutionell-professionelle Denken in der Sozialpädagogik/Sozialen Arbeit. Viele können sich nicht mehr vorstellen, dass Umwege, Brüche und Konflikte produktiv sein können, dass das Weniger und das Anders mehr bedeuten als das Noch-Mehr. Es geht um Kosten und Nutzen, das Marktprinzip hat längst Einzug gehalten in das Soziale. Mit dem Kosten-Nutzen-Kalkül sind wir am Markt gelandet. Es geht nicht nur um die Adressat*innen, die ein Recht auf wirksame Leistungen haben. Es geht vielmehr um Angebote, die sich nicht nur an den Klient*innen, sondern vor allem am Sozial- und Gesundheitsmarkt bewähren sollen. Dazu müssen sie vergleichbar und verallgemeinerbar modularisiert sein und Wenn-dann-Evidenzen aufweisen können. Das Paket darf nicht unter Vorbehalt nicht-kontrollierbarer sozialer und biografischer Bedingungen geschnürt sein. Gefragt sind Evidenzen vor dem Hintergrund linearer Kosten-Nutzen-Erwägungen. Aber: „Das ‚alte' Modell der Steuerung durch Professionalität basiert auf der Annahme, dass die Erbringung personenbezogener sozialer Dienstleistungen nicht oder nur sehr beschränkt sinnvoll zu standardisieren sei. Personenbezogene Dienstleistungen seien auf zeitlich-räumlich unmittelbare, personale Beziehungen verwiesen und durch ein spezifisches Subjekt-Subjekt-Verhältnis […] gekennzeichnet. Selbst massive Versuche einer Rationalisierung dieser Leistungen oder eine entsprechende Veränderung der ‚Erbringungstechnologie' würden sich deshalb nur sehr bedingt in einer Reduktion von Arbeits- und Arbeitszeitintensitäten niederschlagen" (Otto u.a. 2007: 14). Aber das lineare verwertungsfixierte Denken der Wachstumsgesellschaft hat sich dennoch in der Sozialpädagogik/Sozialen Arbeit eingenistet. Längst auch schon im Bildungssystem: Schon Schüler*innen können sich „kaum mehr vorstellen, dass es zweck- und verwertungsfreie Inhalte von Bildung und Lebensläufe jenseits von Wettbewerb und Leistungsnachweisen geben könnte. Was Lernen ist, erscheint als bloße Akkumulation, als Aneignung und Speicherung von ‚mehr' Wissen und Information" (Welzer 2011: 23). Aus Fremdzwang ist eben längst Selbstzwang geworden. Können wir überhaupt aus diesem Selbstzwang ausbrechen? Unser physisches Denksystem – so bestätigt es die neuere Hirnforschung – ist gar nicht so starr, dass es nicht lernen könnte. Es braucht dazu aber eine entsprechende soziale Umwelt, die auffordert und anerkennt. Darauf wurde im Kapitel zu Gruppe und Milieu eingegangen.

Der erste große Schritt zum Reframing ist, dass wir soziale Nachhaltigkeit im Sinne von Innehalten, Begrenzung und Zurücknahme als *Fortschritt* verstehen können. Natürlich widerspricht das erst einmal dem herrschenden wachstumsfixierten

Fortschrittsglauben. Wenn wir aber einen neuen empirischen Rahmen der Gesellschaftsentwicklung setzen, dann wird dieses Reframing plausibel. Zum einen braucht das kapitalistische System selbst eine Begrenzung, will es sich nicht selbst zerstören, zum anderen drohen in den nächsten Jahrzehnten weitere soziale Krisen. Die weltweiten Probleme sozialer Desintegration, Ausgrenzung, sozialer Ungleichheit und Asylmigration und die Verschärfung des Arm-Reich-Gegensatzes lassen längst erkennen, dass die soziale Balance zur ökonomisch-technologischen Globalisierung hergestellt werden muss, will der globalisierte Kapitalismus nicht seine sozialen Grundlagen und damit sich selbst gefährden. Massenhafte soziale Desintegration ist auf Dauer auch ein Faktor, der Gesellschaft und Ökonomie gefährdet, indem er Nachhaltigkeit erstickt.

Schon in den 1990er-Jahren wurde vorausgesagt, was uns heute zu schaffen macht und sich – wenn man das letzte Jahrzehnt betrachtet – wohl weiter verstärken wird: Die enormen Kosten sozialer Entropie in der Form von sozialen Brüchen, Gewalt und seelischen Erkrankungen mit ihren heute schon absehbaren Folgen. Darunter werden auch psychosoziale Probleme sein, die sich den klassischen Indikationen der Sozialarbeit/Sozialpädagogik entziehen. Nun kommt es darauf an – und dies ist ein weiterer Schritt im sozialen Reframing –, wie diese Tendenz zur sozialen Entropie, also zur sozialen Unordnung und Bindungslosigkeit, gesellschaftlich interpretiert wird. Bewältigungstheoretisch gesehen handelt es sich bei den beschriebenen Phänomenen vielfach um Abspaltungen von Ohnmacht und Hilflosigkeit, die gesellschaftlich nicht thematisiert werden können. Denn das heute gängige Szenario ist eher eines der sozialtechnologischen Optimierung des Menschen. Die Sozialpädagogik wird dann noch mehr Gefahr laufen, zur Pädagogik der Gescheiterten, zu kurz Gekommenen und Überflüssigen zu werden. Ihr wird eine marktfähige psychosoziale Interventionstechnologie zuvorkommen, die sich auf die unbedingte Flexibilisierung der Menschen konzentrieren wird und die, die nicht mithalten können, der Sozialen Arbeit überlässt. Zu dieser Polarisierung muss es nicht kommen, wenn die Soziale Arbeit ihre eigene ökonomisch-gesellschaftliche

Gesamtrechnung aufmacht und entsprechend gesellschaftliche Bezüge herstellen kann. Denn die nächsten Dekaden wird ja vor allem deshalb als Phase ‚sozialer Gesundung' erwartet, weil die Desintegrations- und Bewältigungsprobleme in der Folge der Globalisierung und Digitalisierung ein ökonomisch und sozial gleichgewichtiges Wachstum gefährden.

Es geht in diesem Zusammenhang eben darum, aufzuzeigen, dass ökonomisches Wachstum nur deshalb möglich ist, weil es durch Bildung *und* Soziale Arbeit sozial reproduziert, also erst durch sie ermöglicht wird. In dieser Interdependenz sind Familienarbeit, Bildung und Soziale Arbeit nicht nur bloße Voraussetzung der Produktion, sondern selbst Produktivkraft. Die Frauenforschung hat in diesem Sinne immer wieder darauf insistiert, dass die Reproduktionsarbeit als Familien- und Beziehungsarbeit Grundlage für die Produktionsarbeit in den erwerbswirtschaftlichen Bereichen ist.

Reframing geschieht bereits vielfach in der Sozialpädagogik/Sozialen Arbeit und müsste ‚nur' – im Welzer'schen Sinne – als allgemeines Strukturprinzip anerkannt werden. Das Beispiel der sozialpädagogischen Beschäftigungsförderung, in der die Adressat*innen nicht als arbeitslose, sondern als *tätige* Menschen angesprochen werden, steht dafür. Reframing kann sich auch in anderen Arbeitsfeldern der Jugendhilfe als produktiv erweisen. Wenn man bei auffälligen Jugendlichen hinter die Fassade der Auffälligkeit schaut, wird man vielleicht ihr Talent zum Inszenieren und geschicktem Provozieren erkennen und dies in Spiel- und Theaterprojekte einbauen können. Wenn sie dort eine Rolle erhalten, bekommen sie Anerkennung und spüren Selbstwirksamkeit und sind nicht mehr auf das auffällige Verhalten angewiesen. Reframing verlangt Empathie als Fähigkeit, sich in andere hineinversetzen zu können. Nachhaltigkeitsdenken und sozialpädagogisches Denken gehen hier ineinander über. Das aber muss sich institutionell-organisatorisch abbilden. Reframing als Strukturprinzip verlangt multimethodische, arbeitsorganisatorische und zeitliche Möglichkeiten.

Das Projekt Empathie und Respekt

„Durch Empathie leben wir in mehr als einer Welt.“
(Breithaupt 2017: 206).

Rifkins „empathische Zivilisation“ (2011) ist kein romantisierendes Idealbild, sondern ein antikapitalistischer Gesellschaftsentwurf. Empathie überschreitet hier den Begriff des Moralischen und wird zum Strukturbegriff. Dies gilt gerade für den Nachhaltigkeitsdiskurs, in dem moralisierende Verwischungen allzu häufig sind.

In der Empathieforschung wird dementsprechend auch zwischen affektiver und kognitiver Empathie unterschieden. Affektive Empathie, die emotionale Resonanz auf die Befindlichkeit und das Schicksal anderer, kann leicht kippen, wenn plötzlich Enttäuschung mitschwingt. Ein Beispiel dafür waren in Deutschland im Jahr 2015 die überschwänglichen Willkommensbekundungen gegenüber den syrischen Flüchtlingen. Eine sonst sozial fragile bürgerliche Mittelschicht konnte sich wieder gesellschaftlich in Szene setzen, von denen deutlich abgrenzen, die – vor allem in der Unterschicht – als ausländerfeindlich galten. Später kühlte das ab, schlug bei manchen sogar in kultureller Abneigung um. Das Beispiel zeigt, dass Empathie einen hohen Selbstbezug hat, dass man sie für das eigene Selbstgefühl braucht und damit seine Befindlichkeit auf die Lage der anderen projiziert. „Empathie kann zum Selbstzweck werden, unabhängig von der Moralität der Handlungen“ (ebd.: 203). Deshalb braucht es einen inneren Kontrollmechanismus, der einen vor der affektiven Tücke der Empathie bewahrt. Dies ist im Begriff der kognitiven oder reflexiven Empathie ausgedrückt, der vor allem darauf verweist, dass emphatische Gefühle reguliert sein sollten. Darauf zielt auch der Begriff des Mitgefühls, in dem affektive Empathie und bewusst aufgebauter Respekt ineinander übergehen.

Darin wird der Projektcharakter von Empathie und mithin seine pädagogische Komplexität sichtbar. Wenn ich Jugendlichen Videosequenzen von Umweltkatastrophen oder Armutsszenarien zeige, dann erzeuge ich meist situative affektive Empathie aber gleichzeitig auch Abwehr und Abspaltung. Denn es ist eine emphatische Regung, die einen selbst im Gleichklang der Gruppe erhöht, gleichzeitig aber Bedrohung und Abwehr erzeugt, weil man sich entweder hilflos gegenüber diesem Ungeheuerlichen fühlt, dieses aus seinem Möglichkeitsraum verbannt oder rationalisierend abspaltet (‚wo fließt denn das ganze Geld hin, dass in den Bodenschätzen und natürlichen Ressourcen des Landes steckt?'). Solche Abspaltungszwang, der in der affektiven Empathie steckt, kann nur außer Kraft gesetzt werden, wenn es möglich ist, in die Spur der reflexiven Empathie zu wechseln.

Man sollte der Empathie auch nicht von vornherein moralische Qualität zuschreiben. Empathie ist nur dann moralisch gut, wenn sie im Kontext einer moralischen, also z. B. fürsorglichen Haltung und Handlung steht. Sie erweitert die Wahrnehmung und fordert zum Bezug zu unserer Welt im Verhältnis zur Welt der anderen auf. Solche Stellungnahme kann sich dann vor allem in der Gruppe formieren, in ihr kann man sich der sozialen Wirksamkeit seines Empathie-Empfindens versichern. Empathie-Lernen ist gruppendynamisches Lernen. In der Gruppe kann sich die Balance zwischen affektiver und reflexiver Empathie als Balance von Nähe und Distanz entwickeln. Es ist die Nähe der Gruppe, die die Nähe zur nachhaltigen Thematik trägt. Es ist die diskursiv-reflexive Kraft der Gruppe, die an die Distanz als Wirklichkeit erinnert. Gerade die Jugendarbeit kann solche Gruppenprozesse organisieren.

Empathie und Respekt gehören zusammen. Empathie steht für die Betroffenheit angesichts der Gefährdung anderer Menschen und der Bedrohung der Natur, Respekt für die Anerkennung ihrer gleichen Rechte und Lebenschancen. Die Sozialpädagogik/Soziale Arbeit ist ein Ort, an dem das Verhältnis von Empathie und Respekt zum Wesen der alltäglichen Arbeit gehört, die Nähe-Distanz-Problematik zieht sich durch das professionelle Handeln. Deshalb ist für sie auch die Unterscheidung zwischen affektiver und reflexiver (professioneller) Empathie so wichtig. Der Jugendarbeiter kann von seinem Auftrag er nicht der Kumpel der Jugendlichen sein, die Familienhelferin nicht das Familienmitglied. Das kann immer wieder zu Konflikten kommen.

Affektive emphatische Gefühle, sei es Zuneigung oder Abneigung, kommen in jeder professionellen Beziehung auf. Deshalb ist es notwendig, den Bereich der reflexiven Empathie zu stärken. Das kann vor allem eine gute Theorie. Sozialarbeiter*innen und Klient*innen kommen meist aus höchst unterschiedlichen Milieus. Sozialarbeiter*innen können sich deshalb affektiv nicht in die Lebenswelten der Klient*innen versetzen. Es wäre deshalb auch fatal, die Klient*innen an den eigenen Einstellungen und Wertmaßstäben zu messen. Deshalb braucht es das theoretische Wissen um die sozialen Hintergründe und Bedingungen dissozialen Verhaltens, um das Wirken der Geschlechterdifferenz oder die Psychodynamik bei der Bewältigung kritischer Lebenskonstellationen. Professionelle Empathie braucht Theorie. Denn die professionelle Beziehung ist keine intime Beziehung, sondern eine vertragliche Beziehung. Dies auch zum Nutzen der Klient*innen, die letztlich doch eine überschaubare und verlässliche Beziehung brauchen. Wenn die Professionellen von den Klient*innen „enttäuscht" sind, unterspült eine intime Strömung den vertraglichen Kontext und schwächt die gegenseitige Verständigung.

Respekt sehe ich als Erweiterung von Empathie. Richard Sennett stellt die Frage, wie und ob angesichts der sozialen Ungleichheitsverhältnisse Respekt zwischen den Menschen möglich ist. Er sieht letztlich Respekt vor den anderen, insbesondere vor denen, „die dazu verurteilt sind, schwach zu bleiben" (2002: 17 f.), als das Regulationsmedium der Gegenseitigkeit, welches in den Diskursen zur sozialen Ungleichheit häufig übersehen werde. Dieser Begriff von Respekt findet sich auch bei Martha Nußbaum (1999) wieder, und zwar als Achtung vor der Eigenheit des Anderen, Achtung vor seiner körperlichen, psychischen und sozialen Integrität und Achtung vor seiner Verletzlichkeit. Respekt wird hier zu einem Begriff, der über Empathie und Toleranz hinausweist. Es geht nicht mehr darum, die anderen zu dulden, ihnen etwas zu gestatten, sondern sie in ihrer Würde und Eigenheit anzuerkennen und diese Anerkennung in das eigene Selbst zu integrieren.

Die Soziale Arbeit steht vor allem in der Gemeinwesen- und Quartiersarbeit alltäglich vor der Aufgabe, diese Gegenseitigkeit nicht nur in Bezug auf Migrant*innen und Flüchtlinge herzustellen. Sozialarbeiter*innen erleben, dass Toleranz nicht ausreicht um ein sozialverträgliches oder gar erweitertes Zusammenleben zwischen Einheimischen und Migrant*innen zu erreichen. Es braucht die Moral der Gegenseitigkeit. Die Gemeinwesenarbeit (community work), bietet den historischen Fundus für die Aktivierung sozialer Gegenseitigkeit. Schon in den 1960er und 1970er-Jahren, als in Westdeutschland in den Bewegungen regionaler Mobilität die großen Trabantenstädte entstanden, mussten unterschiedliche Bevölkerungsgruppen aufeinander bezogen und zu Stadtgemeinschaften formiert werden. Das bedeutete, dass diese Gruppen sich in gegenseitigem Respekt aufeinander einstellen mussten. Und das bedeutete wiederum, dass jede Gruppe Mitgebrachtes zum Teil aufgeben und Neues übernehmen musste. So entstand eine gegenseitige Aneignung des neuen Raums. Das waren konflikthafte Prozesse, die von der Sozialen Arbeit als Gemeinwesenarbeit moderiert wurden. Soziale Gegenseitigkeit erwächst aus dem sozialen Konflikt und ist damit ein sich dialektisch konstituierendes soziales Gut. Das erfordert einen entsprechenden Blick auf den anderen, nicht nur als Anerkennung seiner Eigenart und Integrität, sondern vor allem auch als Anerkennung seiner Fähigkeiten und Rechte. Das ist mehr als Empathie.

Empathie wird zwar im Nachhaltigkeitsdiskurs zu den zentralen Kompetenzen gerechnet. Dies in einer Zeit, in der sie angesichts einer kalten neokapitalistischen Gesellschaft nun überall als sozialer Wärmespender propagiert wird. Man kann fast von einem Empathiehype sprechen. Jeremy Rifkin (2011) sieht für die Zukunft den Aufbruch in eine ‚empathische Zivilisation'. Dabei ist es aber wichtig, den Begriff Empathie für unsere Nachhaltigkeitsperspektive differenziert und kritisch zu gewichten. Denn Empathie hat durchaus ihre dunklen Seiten (vgl. Breithaupt 2017). Die Fähigkeit, sich in andere einfühlen zu können, die Perspektive der anderen zu übernehmen, kann genauso sozial schädigend wie sozial fördernd wirken. Sozial schädigend kann sie im Konkurrenzkampf sein, wenn man das einführende Wissen über andere nutzt, um sie besser als Konkurrenten bekämpfen und aus dem Weg räumen zu können. Von Helikopter-Eltern spricht man, wenn diese ihre Kinder überfürsorglich behandeln und damit in permanenter Kontrolle halten. Mehr Empathie führt also nicht zwangsläufig zu einer besseren Welt.

Im Scheitern erweist sich die Fähigkeit zur Empathie. Die Sozialpädagogik/Soziale Arbeit gilt in unserer Gesellschaft als Disziplin, die es vor allem mit gescheiterten Menschen zu tun hat. Dies wird meist als Makel angesehen. Ich nehme diesen Makel im Geiste der reflexiven Modernisierung als Ausgangspunkt eines neuen Denkens, dass der sozialen Nachhaltigkeitsperspektive zugutekommen soll. So ist „Scheitern" eine Zuschreibung, die zwar nicht direkt zum fachlich-diagnostischen Repertoire der Sozialen Arbeit gehört, aber doch in seiner alltagstheoretischen Form überall dort mitschwingt, wo es um nicht erreichte Ziele, Abbrüche von intendierten Handlungsprozessen und biografischen Verläufen geht. In der Sozialen Arbeit hat Scheitern ein Doppelgesicht: Zum einen bezieht es sich auf die Klienten selbst, zum anderen auf die Hilfebeziehung, wenn Hilfesysteme und Klienten „aneinander scheitern" (vgl. Baumann 2010). Dieses „aneinander" verweist darauf, das Scheitern nicht als einseitiger Vorgang, der den Klient*innen angelastet wird, zu betrachten ist, sondern als interaktiver und darin *konflikthaltiger* Prozess. Scheitern an der Norm einer Normalbiografie und/oder an den Rollen- und Verhaltenserwartungen des Hilfesystems ist deshalb vor allem unter dem Aspekt zu betrachten, dass es eben nicht nur auf Integrationsprobleme bei den Klient*innen, sondern genauso auf Integrations- und Selektionsprobleme seitens des gesellschaftlichen Werte- und Chancensystems der herrschenden Normalität und der daran ausgerichteten Apparatur der Sozialen Hilfen verweist. Aus dieser Sicht ist es nicht abwegig, mit Menno Baumann in einer Umdeutung die Abweichler als „Systemsprenger" zu betrachten und „ihre vermeintlichen Störungsversuche und die Konsequenz ihres Widerstandes als Stärke wahrzunehmen" (ebd.: 211). In seinen empirischen Rekonstruktionen zum Scheitern von Kindern und Jugendlichen am System der Erziehungshilfen fordert er schließlich dazu auf, dasjenige, was aus dem etikettierenden Blick auch der Professionellen heraus als „gestört" betrachtet wird, als *Bewältigungsverhalten* zu erkennen und aufzuschließen. Damit richtet sich die sozialpädagogische Aufmerksamkeit sowohl auf die Botschaften des Ausgesetztseins, der Hilflosigkeit und Bedürftigkeit der Betroffenen, aber genauso auf ihre Energien und Stärken auf der Suche nach Handlungsfähigkeit.

Empathie ist Voraussetzung für Respekt. In der Empathie entwickelt sich das Verstehen der anderen, die Perspektivübernahme. Empathie muss nicht gegenseitig sein, Respekt betont die Gegenseitigkeit. Das bedeutet, dass man die anderen nicht nur anerkennt, sondern sie auch in dem Wert wahrnimmt, den man sich selbst zumisst. Im Nachhaltigkeitsdiskurs ist dies ein Schlüsselproblem, das seine Schwierigkeit vor allem darin hat, dass man die anderen als fremd und in ihrem Verhalten vielleicht sogar als abstoßend erlebt. Gerade die Opfer von Klimawandel und Armut werden zwar als Hilfeobjekte angenommen, aber eher als Randgruppen taxiert, nicht als der eigenen Welt zugehörig anerkannt. Es braucht hier erst einmal eine kognitive Empathie, um sich zu Respekt durchwinden zu können. Viele der Klient*innen, aus einem anderen als dem eigenen Milieu stammend, zeigen Einstellungen und Verhaltensweisen, die einen emotional abstoßen. Sie müssen aber im Sinne akzeptierender Sozialer Arbeit verstanden werden. Zum Respekt gelangt man deshalb erst dann, wenn man Hilfe als Konflikt begreift. Auch wenn sie emotional gespürt anders sind, werden sie in der Vorstellung der Konfliktbeziehung ‚gleichwertig'. Wir können das bewältigungstheoretisch modellieren: Wenn wir verstehen, dass ihr asoziales selbstdestruktives Verhalten ihr einziges Mittel ist, Anerkennung und Selbstwirksamkeit zu erlangen, dann sind wir, die wir ihnen dieses Verhalten „nehmen" wollen, erst einmal Gegner. Dieser Respekt gebietet es nun, dass wir nach einem Kompromiss, einer integrativen Lösung suchen.

Respekt entwickelt sich hier also nicht primär aus der Vorstellung der gleichen Menschenwürde der Klient*innen, die zwar als Normetikett immer über dem sozialpädagogischen Handeln schwebt, aber in der Hilfebeziehung angesichts ihrer hierarchischen Struktur kaum operationalisiert werden kann. Viel schwieriger aber folgenreicher ist bei sich selbst der Versuch, die Hilfebeziehung als Konflikt zu verstehen und auch so zu agieren. In dieser Anerkennung von Hilfe als Konflikt räume ich den Klient*innen Interessen ein, die mit meinen professionellen Interessen vermittelt werden müssen. Daraus konstituiert sich Gegenseitigkeit und damit Respekt. Den Professionellen fordert das ab, dass sie die Lebensinteressen der Klient*innen hinter deren Verhalten suchen, ihr Streben nach Anerkennung und Wirksamkeit erkennen. Respekt als Schlüsselkategorie von Nachhaltigkeit und als zentrales Operativ der Sozialpädagogik/Sozialen Arbeit fließen hier zusammen.

Ein heikles Problem im Zusammenhang ‚Respekt' ist die Anerkennung und Behandlung der Klient*innen als Bürger*innen. Damit sind nicht die verfassungsmäßigen Bürgerrechte gemeint, die den Klient*innen sowieso zustehen, sondern die sozialen Bürgerrechte der Mitbestimmung in der Einrichtung und der Teilhabe am gesellschaftlichen Prozess. Das bedeutet, dass die sozialpädagogischen Maßnahmen und Projekte in das kommunale Umfeld hineinreichen und so vernetzt sein müssen, dass die Klient*innen dort selbstbestimmt teilhaben und auch von dort Ansprüche und Kritik artikulieren können. Das heißt für die Einrichtung, dass Gruppenprozesse gefördert werden, die die Klient*innen zu selbstbestimmten Stellungnahmen befähigen.

So können Empathie und Respekt zur Struktur einer Einrichtung oder eines Projekts werden. Man kann Empathie organisieren, indem man ihren Kern, die Perspektivübernahme organisiert. Die Einrichtung wandelt sich vom Gehäuse der Intervention zum Haus der erfahrbaren Geschichten und Gruppenerzählungen. Die Klient*innen führen die Sozialarbeiter*innen durch ihre Biografien. Hilfen entwickeln sich aus diesen Begegnungen heraus.

> *„Wachstum und technische Innovation werden zunehmend unkritisch befürwortet, und man erhofft sich den humanen und sozialen Fortschritt als Nebenfolge einer wachstums- und innovationsorientierten Politik. Die erneute Beschäftigung mit dem Begriff der Verantwortung und seinen ethischen und politischen Implikationen scheint daher unzeitgemäß zu sein. Die modische Botschaft lautet aktuell, sich auf neue Risiken einzulassen, die neue Risiko-Gesellschaft anzunehmen, alte Sicherheiten, einschließlich des überholten Modells des europäischen Sozialstaats mit seinen Versprechen, gegen existenzielle Risiken abzusichern, aufzugeben" (Nida-Rümelin 2011: 143f.).*

Verantwortung ist ein Kernproblem von Nachhaltigkeit. Mit der sozialen Entbettung transnationaler Machtstrukturen wird die Frage nach der sozialen Verantwortung wieder virulent. Denn im globalen Eigenleben des Geldkapitals hat sich eine strukturelle Verantwortungslosigkeit entwickelt. Hans Jonas (1979) hat in seinem „Prinzip Verantwortung" darauf insistiert, dass sich das Gebot globaler Verantwortung auf die Pflicht der Menschheit zur Wahrung ihrer Existenz beziehen müsse. Damit konstituiert er einen Metabezug globaler gegenseitiger Angewiesenheit, in den alle ethnischen und sozialen Gruppierungen eingeschlossen sind. Programmatisch finden wir diesen Bezug in zahlreichen, meist unverbindlichen Absichtsbekundungen aus Politik und Wirtschaft gleichermaßen. Deshalb müssen wir auf eine empirische Analyseebene gehen und fragen, wie es z. B. mit der sozialen Verantwortungsbereitschaft von Unternehmen und Konzernen in Bezug auf regionale, nationale, aber auch internationale sozialökologische Probleme wirklich steht. In ihrer empirisch rückgebundenen Analyse zur gesellschaftlichen Verantwortung von (meist männlichen) Wirtschaftseliten haben Peter Imbusch und Dieter Rucht (2007) gezeigt, dass die Führungskräfte kleiner und mittlerer Unternehmen sich eher als Großunternehmen und Konzerne verbindlich zu einer solchen sozialen Verantwortung bekennen und entsprechende Projekte fördern. Das verweist darauf, dass es einen signifikanten Zusammenhang zwischen regionaler Bindung und sozialer Verantwortung und zwischen globaler Entbettung und Verantwortungslosigkeit gibt (vgl. auch Connell 1998). Eliten aus den global agierenden Konzernen neigen danach eher dazu, soziale Verantwortung auf freiwillige und private Basis zu stellen. So ist es auch nicht verwunderlich, wenn sich viele von ihnen nichts dabei denken, wenn sie einerseits vollmundige Bekenntnisse zur corporate social responsibility abgeben und gleichzeitig in ihren Konzernen Massenentlassungen ökonomisch rechtfertigen. Es sind ja für sie zwei voneinander getrennte Welten. So lassen sich profitökonomische und wohlfahrtliche Haltung durchaus – gleichsam als Module – miteinander verbinden.

Die neuere ökonomische Entwicklung verhält sich zunehmend gleichgültiger gegenüber dem Menschen. Immer mehr Konzernzusammenschlüsse führen zu Rationalisierungswellen und darin zu Freisetzung von Arbeit und zu Arbeitslosigkeit. Diese wird nicht nur in Kauf genommen, sondern ist auch zum Seismograph und Medium für unternehmerischen Erfolg und Profit geworden. Soziale Verantwortung ist dieser Systemlogik fremd. So haben sich in unserer Gesellschaft zwei konträre Welten entwickelt, dass zwischen ihnen weder kommuniziert werden kann, noch Konflikte ausgetragen werden können. Einem Menschen mit shareholder-Mentalität kann man nicht vorwerfen, dass die von ihm favorisierten Praktiken soziale Krisen erzeugen. Er wird in seiner Sachlogik, aber auch in einer daran gebundenen ‚corporate-identity' diese Entwicklung als Voraussetzung und nicht als negative Folge des ökonomischen Erfolgs verstehen. Sozialkritiker*innen leben für ihn in einer Welt von gestern.

Das Kriterium ‚Verantwortung' scheint heute gegenüber dem Kriterium ‚Erfolg' nachrangig. Erst wer Erfolg hat, kann sich so etwas wie Verantwortung leisten. Milliardäre sind über eine brutale Marktkonkurrenz und das darin enthaltene Prinzip der Verantwortungslosigkeit reich geworden; haben dann soziale Stiftungen gegründet und wollen so zeigen, dass sie sich Verantwortung leisten können. Es ist eine Verantwortung, die patrimonial gewährt wird, die nicht aus der Systemlogik entspringt und deshalb auch nicht zur Kritik des Systems gewendet werden kann. Den Nicht-Erfolgreichen wird aber erst gar nicht zugetraut, dass sie eine gesellschaftliche Verantwortung übernehmen können. Das bringt auch die Pädagogik in Verlegenheit: Erfolg und Fortschritt – Ziele, für die vor allem die Schule ja Kompetenzen vermitteln soll – werden nicht nur zunehmend in ein System von Verantwortungslosigkeit eingelassen, sondern diese Verantwortungslosigkeit gilt geradezu als Vorstufe einer Verantwortung, die man sich dann ‚außerhalb des Systems' gleichsam exklusiv leisten kann.

Verantwortung in sozialen Beziehungen und gegenüber der Natur ist aber Kern menschlicher Identität und damit allen Menschen zugehörig. Sie begründet sich aus der darin eingebetteten Existenz des Menschen und ihrer Erhaltung. Hier trifft sich der Sozialphilosoph Julian Nida-Rümelin (2011) mit Hans Jonas. Sie enthält Empathie genauso wie die Suche nach den Menschen in den ökonomischen Verhältnissen. Sie hat im Sozialstaat ihren institutionellen Niederschlag, in der Sozialpädagogik/Sozialen Arbeit eine besondere soziale Prägung erhalten. Da diese Verantwortung in der Existenz des Menschen und ihrer Bewahrung angelegt ist, ist in sie die Nachhaltigkeitsperspektive eingeschrieben. Grundlegend dabei ist, dass Rechte und Anspruch des Schwachen und Verletzlichen sich nicht auf ein Vertragsverhältnis beziehen, sondern dieser Anspruch eben in der Verletzlichkeit des Seins von Mensch und Natur selbst begründet ist. Daraus erwächst eine prinzipielle Pflicht des Bewahrens, die keine institutionelle Rechtfertigung braucht, sondern im Leben und Überleben des Menschen angelegt ist.

Deswegen geht es bei Hans Jonas nicht um Gesetze oder Verträge, die eingehalten werden müssen. Jonas überträgt den Begriff der Sorge auf die gesamte Natur. Nicht nur der Mensch ist ein Seiendes, dem es in seinem Sein um dieses geht, sondern jedes Lebewesen hat den Anspruch zum Leben und Überleben (vgl. Moser 2016). Allerdings entpuppt sich Jonas' moralphilosophisches Prinzip in der soziologischen Analyse als eine Zumutung, die für die Handelnden nicht so einfach einlösbar ist. „Die soziale Funktion der Zuschreibung von Verantwortung […] besteht […]

in der Mobilisierung von Selbstverpflichtung im Sinne außergewöhnlicher, nicht programmierter Handlungsbereitschaft" (Kaufmann u.a. 1989: 206). Deshalb ist es nicht nur für Jugendliche schwer, diese dem Alltag entrückte und doch so konkret verlangte Verantwortungsbereitschaft zu erkennen. Für den Soziologen Franz Xaver Kaufmann dient die Zuweisung von sozialer Verantwortung „als funktionales Äquivalent sozialer Normierung" (ebd.: 211). Deshalb muss Verantwortung begründet werden, was gerade im Falle von Nachhaltigkeit jenseits des Alltags liegt und deshalb eine besondere Alltagsverständigung – in sensiblen Milieus – braucht.

In der sozialen Realität der Verantwortung entsteht oft ein besonderes Problem, dass wir in den Begriff der gespaltenen Verantwortung fassen können. Als allgemeines Problem finden wir es gerade auch im Nachhaltigkeitsdiskurs. Wenn in der Auseinandersetzung um den Klimawandel die gesellschaftliche Verantwortung für die Zukunft des Planeten angemahnt und eine rasche Energiewende zulasten fossiler Energien gefordert wird, so wird dem politisch meist entgegengehalten, man habe doch genauso Verantwortung für die dortigen Arbeitsplätze und die dürften nicht so ohne weiteres gefährdet werden. Diese gespaltene Verantwortung finden wir auch in der Sozialpädagogik/Sozialen Arbeit. Soziale Hilfe gilt einerseits den Betroffenen, gleichzeitig aber soll sie auch zur sozialen Integration der Gesellschaft beitragen. Gesellschaftliches Integrationsprinzip und personales Hilfeprinzip können aber auseinanderfallen, die Sozialarbeiter*rinnen in ein Verantwortungsdilemma bringen. Wir haben das am Beispiel der Konflikte um den Managerialismus kennengelernt. Auch hier braucht es wieder eine kollegiale Gruppe, erweitert ein kollegiales Milieu, wo dieses Dilemma thematisiert werden kann.

Die Soziale Arbeit braucht für ihr berufliches Handeln eine eigene ethische Begründung, vor allem deshalb, weil sie ja mit ihrer Hilfe den ihr anvertrauten bzw. zugewiesenen Klient*innen gute bzw. bessere Lebensbedingungen ermöglichen soll. Indem die Frage nach den Lebensbedingungen sowohl auf die Biografie der einzelnen Klient*innen als auch auf die Gesellschaft verweist, sind in einer sozialpädagogischen Berufsethik zwei Bezugspunkte aufgehoben: zum einen die Verantwortung für die Klient*innen, zum anderen die Frage nach den gesellschaftlichen Bedingungen eines guten bzw. besseren Lebens. Beziehungsorientierte Verantwortungsethik und gesellschaftlich orientierte Sozialethik gehen ineinander über.

Verantwortung auf der personalen und interaktiven Ebene braucht den Rahmen gesellschaftlicher Verantwortung. Der 11. Jugendbericht (2011) hat in diesem Sinne die *öffentliche Verantwortung* für das Aufwachsen von Kindern und Jugendlichen in unserer Gesellschaft zum Thema gemacht. Darin kam vor allem auch zum Ausdruck, dass die private (familiale) Verantwortung angesichts des Funktionswandels der modernen Familie und angesichts mancher überforderter Familien brüchig geworden und eine sozialstaatliche Verantwortung zwingend ist. Damit ist auch die Tauglichkeit des elterlichen Verantwortungsmodells, wie es Hans Jonas favorisiert hat, in Frage gestellt. Der 11. Jugendbericht spricht deshalb zu Recht davon, dass die „öffentliche Verantwortung heute vielmehr konstitutiv eingebunden ist in die private Verantwortung für das Aufwachsen von Kindern und Jugendlichen" (BMFSJ 2011: 59). Weiter heißt es, und das kann man für die Nachhaltigkeitsperspektive erweitern: „Die Lebensbedingungen von Kindern und Jugendlichen sind so zu gestalten, dass Eltern und junge Menschen für sich selbst und füreinander Verantwortung tragen können" (ebd.). Das ist ein Verantwortungsbegriff, der Verantwortung nicht institutionell setzt, sondern staatlich-gesellschaftlich einwebt und dabei die Dimension der social agency, der erweiterten Handlungsfähigkeit der Individuen als *Verantwortungsfähigkeit* hervortreten lässt. Für die Praxis der Sozialen Arbeit bedeutet das, dass Verantwortungsfähigkeit bei Klient*innen und Mitarbeiter*innen auch institutionell-organisatorisch ermöglicht werden muss. Verantwortung tragen können bedeutet Anerkennung und Respekt. Dazu braucht es Projekte, in denen z.B. Jugendliche Verantwortung in Aufgaben und Rollen übernehmen. Mitarbeiter*innen wiederum müssen die Deutungshoheit über ihre Arbeitsergebnisse behalten, brauchen deshalb die Garantie professioneller Autonomie. Verantwortung gedeiht in Strukturen der Gegenseitigkeit, was wiederum auf die Notwendigkeit der Gruppen- und Milieuperspektive in der Sozialpädagogik/Sozialen Arbeit verweist.

Das Projekt Partizipation

Partizipation nimmt im Diskurs zur sozialen Nachhaltigkeit eine zentrale Stellung ein. In der UNO-Umweltkonferenz von Rio de Janeiro 1992 und der dort verabschiedeten Rio-Deklaration wurde Partizipation zum nachhaltigkeitspolitischen Prinzip (Prinzip 10) erklärt. Es soll der Zugang zu entsprechenden Informationen, die Mitwirkung an der Gestaltung sozialökologischer Entwicklungsprozesse gesichert, Bewusstseinsbildung gefördert werden. Die Beteiligung vieler erweitere das demokratische Spektrum der Nachhaltigkeit. Von Partizipationsprozessen erwartet man sich auch eine gesteigerte Legitimation nachhaltigkeitspolitischer Entscheidungen und – vor allem auf lokaler Ebene – eine Befähigung zur verantwortungsvollen Gestaltung des eigenen Lebensumfeldes. Partizipation gilt als Voraussetzung gesellschaftlicher Verständigungsprozesse zur Nachhaltigkeit (vgl. Heinrichs u.a. 2011). Nun sind das Programmsätze, die erst einmal auf die Konfliktkonstellation ‚sozialökologische Nachhaltigkeit' bezogen werden müssen. Wie kann Partizipation in einem solchen ungleichen Kräfteverhältnis zustandekommen? Das betrifft nicht nur die Länder und ihre Menschen, die dem Klimawandel und dem Arm-Reich-Gegensatz besonders ausgesetzt sind. Auch in unseren demokratisch-sozialstaatlich verfassten Gesellschaften ist Partizipation in dem Maße zum Problem geworden, in dem sie unter den Sog der Ökonomisierung geraten ist. Teilhabe an der gesellschaftlichen Entwicklung ist für viele zum ‚Mithalten' geworden. Dagegen kann aber argumentiert werden, dass gerade auch der externalisierende Kapitalismus ob der Notwendigkeit seiner Begrenzung auf Partizipation als ökonomisch-ökologische Kritik angewiesen ist (s.o.). Diese erhält ihre soziale Gestalt derzeit vor allem in den sozialen Bewegungen. Sie stellen *Partizipation als sozial gelebte Kritik* her. Partizipation in den Problemzonen sozialökologischer Nachhaltigkeit setzt also voraus, dass Nachhaltigkeit als Konfliktgeschehen wahrgenommen und die *Angewiesenheit* des ökonomisch-technologischen Systems auf sozialökologische Gegenkräfte erkannt wird. Das verlangt aber auch die gesellschaftliche Anerkennung dieser kritischen Form der Partizipation und jener, die diese Gegenwehr anstreben bzw. dazu befähigt werden sollen.

Dieses Modell ‚Partizipation und Angewiesenheit' kann man in seinem methodologischen Kern auch auf die Sozialpädagogik/Soziale Arbeit übertragen. Grundhypothese ist dabei, dass sich bei den Klient*innen ein Gefühl und schließlich ein Bewusstsein von Beteiligt-Sein entwickeln kann, dass die aktuelle sozialpädagogische Intervention überdauern und im Sinne ‚biografischer Nachhaltigkeit' wirken kann, wenn wir uns zu der Erkenntnis bereit finden, dass das Gelingen sozialpädagogischer Interventionen immer auf die Mitwirkung der Klient*innen *angewiesen* ist. Nicht nur im dienstleistungstheoretischen Sinne der ‚Koproduktion der Hilfe' (vgl. Schnurr 2001), sondern eben auch als Bedingung eines partizipativen Hilfeprozesses. Klient*innen sollen nicht nur ‚mitmachen', sondern mit*wirken* können. Es ist eine gegenseitige Angewiesenheit. Dazu müssen wir aber Hilfe – bewältigungstheoretisch – als Konfliktverhältnis verstehen und akzeptieren; d.h. das dissoziale Verhalten der Klient*innen als einen Versuch der Erlangung von Handlungsfähigkeit in kritischen Lebenssituationen begreifen können, der erst einmal der sozialpädagogischen Intention der Verhaltensänderung entgegensteht. Wir müssen darin den Klient*innen ein Interesse zugestehen und von diesem aus nach den Botschaften suchen, die hinter den Verhaltensäußerungen stecken. Erst so kann ein Anerkennungsverhältnis als Basis einer partizipativen Hilfebeziehung entstehen.

Sozial erweitert entwickelt sich Partizipation in Gruppenprozessen in der Gegenseitigkeit von Angewiesenheit und Anerkennung. Darin ist auch die These enthalten, dass in solchen Gruppenprozessen, wie sie vor allem die Jugendarbeit initiiert, die für die sozialökologische Nachhaltigkeitsperspektive entscheidende *Verbindung von Partizipation und Verantwortung* realisiert werden kann. In der Gruppe und erweitert im Milieu kann sich – trotz gruppendynamischer Risiken – die Partizipationsperspektive über die Individualinteressen hinaus erweitern und – im Kontext gegenseitiger Angewiesenheit und Anerkennung – sozial ausbilden. Daraus können Projektmilieus entstehen, in denen sich eine gegenseitige und darüber hinausreichende Verantwortung auch für milieuübergreifende gemeinsame Ziele, wie das der Nachhaltigkeit, entwickeln kann.

Das Projekt Vernetzung

Vernetztes Denken und Handeln gehört zu den Grundprinzipien sozialökologischer Nachhaltigkeit. Vernetztes Denken ist praktische Kritik der Linearität (s. o.). Nicht von ungefähr sind wir dem Netzwerkbegriff in den voran gegangenen Kapiteln immer wieder begegnet. Er ist für die Perspektive sozialer Nachhaltigkeit deshalb so zentral, weil in der Netzwerkdynamik die unterschiedlichen Einflussfaktoren eines sozialen Problems sichtbar werden und multiple Zusammenhänge hervortreten. Sozial gebundene Netzwerke im analogen sozialen Raum bringen Bewegung in die soziale Infrastruktur. Sozialpädagogische Organisationen werden vor Abschottung bewahrt, können zu lernenden Organisationen werden. Erst über eine Netzwerkorientierung kann die milieupädagogische Programmatik der „offenen Milieubildung" (s. o.) realisiert und die Aktivierung ‚aus dem Milieu heraus' organisiert werden. „Mithilfe des Netzwerkbegriffs lässt sich die Rede von der sozialen Einbettung konkretisieren" (Holzer 2009: 271). Partizipation und Respekt gedeihen in Netzwerkbindungen ebenso wie die Aufforderung, die Probleme von unterschiedlichen Seiten her zu betrachten und zu bewerten. Sozialstrukturell lässt sich bilanzieren: „In dem Maße, in dem sich mit vielfältigen Modernisierungsprozessen herkömmliche Sozialstrukturen, wie Familie, Verwandtschaft und Nachbarschaft auflösen, ergeben sich neue Zwänge und Chancen zu größeren und weiter verzweigten ‚interpersonalen Umgebungen', die mit dem Netzwerkkonstrukt angemessen begriffen werden können" (Otto 2011: 1379; vgl. auch Strauß/Höfer 2008).

Während das Milieukonzept die lebensweltlich-emotionale

Erfahrung des Selbst in der *Gemeinschaft* und *Gleichsinnigkeit* der Milieuzugehörigkeit akzentuiert, steht beim Netzwerkkonzept die interaktiv-kognitive Ebene der Gegenseitigkeit und Gleichgerichtetheit *der Interessen* im Vordergrund. Beide haben also eine unterschiedliche sozialintegrative Qualität, wobei „Milieu" deutlich mehr im lebensweltlichen Nahbereich, „Netzwerk" hingegen eher im Zwischenbereich von lebensweltlichen und systemisch-gesellschaftlichen Zusammenhängen angesiedelt ist (vgl. Nestmann 1989). Netzwerke sind also „intermediäre" Konstrukte, die Milieu- und Gesellschaftsbezüge vermitteln können. Das können wir wohl am deutlichsten bei den Selbsthilfeinitiativen im psychosozialen und gesundheitlichen Sektor beobachten: Milieuverdichtete Erfahrungen von Leiden und Betroffenheit verbinden sich mit erkannter Gleichgerichtetheit der Interessen und führen so zur öffentlich-gesellschaftlichen Artikulation und Organisation eines sozialen Problems. Netzwerke schaffen „eine Brücke zwischen den Beteiligten der primären sozialen Umgebung von Menschen und ihren Beziehungen zu den weitergehenden sozialen Gemeindestrukturen" (ebd.: 109). Gerade für die sozialpädagogische Perspektive offener Milieubildung ist diese Brücke wichtig. Denn Milieus, wenn sie unter sozialem Druck stehen – Armutsmilieus, Milieus von Arbeitslosen, Milieuformen benachteiligter Jugendlicher, die zu Gewalt neigen –, haben die Tendenz, sich ‚nach innen' – regressiv, ethnozentrisch oder hin zu Ohnmacht und Apathie – zu entwickeln. Die Öffnung nach außen gelingt dann meist nur über einen Netzwerkanschluss in den kommunalen Raum hinein.

Man kann zwischen *institutionalisierten* und *fließenden* Netzwerken unterscheiden. Institutionalisierte Netzwerke verbinden sozialpädagogische Einrichtungen und Projekte in der Perspektive der Erweiterung der Hilfekonstellation miteinander. Wenn funktionale Äquivalente (s. o.) organisiert werden sollen, braucht es Verbindungen zu anderen Arbeitsfeldern. Sozialpädagogische Beschäftigungsprojekte müssen kommunal und regional vernetzt sein, um sozialökonomisch anschlussfähig zu bleiben. Familienhilfen suchen Verbindungen zu Mütterzentren und Beratungseinrichtungen, um die soziale Isolierung der Familie aufzubrechen, Jugendhäuser arbeiten mit Informationszentren, Sporteinrichtungen und Schulen (vor allem Ganztagsschulen) zusammen, um sich in den Jugendalltag hinein erweitern zu können.

Fließende Netzwerke (moving networks) flechten sich jeweils neu und anders und entfalten sich *von den Bürger*innen her.* Hier geht es nicht um die institutionelle Vervielfachung, sondern um die kommunikative Erschließung von und die Verständigung über Voraussetzungen, die in einer Region vorhanden sein müssen, wenn sozial nachhaltige Prozesse ins Laufen kommen sollen. Dabei ist der zivilgesellschaftliche Zielhorizont ein anderer als der institutionelle. Während institutionelle Interventionen auf den Ausgleich zwischen ökonomischer und sozialer Modernisierung aus sind, orientieren sich zivilgesellschaftliche Initiativen entlang der Perspektive *sozialer Gerechtigkeit.* In dieser Perspektive sollen vor allem auch Gruppen partizipieren können, die institutionell und im bürgerlich-politischen Mainstream eher ausgegrenzt sind. Ein solches bewegliches Netzwerk würde dann auch auf die Institutionen zurückwirken. In den 1970er-Jahren – im Kontext der sozialstaatlichen Modellbewegung – wurden Schulen, Jugendhäuser, Bildungsstätten bis hin zu lokalen Unternehmen als regionale „Orte" gedacht, durch die Netzwerklinien liefen. In der Zeit der Entgrenzung und der Ortlosigkeit, in der Unternehmen mehr denn je am abstrakten Gewinn, Schulen an der abstrakten Leistung orientiert sind und Jugendhäuser wieder in segmentierte Zonen gedrängt werden, ist diese Konzeption nahezu vergessen. Heute sind es eher zivilgesellschaftliche Projekte, die unterschiedliche Magnetfelder von agency schaffen können. Solche Magnetfelder sollen immer wieder – wenn auch in ihren Streubereichen wechselnd – neu aufgeladen werden können, damit soziale Nachhaltigkeit entstehen kann. So können auch die sozialpädagogischen Einrichtungen als *lernende Organisationen* herausgefordert werden, wenn sie merken, dass das institutionelle Wissen nicht mehr ausreicht oder sogar dysfunktional ist, um sich in einer Region voranzubringen. „Obwohl die Pole von Netzwerke und Verwaltung mit ihrer Spezialisierung, der Hierarchie und der Aktenmäßigkeit sich eigentlich diametral entgegenstehen, lassen sich durch Vernetzung eine Anpassung an veränderte Kontexte und

Problemkonstellationen in der Verwaltung vornehmen“ (Fischer/Kosellek 2019: 13).

In den Bereichen der Sozialen Arbeit finden wir oft ein Zusammenwirken von institutionalen und fließenden zivilgesellschaftlichen Netzwerken. Denn während die institutionalen Netzwerke sich um den ‚Fall‘ bilden, reichen fließende Netzwerke in den lokalen Alltag hinein und ermöglichen Kontakte zu Projekten, Gruppen und Akteuren, die nicht der Sozialen Arbeit zugehören. Das ist für die soziale Orientierung und Anerkennung der Klient*innen wichtig. Sinnvoll erscheint mir in diesem Zusammenhang die grundsätzliche Unterscheidung zwischen Netzwerken und Systemen (vgl. Schönig/Motzke 2016: 32f.). Während Netzwerke als operativ offen, flexibel, aushandlungsorientiert und nicht-hierarchisch gelten, sind Hilfe-Systeme operativ geschlossen, eher hierarchisch und rationalitätsorientiert. Institutionelle Netzwerke, die in der Modellphase offen sind, können sich später zu Systemen schließen.

Ich will einmal – unter der Perspektive sozialer Nachhaltigkeit – drei kritische soziale Probleme ins Auge fassen, deren desintegrative Tendenzen in die Zukunft hineinreichen. Von der Sozialen Arbeit begleitete Netzwerke sollen helfen, sie offen zu halten und sozial einzubetten. Zum einen die Zunahme risikoreicher Übergänge im Lebenslauf, zum anderen die demografische Entwicklung der Alterung und schließlich die Resistenz häuslicher Gewalt.

Im Strukturwandel der Arbeitsgesellschaft wird das Korsett der Arbeit den Lebenslauf nicht mehr selbstverständlich zusammenhalten können, die institutionalisierte Abfolge der Lebensalter ist damit vielfach durchbrochen. Individuelle Lebensverläufe und institutionelle Statuspassagen driften auseinander. Dadurch entstehen besondere Bewältigungslagen des *Übergangs*. Es sind vor allem die Übergänge und ihre Wendepunkte bei der Einschulung und im schulischen Bildungsverlauf, bei der Berufs- und Arbeitssuche, bei berufsbiografischen Brüchen und Lebenskrisen bis in die Altersübergänge hinein. Sie setzen subjektive Bewältigungsaufforderungen frei, die der Psycho- und Soziodynamik des Bewältigungshandelns im Streben nach Handlungsfähigkeit unterworfen sind. Sie bedürfen vor allem dort immer wieder sozialpädagogischer Unterstützung und Begleitung, wo die Bewältigungsdynamik einen antisozialen und/oder selbstdestruktiven Sog erzeugt. Während viele Übergangssituationen über biografische Umwege, verlängerte Statuspassagen und ein familial wie institutionell gestütztes Übergangsmanagement bewältigt werden und entsprechend absehbar in einen neuen gesicherten Status münden, hat es die Sozialpädagogik/Sozialen Arbeit in der Regel mit jenen prekären Übergangskonstellationen zu tun, deren Ausgang offen und ungewiss ist. Es handelt sich dabei um Übergänge als Bewältigungslagen, die vor allem durch Anerkennungsprobleme gekennzeichnet sind und bei denen Chancen der Thematisierung mit Fortdauer der Übergangssituation sinken. „Gemeinsam ist den verschiedenen Konzepten die Vorstellung von Übergängen als Interaktionen und die Beobachtung, dass Übergänge prinzipiell Zonen der Unsicherheit und Verwundbarkeit darstellen – sowohl für die gesellschaftliche Ordnung […] als auch für die Individuen, deren Lebensentwurf […] auf dem Spiel steht" (Walther/Stauber 2013: 30). Deshalb muss vor allem darauf geachtet werden, dass die Betroffenen nicht sozial isoliert werden, soziale Beziehungen und Einbindung in soziale Netzwerke erhalten bleiben bzw. aufgebaut werden können. Gefährdet sind hier vor allem junge Erwachsene im Übergang in die Arbeitswelt. Zuständig ist hier das sozialpädagogische ‚Übergangsmanagement', das solche Vernetzungen organisieren soll. Zwar unterliegen im Übergangsmanagement inzwischen „alle Akteure einem Vernetzungsauftrag: […] Allerdings gehen diese Vernetzungen meist von den Institutionen selbst aus und sind quasi sternförmig um den Bezugspunkt einer Organisation angelegt. Damit kann es so viele Netzwerke wie Akteure in einer Region geben, die sich zwar überlappen, aber untereinander nicht unbedingt koordiniert sind" (Oehme 2013: 796).

Die Resistenz (meist) männlicher *häuslicher Gewalt* macht die Netzwerkarbeit für bedrohte Frauen weiter zur Zukunftsaufgabe. Damit Frauen autonom werden können, brauchen sie eigene Aneignungsräume als eigene soziale Bezüge. Die Sozialarbeiterinnen in den Frauenhäusern haben es mit Frauen zu tun, die immer wieder nur vom Mann ihre Lebensbestätigung erhalten wollen und deshalb wenig eigene Bezüge zu anderen Frauen entwickeln konnten. Das wirkt sich in der Sozialen Arbeit mit Frauen dahingehend aus, dass die Frauen die Abhängigkeit von den Helferinnen direkt suchen. Deshalb ist es notwendig und gehört zum Kern der Frauenarbeit, dass eigene kulturelle und soziale Netzwerke für Frauen geschaffen und gefordert werden. Diese Erweiterung der Frauenhausarbeit in Netzwerke hinein ist vor allem auch deshalb wichtig, weil Frauen nicht selten ihre Situation im Frauenhaus als Entwertung spüren. Denn wenn ihre illusionären Bilder durch die Realität zerstört werden, fühlen diese Frauen die Beziehung und damit sich selbst entwertet und klammern sich noch mehr an das Bild der intakten Familie. Wichtig ist es, die Frauen aus dieser Familienfalle herauszubringen. Deshalb steht in der Beratungsarbeit die Entmystifizierung der Familie und der familialen Beziehungen als Weg zur Selbstständigkeit der Frau im Vordergrund. Das geschieht durch praktische Netzwerkarbeit. Die Frauen müssen aus der familialen Beziehungsenge herauskommen, indem sie Familie als multilokalen Ort erleben können, von dem aus viele Außenbezüge möglich sind. Familien, die solche Netzwerke nicht haben, geraten immer in die Gefahr der Isolation, des In-sich-Zusammenziehens, wenn sie überfordert sind, und das kann in Gewaltverhältnisse umschlagen. Für die Sozialarbeiter*innen haben diese Kenntnisse vor allem zur Konsequenz, dass sie sich weniger als Interventionsinstanz, sondern mehr als resonante Unterstützungs- und Ermöglichungsagentur im Verhältnis zu solchen Familien verstehen müssen.

Für die Zukunft ist eine weitere Pluralisierung der Lebens- und Wohnformen *älterer Menschen* in unserer Gesellschaft zu erwarten (vgl. Meyer 2018; Generali 2018). Das beinhaltet auch, dass zunehmend mehr von ihnen nach dem Ruhestand weiter tätig sein werden. In den regionalen Sozialökonomien können alte Menschen eine wichtige Rolle spielen. Man kann sich solche lokalen Netzwerke – soziale und kulturelle Dienstleistungen, neue Formen der Verbindung von Arbeit und Leben – so vorstellen, dass sie einen Markt bilden, auf dem ein Gut eine Rolle spielt und deshalb auch einen pekuniären Wert bekommt, das im rein ökonomischen Verdrängungswettbewerb nahezu restlos übergangen wird: die soziale Beziehung, die Erfahrung des Lebens miteinander und des Angewiesenseins aufeinander. Alles Prinzipien sozialer Nachhaltigkeit. Alte Menschen, durch ihre Rente alimentiert oder teilalimentiert, können ökonomisches Brachland, das in der Verdrängungskonkurrenz des Marktes zurückgeblieben ist, neu bestellen. Wo kleine Läden der Marktkonzentration zum Opfer gefallen sind, können sie von alten Menschen nicht nur für alte Menschen, sondern auch für alle in der lokalen Umgebung wieder aufgemacht und auf eine Art und Weise betrieben werden, die den früheren Treffcharakter mit der modernen Funktion der Informations- und Dienstleistungsbörse verbindet. Gemeinsame generationenübergreifende Wohnprojekte können nicht nur die Verständigung unter den Generationen erleichtern, sondern auch arbeitsteilige Modelle der gegenseitigen Dienstleistung und Entlastung hervorbringen. Hier ist auch eine gemeinwesenorientierte Sozialpädagogik gefragt, die im Sinne einer ‚social-agency' netzwerkfähige Beziehungen stiften, biografische Anschlussfähigkeit ermöglichen und auch jene ermuntern kann, die sich den sozialen Entwicklungen biografisch nicht gewachsen fühlen.

Das Projekt Konfliktfähigkeit

Der Grundkonflikt zwischen Kapital und Arbeit hat sich längst ökologisch erweitert. Die *Trennung der Natur von der Gesellschaft* und damit die Selbstverständlichkeit der Ausbeutung der natürlichen Ressourcen war lange Zeit ein Entwicklungsprinzip der Industriegesellschaften. Erst im Prozess der reflexiven Modernisierung bringt die Kommunikation über die Natur als Lebensgrundlage menschlicher Tätigkeit, als Konflikt zwischen der Perspektive des menschlichen Überlebens und der ‚ökologischen Selbstzerstörung' des Menschen das sozialökologische Thema als öffentliche Konfliktthematik in Bewegung. Es wurde deutlich, dass mit der technologischen Umgestaltung der Natur diese nicht mehr von der Gesellschaft abtrennbar, sondern zu einer „in den Zivilisationsprozess hineingeholte(n) Zweitnatur" geworden ist

(Beck 1986: 107). Damit erhielt das ökologische Problem seine soziale Transformation: „Die Verwandlung der ungesehenen Nebenfolgen industrieller Produktion in globale, ökologische Krisenherde ist gerade kein Problem der uns umgebenden Welt – kein sogenanntes ‚Umweltproblem', – sondern eine tiefgreifende Institutionenkrise der ersten, nationalstaatlichen Industriemoderne selbst." (ebd.: 131) In dieser Spannung sind die ökologischen Bewegungen in den 1980er-Jahren – und ist damit der sozialökologische Konflikt – freigesetzt worden. Sie richteten sich – wie z. B. Greenpeace – mit immer wieder spektakulären Aktionen an die mediale Weltöffentlichkeit, gleichzeitig erfuhren sie – wie eben die grünen Gruppierungen und später Parteien – ihre Politisierung in der nationalstaatlichen Szenerie. Der nationale Sozialstaat, der im Spagat zwischen ökonomischer Standortpolitik und Massenloyalität suchender Sozialpolitik stand und steht, wurde durch diese Freisetzung des ökologischen Konflikts gleichsam auf dem falschen Bein erwischt. Deshalb galten die grünen Bewegungen, die zudem identitätspolitisch mit der Nach-68er-Generation und ihrem Lebensstil verbunden waren, in der ersten Zeit als Bedrohung dieser sozialstaatlichen Balance, die von ihrer Grundstruktur eben nur auf das Verhältnis von Ökonomie und Mensch fixiert war. Mit der Austragung und Institutionalisierung des Konflikts im Kontext integrativ wirkender und gouvernemental anerkannter Gesellschaftsziele konnte dann aber auch die ökologische Perspektive einbezogen und in der Dynamik von Konflikt und Wandel gesellschaftlich wirksam werden.

In dieser historisch Argumentation ist wieder deutlich geworden, dass der Konflikt überhaupt ein Medium moderner Vergesellschaftung darstellt. In seiner dialektischen Struktur und der daraus resultierenden Bewegungsdynamik verflüssigt er immer wieder nicht nur Interessengegensätze, sondern auch die damit verbundenen Herrschafts- und Machtstrukturen. Damit beweist sich die Konflikttheorie auch als Herrschafts- und Machtkritik. Gleichzeitig gilt die Anerkennung des gesellschaftlichen Konflikts als Voraussetzung für die Entwicklung von politischen Emanzipations- und Partizipationsprozessen, wie sie sie sich auch in der Nachhaltigkeitsperspektive formieren.

Sozialstrukturelle Konfliktstrukturen, die auf die einzelnen Menschen in den Formen sozialer Verwehrungen und Benachteiligungen wirken, werden personal oft nicht als Konflikte, sondern als Bedrohungen empfunden, die hilflos und ohnmächtig machen und so bewältigt werden müssen, dass die Menschen für sich handlungsfähig bleiben können. Arno Gruen (1992) hat ja in diesem Zusammenhang darauf hingewiesen, dass es auf die gesellschaftliche Umgebung ankommt, ob Hilflosigkeit sozial thematisiert und politisch transformiert werden kann. Der Sozialstaat hat in Ansätzen eine solche politische Kultur der Anerkennung von Hilflosigkeit geschaffen und damit soziale Risiken und soziale Benachteiligung in den Rang politikfähiger und damit öffentlich zu regulierender sozialer Probleme gehoben. Sind aber soziale Risiken und individuelle Hilflosigkeit gesellschaftlich negativ konnotiert und in die private Bewältigungssphäre verwiesen, dann werden öffentlich gemachte Konflikte als den ökonomisch-gesellschaftlichen Konkurrenz- und Wachstumsprozess störend angesehen. Dann entsteht ein politisches Klima, in dem auch die Bevölkerung unter Druck steht, ihr Erleben von solchen Konflikten zu verdrängen oder abzuspalten. Das geschieht z.B. dann, wenn die Nachhaltigkeitsfrage nicht als Konflikt anerkannt ist, sondern zum Machbarkeitsspiel deklariert wird. Deshalb ist es so wichtig, dass die Menschen begreifen, dass Konflikte keine Bedrohung bedeuten, der man ausgesetzt ist, sondern dass ihre Anerkennung und Austragung die Persönlichkeit stärkt und die soziale Emanzipation fördert. In diesem Sinne argumentiert Micha Brumlik (1991: 255), wenn er von einem „strukturierten Zusammenhang" zwischen „Formen der Konfliktaustragung, des Personenverständnisses und grundlegender basaler Haltungen zur Welt im Sinne des Selbstvertrauens, der Selbstachtung und der Selbstschätzung" spricht.

Das gilt gerade auch für die kontroverse Zukunftsfrage Nachhaltigkeit als einer ‚basalen Haltung zur Welt'. Nun liegt diese Thematik aber für viele weit weg. Es sind die sozialen Bewegungen (s.u.), die der aus dem Erleben der Gegenwart schwer begreifbaren Nachhaltigkeitskrise eine soziale Konfliktgestalt geben. Diese kann man aber nur erkennen, wenn man mit ‚greifbaren' sozialen Konflikten umgehen kann. Deshalb muss *Soziale Konfliktarbeit* ein sozialpädagogisches Basisprojekt sein, das nicht nur Voraussetzung für das Konfliktverstehen in der Nachhaltigkeitsfrage ist, sondern die sozialpädagogische Arbeit überhaupt fundiert. Wenn wir Hilfe als Konfliktbeziehung erkennen und Verständigung mit den Klient*innen anstreben, dann bringen wir ihnen Respekt und Gleichschätzung entgegen (s. u.). Genauso wie im Nachhaltigkeitsdiskurs den von sozialökologischen Krisen bedrohten Menschen Respekt entgegengebracht werden muss.

Die institutionelle Anerkennung des sozialen Konflikts – so wurde einleitend argumentiert – gehört zu den epochalen Principia media demokratisch-sozialstaatlicher Gesellschaften und gilt als eines der zentralen Prinzipien sozialer Nachhaltigkeit. Demokratischen Konflikten wohnt eine Dialektik inne, die zu Integration führt. Konfliktfähigkeit ist das lebensweltliche und personale Korrelat dieser gesellschaftlichen Konstellation. Es ist eine Dimension der Sozialisation, die nach dem emotionalen Beziehungsstreit in der Kindheit zur experimentierenden und verständigungsorientierten Sozialform im Jugendalter wird. Es ist damit eine zentrale Form sozialen Lernens, das von der Sozialpädagogik – von der Kinder- und Jugendarbeit bis hin zur Schulsozialarbeit – entsprechend begleitet werden kann. Konfliktfähigkeit, Empathie, Respekt und Partizipation gehören dabei zusammen.

So prägend der soziale Konflikt für die historische Entwicklung der Sozialen Arbeit/Sozialpädagogik war, so schwierig ist es für die Praxis der behördlichen und verbandlichen Sozialen Arbeit, damit umzugehen. Die administrative Jugendhilfe neigt dazu, Konflikte verwaltungsgerecht einzuebnen oder Konfliktfälle in freie Projekte auszulagern. Das Dilemma besteht wohl darin, dass soziale Dienste operativ meist personale Dienste sind. Niklas Luhmann (1968) hat die Funktion bürokratischer Systeme dahingehend beschrieben, dass sie Soziales und Persönliches voneinander trennen und so Reduktion von Komplexität garantieren können. Verwaltungen tendieren also dazu, Persönlich-Biografisches auszuschalten. Soziale Arbeit muss aber biografisch unterschiedlich reagieren, sich dementsprechend erweitern können. So entsteht eine tendenzielle Unvereinbarkeit zwischen administrativer Reduktionsstrategie und sozialpädagogischer Erweiterungsstrategie. Gerade Konflikte widersetzen sich dieser Trennung. Zudem sind Hilfekonstellationen in der Regel Konfliktkonstellation. Es bedarf also eines organisatorischen Formats, in dem Konflikte nach beiden Seiten – hin zur Verwaltung und hin zu den Klient*innen ausgetragen werden können. Das soll gelingen, wenn sich die Verwaltung bzw. der Verband in die Zivilgesellschaft hinein vernetzen kann, damit Konfliktkonstellationen sich kommunikativ erweitern und darin pluralisieren, von einseitigen Fixierungen lösen können.

Das Antigewalt-Projekt

Gewalt zerstört soziale Nachhaltigkeit – in den Werten, den Beziehungen, den sozialen Institutionen. Zentrale Nachhaltigkeitsprinzipien wie Empathie, Respekt und Verantwortung werden außer Kraft gesetzt. Brisant wird es erst recht, wenn bei manchen Gewalt zur Lebensform geworden ist. Gewalt erzeugt Gegengewalt und damit einen Gewaltkreisel ohne Perspektive. Gewalt ist der Schatten, ja die Geißel des sechsten Kondratieff (s. o.). Ohne die Auseinandersetzung mit Gewalt bleibt der Zugang zu sozialer Nachhaltigkeit versperrt.

Gewalt wird zur Strukturierung, wenn sich Gewaltdispositionen in den Zwischenwelten der Gesellschaft festsetzen und dadurch verdeckte Anschlussmöglichkeiten bieten. Gewalt ist für manche das letzte unbewusste Mittel, um auf sich aufmerksam zu machen, sozial wirksam zu werden. So sehen und bewerten wir Gewalt in der Diagnostik der Sozialpädagogik/Sozialen Arbeit. Gewalttäter sind sprachlos, können ihre innere Befindlichkeit, ihre Hilflosigkeit nicht thematisieren, stehen unter gewaltförmigen Abspaltungszwang. Dagegen: ‚Wo Sprache ist, da ist keine Gewalt'. In dieser Aussage steckt die zentrale sozialpädagogische These, dass man dann, wenn man seine innere Hilflosigkeit aussprechen, thematisieren kann, nicht unter den Druck der aggressiven Abspaltung bis hin zur Gewalt gerät. Die Sozialpädagogik/ Soziale Arbeit kann Beziehungen und Räume schaffen, in denen

Thematisierung gelingen kann. Sprache ist das zentrale sozialpädagogische Medium, als sozialpädagogische Hilfe zur Thematisierung und als Fähigkeit der Klient*innen, ihre innere Befindlichkeiten aussprechen zu können.

Gewalt kann physisch, psychisch oder auch verbal ausgeübt werden. Im physischen und psychischen Gewaltakt kommt das Moment des Zwangs besonders zum Ausdruck. In der verbalen Gewalt vor allem das Moment der Abwertung. Dass Gewalt bis heute vornehmlich männlich codiert ist, hängt mit der Ambivalenz der Moderne zusammen, in der zwar die Herrschaftsform des vormodernen Patriarchats in ihrer institutionellen Gewaltförmigkeit aufgehoben, die darin eingeschlossene männliche Gewalt aber als gleichsam kulturgenetisches Erbe informalisiert weiterlebt. Auch die geschlechtshierarchische Arbeitsteilung beschreibt ein Gewaltverhältnis, indem die weiblich konnotierte Reproduktionssphäre abgewertet ist und Abwertung zum Kern von Gewalt gehört. Hier liegen die verdeckten Entsprechungen. Gewalt wird im häuslichen Bereich genauso freigesetzt wie in der Öffentlichkeit, wenn Männer Gewalt gleichsam für sich beanspruchen. Gewalt steht oft in Spannung zu einer nichtthematisierten männlichen Hilflosigkeit, die unter dem Zwang steht, auf Schwächere abgespalten zu werden.

Das soll nicht weibliche Gewalt verdecken. Studien zeigen, dass gewaltnahe Einstellungen bei Jungen *und* Mädchen ziemlich gleich verteilt sind, dass aber eine handlungsorientierte Gewaltbereitschaft vor allem bei Jungen anzutreffen ist (vgl. Bütow 2006). Inzwischen hat physisches Gewaltverhalten auch bei Mädchen zugenommen. „Möglicherweise wird die Konfrontation mit weiblicher Gewalt es Männern erschweren, die Gleichsetzung von Gewalt und Männlichkeit aufrechtzuerhalten" (Meuser 2016: 227). Darin steckt aber ein unzulässiger Vergleich, da er auf der Oberfläche der Gewaltakte stehen bleibt und nicht die differente Struktur geschlechtstypischer Gewalt erreicht. Nicht nur, dass männliches und weibliches Gewaltverhalten im Durchschnitt darin differieren, dass männliche Gewalt eher körperlich, weibliche Gewalt eher psychisch ist. Auch wenn manche Mädchen oder Frauen schlagen, folgen sie männlichen Verhaltensmodellen oder übersteigern sie sogar, weil sie sich auch hier gegenüber Männern beweisen müssen. Dieser Druck zur *Maskulinisierung*, den man auch in der Konkurrenzwelt der Wirtschaft bei Frauen beobachten kann, verweist auf die Strukturierung männliche Gewalt, die in die Gesellschaft eingelagert ist und in deren Anziehung traditional Männer, aber auch zunehmend Frauen geraten.

Dies ist die strukturelle Seite der Gewalt. Das pädagogisch Alarmierende kommt von den Straßen und Schulhöfen, wo Gewalt zum Alltagsflip geworden ist. Die alltägliche Lust an der Gewalt, die Lust am Zerstören scheint um sich zu greifen. Happy Slapping – Draufschlagen und Filmen – ein schon fast alltäglich gewordener Unterhaltungsspaß. Auf dem Pausenhof, nach der Schule: Schüler schlagen plötzlich – oft scheinbar ohne Anlass – auf einen Klassenkameraden ein und ein Mitschüler filmt es, andere Schüler*innen schauen zu. Nicht immer zufällig, manchmal hat er von den Tätern den Auftrag dazu bekommen, er gehört zu ihnen, ist Mittäter. In einer Gesellschaft, die sich zunehmend medial inszeniert, wollen sich auch die Jugendlichen medial in Szene setzen. Der Kick kommt mit dem Gefühl, dass andere das Anschauen; fasziniert oder empört, beides ist aufregend. Das Meinungsforschungsinstitut Sinus (2006) sieht hier eine milieuübergreifende Entwicklung hin zur Gewalt als hedonistischer Inszenierung, die herrschende Normen und Konventionen über improvisierte Gewaltformen aufbrechen will und deshalb auch für Jugendliche aus allen Schichten attraktiv zu sein scheint.

Solche gewaltförmigen Abspaltungen – psychisch oder körperlich – erzeugen dann auch das (vorübergehende) Gefühl, wieder oben und entsprechend „entspannt“ zu sein. Das Opfer – egal ob es einem nahe steht oder fremd ist – geht in dem Kick auf, man sieht es nicht mehr. Wenn einem die betroffene Person nahe steht, kommt danach die Scham. Oft aber stellt sich kein Unrechtsbewusstsein ein. Wie auch, es ging ja um einen selbst, der oder die andere, das Opfer, kam eben gerade recht. Die Lust an der Gewalt, am Zerstören lässt keine Gefühle für Bewahren und Gestalten aufkommen. Sie tötet das Sensorium für Nachhaltigkeit eher ab. Hier ist ein heikler sozialpädagogischer Bildungsauftrag entstanden: die gemeinsame kreative Suche nach Sprache, nach

Thematisierung als die Möglichkeit der Auflösung solcher Gewalt. Aber dazu gehören wieder funktionale Äquivalente und ein entsprechendes Milieu der Anerkennung von Hilflosigkeit.

Das interkulturelle Projekt

„Menschen können nicht bei sich selbst ankommen, wenn sie nicht andere ankommen lassen und sie können nicht andere ankommen lassen, wenn sie nicht bei sich selbst angekommen sind“ (Pries 2015: 28f.).

Die Migrationspolitik und die sozialpädagogische Migrationsarbeit eignen sich deshalb als Testfall für gelungene oder misslungene soziale Nachhaltigkeit, weil sich hier eine besonders nachhaltigkeitswirksame Dimension, nämlich die der *Integration* herausarbeiten lässt. Zum einen – in der gesellschaftlichen Dimension – die Frage, ob bei uns in Deutschland überhaupt eine Migrationspolitik betrieben werden kann, die es möglich macht, dass sich Menschen mit Migrationshintergrund als unserer Gesellschaft zugehörig fühlen können, dass sie nicht an der Barriere einheimisch/fremd scheitern müssen und dass sie als gleichwertig angesehen und anerkannt werden. Zum anderen: wie erreichbar ist die Perspektive der *gegenseitigen Integration,* in der erst soziale Nachhaltigkeit in der Migrationsfrage gelingen kann.

Studierende der Sozialpädagogik der Universität Bozen versuchen in Gruppendiskussionen die Einstellungen und Verhaltensweisen einheimischer Jugendliche gegenüber Migrant*innen und Asylbewerber*innen zu erheben. In der Auswertung ergibt sich ein Zwei-Kreise-Bild. Ein äußerer Kreis der Alltagsirritationen, die man nicht einfach als rassistisch einstufen kann. So die Irritationen, dass vor allem junge Männer mit Migrationshintergrund öffentlich nur mit ihrer Herkunftssprache miteinander sprechen, dass sie die einheimischen Mädchen anstarren, dass sich manche von ihnen dreist und darin auffällig präsentieren und man Unterordnung und Demut vermisst. An Migrantinnen stört, wie sie sich anders kleiden und wie sie sich von ihren Männern behandeln lassen. Immer wieder scheint ein innerer Kreis durch, der Kern der Distanz und Fremdheit. Keinem und keiner der einheimischen Jugendlichen kommt in den Sinn, dass sie in einer Zeit und in einer Welt leben, zu der Migration gehört und dass auch sie in einer Einwanderungsgesellschaft leben, sich darauf einstellen müssen. Dass die Integration auch ihr Problem ist, dass sie sich auch verändern müssen, ist ihnen nicht zugänglich. Gegenseitige Integration aber ist der Schlüssel zum Verstehen von sozialer Nachhaltigkeit. Denn wenn ich zur Empathie gegenüber Migrant*innen imstande bin, zur Fähigkeit der Perspektivenübernahme, dann kann ich auch die Migrations- und Fluchthintergründe verstehen. Und die führen geradewegs in die globalen Probleme sozialer Nachhaltigkeit: krasse soziale Ungleichheit und Armut in der Folge von Umweltzerstörung, Bürgerkriegen und Ausbeutungen. Ihre Heimatländer können sich nicht entwickeln.

An den Migrationsbewegungen, die seit den 2000er-Jahren weltweit sprungartig angewachsen sind, wird deutlich, dass in den bisherigen sozialstaatlichen wie den bürgergesellschaftlichen Diskursen immer noch das Modell von der ‚Bürgergesellschaft der Einheimischen' vorherrscht. Nimmt man jedoch die bürgerschaftliche Idee von ihrem Anspruch und ihren Prinzipien her ernst, so bewegt sie sich jenseits von einheimisch und nicht einheimisch und zielt auf das Recht ‚der hier Lebenden'. Dieses Recht der hier Lebenden muss aber sozialpolitisch und infrastrukturell abgestützt sein, sollte es sich sozial verträglich und sozial produktiv entfalten können. Erst in dieser sozialpolitischen Reflexivität erkennen wir, wie schwierig die soziale Absicherung und Aktivierung von Rechten gerade im Falle von Migrant*innen ist. Denn die Entwicklung zur segmentierten Arbeitsgesellschaft hat auch zu einer Herausbildung einer segmentierten Aufnahmegesellschaft geführt. Migrant*innen spüren am eigenen Leibe, dass die Arbeitsgesellschaft eine Kapitalgesellschaft des inneren Segments geworden ist, von dem aus auch die Entscheidungen über die Aufnahme ‚nützlicher' und die Ablehnung ‚nutzloser' Migrantinnen getroffen werden.

Der Begriff der *Integration* wird immer noch vorwiegend über

Defizitzuschreibungen formuliert und nicht über soziale Möglichkeiten und Chancenstrukturen. ‚Integration' ist zu einem Begriff geworden, der nicht mehr zur Diskussion über die soziale Chancenverteilung auffordert. Integration steht meist nicht für das Öffnen von sozialen und politischen Gestaltungsräumen, in denen die Desintegration als sozial bedingte erfahren werden kann, sondern sie bezeichnet ein Bündel von problemgruppenbezogenen Bildungs- und Verhaltensdefiziten, die den Ausländer nicht selten als vormodernen, fundamentalistischen und sexistischen Menschen beschreiben, der nur mit einem hohen Kostenaufwand in die Moderne katapultiert werden kann. Franz Hamburger hat schon in den 1990er-Jahren dahingehend argumentiert, dass Migrantenjugendliche nicht einen Modernisierungsrückstand aufzuholen haben, sondern sich sogar – wenn man so will – durch einen moderneres Persönlichkeitsprofil auszeichnen: „Migrantenjugendliche entwickeln ein differenziertes Selbstbild multipler Zugehörigkeiten. Sie pflegen eine individualisierte biografische Reflexion, in der Vergangenheit, Gegenwart und Zukunft in einen sinnhaften Zusammenhang gebracht werden. Sie entwickeln eine reflexiv distanzierbare Ethnizität, in der Zugehörigkeit kein blindes Schicksal mit fundamentalistischem Wiederholungszwang darstellt. Individuelle Selbstbestimmung, gemeinschaftliche Einbindung und gesellschaftliches Prinzipienbewusstsein können in eine spannungsreiche Balance gebracht werden. Sie haben ein differenziertes Gesellschaftsbild, können ethnische Segmentation ablehnen und konkrete Pluralismuskonzepte im Hinblick auf Religion und Lebensform befürworten. Demokratische Gleichheitspostulate und Diskriminierungskritik machen ihr politisches Bewusstsein aus. Sie sind Kinder einer modernen Gesellschaft, die nur unter Diskriminierung leiden, also unter den Verstößen gegen die Regeln der demokratischen Gesellschaft selbst." (ebd.: 52 f.). Hier ist der sozialpädagogische Zugang des *Respekts* (s. o.) formuliert. Aus dieser Warte ist die Migrationsthematik keine Sonderthematik, sondern eingebettet in die nationale Gesellschaftspolitik. „In diesem Sinne ist Integration ein Thema für alle Menschen einer Gesellschaft, nicht nur für eine spezifische Gruppe" (Pries 2015: 28). Aus dieser Erkenntnis heraus kann auch der

Tendenz zur Ethnisierung im Sinne des impliziten oder expliziten Setzens einer Leitkultur entgegengewirkt und die Migrationsdiskussion nicht als Kulturdiskussion, sondern als sozialpolitischer Diskurs geführt werden. Das erfordert aber sozialinfrastrukturelle Projekte, Netzwerke, in denen gemeinsam anstehende soziale Probleme thematisiert und bewältigt werden können und den Einheimischen *und* den Migrant*innen die Angst genommen werden kann, dass ihr Lebensstil bedroht ist. Dies ist der Rahmen für eine sozialpädagogische Migrationsarbeit mit nachhaltiger Perspektive.

Trotz dieser nationalgesellschaftlichen Integrationsperspektive bleibt die Migration ein Phänomen, das in einem eigenen Verhältnis zu den nationalen Wohlfahrtsstaaten steht. Sie zeigt die „Grenzen des Wohlfahrtsstaates" auf (Eichenhofer 2015: 102). Migration kann also als Prozess in der Spannung von Entgrenzung und Freisetzung des Sozialpolitischen beschrieben werden; Entgrenzung der wohlfahrtstaatlichen Integrationsdimension und Freisetzung einer transnationalen Integrationsperspektive. Daraus konstituiert sich ein neues System gegenseitiger Angewiesenheit. Für die Herkunftsländer ist es wichtig, dass ihre Bürger*innen im Aufnahmeland materielle Sicherheit und sozialen Staus finden, der es ihnen z.B. erlaubt, Familienangehörige zuhause zu unterstützen. Die Aufnahmeländer wiederum hoffen auf stabile ökonomische und soziale Bedingungen in den Herkunftsländern, damit Einwanderung reguliert werden und damit einer unkontrollierbaren Flüchtlingsdynamik entgegengewirkt werden kann. Denn sie sind auf ein berechenbares Mobilitätsverhalten der Migrant*innen angewiesen, die wiederum Migration nur so als *Ermöglichung* (vgl. Pries 2015) erfahren können.

Nun bleibt das Problem, ob und inwieweit diese transnationale Perspektive gegenseitiger Angewiesenheit ihre sozialpolitische Akzeptanz in der nationalstaatlichen Gesellschaft findet, zumal sie ja die Grenzen des nationalen Wohlfahrtsstaats in Frage stellt und Konflikte im Inneren freisetzen kann, die einerseits quer zum tradierten sozialpolitischen Konflikt liegen, gleichzeitig diesen aber doch eigenartig beeinflussen. Der soziale und kulturelle Druck, den vor allem die ungeplante Asyl-Migration in den wohlfahrtsstaatlichen Gesellschaften erzeugt ist vielfach beschrieben worden: „Migration verstärkt […] soziale Exklusion nach kulturell definierten Mitgliedschaftskriterien“ sowie „nach Klassenlagen“ (Eder 2000: 68f.). Der anhaltende Migrationsprozess setzt nicht nur nationale ethnische Abgrenzungen frei, er verschiebt auch in einer Vermischung von kultureller und sozialer Abwehr in der einheimischen Bevölkerung die Grundkonstellation des sozialpolitischen Prinzips. Denn die rechtspopulistischen bis rechtsextremen Gruppierungen und Parteien verstehen es, antikapitalistische und fremdenfeindliche Motive miteinander zu verschränken. Nun ist es das Bleibeinteresse der Migrant*innen und nicht das kapitalistische Profit- und Rationalisierungsinteresse, das die heimischen Arbeitsplätze bedroht. Der soziale Konflikt wird zum ethnischen Konflikt verschoben. Deshalb ist es so wichtig, die nationale Sozialpolitik mit ihrer Garantie der Hintergrundsicherheit gerade dann stärker in den Vordergrund zu rücken, wenn es notwendig ist, transnational zu argumentieren. Im Sozialisationsregime der Ersten Moderne mit einem homogenen, nationalstaatlich gebundenen Kulturverständnis wurden dabei die Menschen mit Migrationshintergrund in vielen europäischen Ländern als jene Bevölkerungsgruppe angesehen, die vor allem einen kulturellen Nachholbedarf habe, also gleichsam einen Prozess nachholender Modernisierung durchlaufen muss. In der Diversitätsperspektive der Zweiten Moderne werden Menschen mit Migrationshintergrund dagegen zunehmend zu ‚Modernisierungsprotagonisten‘ (s.o.) erklärt, weil sie Nichtlinearität und Hybridität in ihrem eigenen Lebenslauf – mitunter in transnationalen Kontexten – gleichsam verkörpern, sie leben müssen, weil sie sonst keine Handlungsfähigkeit erreichen können. Sie konstruieren somit Aneignungskulturen, in denen die Sozialisationsmuster der Zweiten Moderne aufscheinen. Hier muss der sozialpädagogische Nachhaltigkeitsdiskurs mit seiner Methodik des Reframings (s.o.) weiter ansetzen und entsprechende Beobachtungen und Einschätzungen öffentlich machen. Vor allem ist es wichtig, dass die Sozialpädagogik/Soziale Arbeit diese positive, entwicklungshaltige Seite der Migrationsprozesse mit ihren Praxisbeispielen gegen die medialen Defizitbilder öffentlich macht. In der Praxis der Arbeit mit Migrant*innen gilt es dafür Raum zu schaffen. Am Beispiel einer sozialräumlich ausgerichteten sozialpädagogischen Arbeit mit jungen Migrant*innen (s. u.) soll das vertieft werden.

Das Projekt Transnationalität

„In der Transformation des Sozialen zum partiell Transnationalen besteht die Aufgabe der Sozialpädagogik darin, diesen Prozess als Bildungsprozess zu unterstützen“ (Hamburger 2008: 273).

So wie der ökonomische und ökologische Nachhaltigkeitsdiskurs vor allem auch transnational geführt werden muss, weil die Wirtschaftsströme und Ökosysteme global miteinander verflochten sind, muss auch für soziale Nachhaltigkeit eine transnationale Perspektive entwickelt werden. Wie eng ökologische Zerstörung und soziale Ungleichheit in den Ländern der südlichen Hemisphäre miteinander verbunden sind, haben wir bereits thematisiert. In Europa wiederum erfahren wir, wie die nationalen Sozialstaaten unter transnationalem Entgrenzungsdruck stehen und vor allem auch, wie transnationale Dynamiken zu sozialen Entbettungen führen, die Nachhaltigkeitsprinzipien wie Verantwortung und Partizipation außer Kraft setzen und so auf die sozialstaatlich verfassten Gesellschaften zurückwirken können. Schließlich die Migrationsströme, die die sozialpolitischen Koordinaten verschieben.

Während sich Konzepte der Interkulturalität auf die Gestaltung des sozialen Zusammenlebens in einer heterogenen Gesellschaft beziehen, versucht der Begriff Transnationalität einen Gestaltungsraum zu umschreiben, der auf ganz unterschiedlichen Ebenen jenseits nationalgesellschaftlicher Ordnungs- und Gestaltungslogiken freigesetzt wurde. Soziale Phänomene der Transmigration zählen genauso dazu wie die Arbeit von transnationalen Hilfsorganisationen oder die Diskussion um transnationale Bürgerrechte sowie die Macht Transnationaler Konzerne. Dabei ist der transnationale Raum kein jenseits von Macht- und Abhängigkeitsbeziehungen freigesetzter Raum der unbeschränkten Möglichkeiten, sondern er ist in erster Linie durch einen unregulierten transnationalen Markt geprägt.

Die Sozialwissenschaften bezeichnen mit Transnationalität nationalstaatliche Grenzen überschreitende Formen sozialer Beziehungen. In der Sozialanthropologie lässt sich der Begriff der Transnationalität seit Ende der 1980er-Jahre im Konzept der „transnational community" fassen (vgl. Pries 2001). In den Rechts- und Politikwissenschaften finden wir eine intensive Auseinandersetzung um transnationale Bürger- und Menschenrechte. Auch in der Pädagogik hat sich ein Diskurs entwickelt, in dem Prozesse der Transnationalisierung auf die Sicherung von Menschen- und Grundrechten bezogen werden. In diesem Zusammenhang wurde die Diskussion um die UNO-Kinderrechtskonvention (1989) als Prototyp der Transnationalisierung von pädagogischen Kontexten angesehen. So wurde deutlich, dass für eine solche Konvention erforderliche Begriffe von Kindheit kaum aus der Genese der Kindheitsforschung und der Kinderpolitik in unserem nationalstaatlichen Kontext abgeleitet werden können. Insgesamt hat die Diskussion um die Konvention eine neue Qualität in die nationalen Wissensformen über Kindheit und Kinderpolitik – Kinder als Akteure – getragen, die bisher nur in Ansätzen im internationalen Vergleich existierte.

Vor allem wird deutlich, dass die bürgergesellschaftlichen Überlegungen in den westlichen Ländern von den transnationalen Bürgerrechten getrennt und damit gar nicht den neuen globalen Herausforderungen der Bürgerrechtsfrage und dem „neuen Zeitalter der Migration" (Pries 1998: 58) gerecht werden sollen. Entsprechend wird auch das Europa der Bürger zu einem „Gehäuse der Zugehörigkeit" (vgl. Nassehi 1997) und von der Komplexität transnationaler Bürgerrechte und Migrationsrealitäten abgeschottet. Die Bürgerrechtsentwicklung ist also erst einmal auf die Frage zurückgeschraubt, wie das ‚Gehäuse der Zugehörigkeit' zumindest soweit durchbrochen werden kann, dass eine Sensibilisierung für die alltäglichen Lebenssituationen der transmigrierenden Menschen überhaupt erreichbar ist. „Das Paradigma Sorge und Transnationalität zeigt Grenzen sozialstaatlicher

Gerechtigkeit auf" (Brückner 2008: 182). Es bedarf zusätzlicher sozialer Bürgerrechte.

In diesem Sinne ist kritisch zu hinterfragen, warum z.B. die Menschen in der Regel als Opfer, nicht als Handelnde dargestellt werden. In die gleiche Richtung zielt das Konzept des ‚Protagonismus', ausgehend von der Kinderbewegung in Lateinamerika, indem es darauf verweist, dass die Kinder selbst als Protagonisten und damit als Akteure in ihren Lebenssituationen durch neue Beteiligungs- und Unterstützungsformen in ihren eigenen Rechten gestärkt werden sollten, anstatt sie als unmündige Opfer ohne Schulbildung zu diffamieren (vgl. Liebel u.a. 1998). Diese Forderung schließt an die Diskussion an, dass Transmigrant*innen real *agents of change* seien, die gegenwärtige Migrationspolitik sie aber nicht als Gestalter von Entwicklung betrachte. Es wird somit eine Migrationspolitik gefordert, die Akteure über soziale und bürgerliche Rechte selbst in den Gestaltungsprozess einbindet. Die Perspektive, die Menschen selbst als Akteure und nicht als Opfer zu begreifen und sich für die Umsetzung transnationaler Bürgerrechte im Lebensalltag einzusetzen, wie dies derzeit z.B. von der internationalen Bewegung *Kinder haben Rechte* gefordert wird, führt wiederum zu der Frage nach den Lebenslagen und alltäglichen Lebensformen der Menschen im weltweit sich durchsetzenden digitalen Kapitalismus (vgl. Treichler 2001). Diese Perspektive wird aber immer mehr dadurch verstellt, „dass Gesellschaften sich unter dem enormen Druck des globalen ökonomischen Wettbewerbs in ‚Wettbewerbsstaaten' verwandeln, in denen das gesamte politische Zielsystem auf wirtschaftliche Effizienz ausgerichtet wird" (Messner 2000: 125).

Indem Transnationalität über die Migrationsprozesse hinausgeht, braucht auch die Soziale Arbeit eine Perspektive, die auf globale Entwicklungen gerichtet ist (vgl. Homfeldt u.a. 2006). Da die Soziale Arbeit in Deutschland traditionell nationalgesellschaftlich begrenzt ist, war sie nicht darauf vorbereitet, mit sozialen Folgen von global verursachten sozialen Entgrenzungen umzugehen. Vor allem erforderte die nun auftretende kulturelle Verschiedenheit und transnationale Mobilität der neuen Klientel eine neue reflexive Professionalität. Denn die etablierten und damit selbstverständlichen Definitionen von Hilfe, Autorität, Autonomie, Nähe und Distanz oder auch die Geschlechterfrage standen nun auf einmal in Spannung zu den kulturellen Identifikationen der zunächst einmal fremden Klient*innen. Dabei galt und gilt aber das methodische Gebot, dass Ethnisierungen vermieden werden und die dahinterliegenden sozialen Probleme in den Vordergrund treten müssen.

Diese Zusammenhänge sollten auch Inhalte sozialpädagogischer Bildungsprozesse in Schule und Jugendarbeit sein, von denen Franz Hamburger eingangs gesprochen hat. Der transnational sensible Bildungstyp, den ich mir hier vorstelle, ist der der *postkolonialen Reflexivität.* Damit ist ein Lernen gemeint, in dem die Jugendlichen mit ihrem eurozentrischen Blick auf die (‚unterentwickelten') ‚Entwicklungsländer' und ihre Menschen so konfrontiert werden, dass sie den Herrschaftscharakter ihrer hegemonialen Haltungen erkennen können. Das gelingt erst einmal nicht kognitiv, z. B. über die Geschichte des Kolonialismus, sondern eher mit der Methode der *umgekehrten Konfrontation.* Nicht wir bewerten – wie gemeinhin üblich – die Lebensweisen der anderen, sondern die Jugendlichen z. B. afrikanischer Herkunft, die wir kennen oder einladen, schildern uns aus ihrer Sicht die Fremdheiten und Merkwürdigkeiten, die sie bei uns antreffen. Sie, die immer wieder in Stigmatisierungsfallen geraten, führen jetzt uns einmal vor. Nach einem solchen Überraschungscoup kann auch Interesse an der Geschichte des Kolonialismus entstehen und sich ethnoplurale Selbstkritik und vor allem Respekt entwickeln.

Das digitale Projekt

Im „Archiv für Wissenschaft und Praxis der sozialen Arbeit", der Zeitschrift des einflussreichen ‚Vereins für öffentliche und private Fürsorge', werden in einem Themenheft „Soziale Arbeit in der digitalen Transformation" (2019) digitale Strategien für den Wohlfahrtsbereich diskutiert. Dabei wird die Ambivalenz der Digitalisierung in der Sozialen Arbeit deutlich. Auf der eine Seite wird der Vorteil digitalisierter Verfahren etwa in der Erweiterung, Vernetzung und Nutzerfreundlichkeit der Angebote unter Wahrung der sozialpolitischen Autonomie hervorgehoben, ähnlich wie wir das im Kapital zur Sozialen Arbeit als sozialer Infrastruktur angesprochen haben. Andererseits wird die Gefahr deutlich, ja offensichtlich, dass mit der Digitalisierung auch die Ökonomisierung als Vermarktlichung der Sozialen Arbeit vorangetrieben werden kann. Digitales Zukunftsbild ist hier eine Soziale Arbeit „in Formen der sozialen Dienstleisterauswahl, bei denen sich Klient/innen und deren Betreuer/innen bzw. Angehörige ihren Hilfemix individuell zusammenstellen und dabei die Auswirkungen ihrer Wahl auf das verfügbare Budget online nachvollziehen können. […] Die intelligente Nutzung der vorhandenen Daten und ihre Veredelung zu steuerungsrelevanten Informationen wird in Zukunft wesentlich mit über den Erfolg der Organisationen entscheiden“ (Kreidenweis 2019: 7/9). Ziel ist die Wettbewerbsfähigkeit vor allem auch gegenüber privaten Trägern, die in Zukunft vermehrt auftreten werden, und damit die Marktfähigkeit. Die Klient*innen werden zu Konsument*innen, über deren digitale Marktmacht man sich aber wenig Gedanken macht.

Die Perspektive der Nachhaltigkeit wird in dieser Konzeption nicht berührt. Im Gegenteil: die Selbstverständlichkeit, mit der die Digitalisierung und ihre Beschleunigung als Fakt hingenommen wird, gibt zu denken. Alles was bisher über Entwicklungen gesagt wurde, die der Nachhaltigkeitsperspektive abträglich sind, scheint hier wie im Brennglas auf: die unhinterfragte digitale Beschleunigung, die Ökonomisierung der Sozialen Arbeit, die zentrale Verwertung der Daten mit der Gefahr der Enteignung der Professionellen, die konsumtive Einordnung der Klient*innen in das vorgesetzte, nun digitalisierte Angebotssystem. Deshalb ist es für den sozialen Nachhaltigkeitsdiskurs so wichtig, doch noch zu versuchen, aus diesem digitalen Beschleunigungssog reflexiv herauszukommen, innezuhalten und erst einmal grundsätzliche technopolitische Fragen im Sinne der Nachhaltigkeit zu stellen. Auch wenn diese Fragen angesichts der herrschenden digitalen Euphorie ob ihrer Grundsätzlichkeit antiquiert erscheinen mögen.

Also: Kann das Internet zum Forum der Nachhaltigkeit werden, zum digitalen Speicher des kollektiven Bewusstseins sozialer Nachhaltigkeit? Taugt es als Bühne der Verständigung über Zukunft, auch über die der Sozialen Arbeit? Oder soll die Digitalisierung selbst die Zukunft sein? Wie steht es mit dem Prinzip Verantwortung, das so zentral für soziale Nachhaltigkeit ist? Auf den ersten Blick sieht es düster aus. Im Internet verliert sich das moralische Prinzip. Zu offenkundig werden Grundprinzipien sozialer Nachhaltigkeit wie Verantwortung oder Respekt verletzt. Verantwortung und Verantwortungslosigkeit stehen beliebig nebeneinander, genauso wie Möglichkeiten der manipulativen Steuerung und Chancen der Partizipation.

Das World Wide Web ist aber auch zu einer Plattform geworden, in der territorial voneinander getrennte Initiativen und soziale Bewegungen zur Nachhaltigkeit sich aufeinander beziehen und neue Formen der Netzwerkkommunikation wie der Meinungsmobilisierung entwickeln können. Dadurch werden ihre sonst sozial und territorial begrenzten Interessen in ein globalmediales Netzwerk eingebunden, das dann an verschiedenen sozialen Orten der Welt aktiviert werden kann. Kennzeichnend bleibt aber, dass ein Zusammenhang zwischen sozial eingebundener und Internet-Kommunikation bestehen bleibt und dadurch sozial wirksam werden kann.

Weiter ist zu diskutieren, wie es um den Umgang mit Konflikten steht. Die Link-Kultur des Internets ist im Prinzip undialektisch strukturiert, Widersprüchliches kann beliebig nebeneinander gestellt und miteinander vermischt werden. Der konkrete Sozialraum, in dem Interessen erfahrbar aufeinander stoßen, fehlt. Dazu kommt die digitale Eigendynamik des Mediums: Es generiert eine Überfülle von Informationen, die aber gleichzeitig im Wettbewerb um das Neueste, Außergewöhnliche und Einmalige stehen. So hat das Netz inzwischen seine Eventspiralen, die auch entsprechend nachgefragt werden. Denn bei all dieser neuen Mediendynamik darf nicht vergessen werden, dass die Nutzer*innen – seien sie auch gleichzeitig Produzent*innen – nicht in einer virtuellen, sondern in einer konkreten sozialen Welt leben, aus der heraus sie sich ins Internet begeben. Auch hier gilt wieder der Grundsatz der Medienwirkungsforschung, nach dem die Medienwirkung immer abhängig ist von der sozialen Umgebung, in der sich die Nutzer*innen befinden und aus der heraus sie medial interagieren. Deshalb wehren sich auch viele politische Bildner*innen gegen eine bloße Anpassung ihrer Bildungsarbeit an die Eventdynamik der neuen Medien und bestehen auf sozial gebundenen und reflexiven Arrangements; also darauf, dass die Teilnehmer*innen zwar lernen, als Produzent*innen im Netz zu agieren, dies aber jederzeit auf die reale soziale Welt hin gewichten und relativieren zu können.

Im Diskurs zu ‚Digitalisierung und Nachhaltigkeit' wird das Internet zu den Commons, den gemeineigenen Gütern gerechnet, das aber von den profitorientierten „digitalen Monopolisten" (Lange/Santarius 2018: 118) wie z.B. Google, Facebook oder Amazon gleichsam enteignet worden ist. Diese digitale Ökonomisierung hat die Vision des Internets als Medium eines „modernen weltoffenen Lebens mit dezentralen wirtschaftlichen Strukturen" zerstört, eines Mediums, das von einer gemeinwohlorientierten Open-Source-Philosophie getragen sein sollte (ebd.: 116). Deshalb, um „das Gemeinwohl wieder in den Mittelpunkt zu stellen, sollte das Internet als *Commons* betrachtet und in diesem Sinne wiederhergestellt werden. Die Nutzer*innen sollten im Mittelpunkt stehen. Ihnen sollte eine aktive Rolle eingeräumt und eine echte freie Wahl ermöglicht werden, welche Informations-, Dienstleistungs- und Produktangebote sie beisteuern und wahrnehmen möchten. Soziale und ökologische Präferenzen werden im digitalen Raum nur dann zum Tragen kommen, wenn subtile Verführungen mittels anonymer, kommerzieller Bots, personalisierter Werbung, interessengeleiteten Rankings von Suchergebnissen oder der Anwendung ‚suggestiver Algorithmen' unterbunden werden" (ebd.: 163).

Die Soziale Arbeit kann diese technopolitischen Grundfragen nicht einfach sozialtechnologisch umgehen. Sie reichen auch in ihre Programme und Plattformen hinein und beeinflussen – offen oder verdeckt – ihre Steuerungsstrategien. Deshalb sollte auch im sozialpädagogischen Diskurs zur Digitalisierung das Konzept des Internets als ‚Commons' so eingebracht werden, dass nicht nur die Träger die Portale bestimmen, sondern die Sozialarbeiter*innen und Klient*innen die Chance haben, ihre Resultate und Erfahrungen in selbst- bzw. mitgestaltete Plattformen zu stellen und zu vernetzen. Im Mittelpunkt sollen dabei die der administrativen Linearität und Standardisierung entgegengesetzten Konflikterfahrungen und möglichen Alternativen in der Arbeit mit den Klient*innen und im Verhältnis zum Träger stehen. Die Professionellen sollten in der Lage sein, je eigene ‚digitale Handakten' zu gestalten und miteinander zu vernetzen. So kann sich eine Art fließender Evaluation im produktiven Vergleich und Austausch entwickeln, wie sie von lernenden Organisationen erwartet wird.

Für die praktische sozialpädagogische Arbeit besonders mit Jugendlichen wiederum gilt, dass die Mediennutzung auch bei den neuen Internetgenerationen sozial gebunden bleibt. Zwar findet gerade die Pubertät in ihrer eigenartigen Verkettung von Wirklichkeit und Unwirklichkeit im virtuellen Netz ein Medium, das gerade Jugendlichen entgegenkommt, sie besonders anzieht. Es bietet einen virtuellen Raum, in dem man hinein erzählen kann, in dem geschlechtstypische soziale Schwellen sinken und im Alltag zurückgehaltene Wünsche und Träume offen gelegt werden können. Die konkrete soziale Umgebung und die soziale Lage strukturieren dennoch die medialen Möglichkeiten: Soziale Benachteiligung spiegelt sich auch in der Mediennutzung, Das betrifft sowohl den reflexiven Umgang mit Informationen, aber auch die Nutzungs- und Beteiligungsformen (vgl. Kutscher 2014).

Hier kann vor allem die Offene Jugendarbeit sozial korrektiv und medial emanzipativ wirken. In Gruppenprozesse können gerade nachhaltigkeitssensible Themen sozial gespiegelt werden (vgl. dazu Stüwe/Ermel 2019: 108f.). Jugendliche können dort, wo sie in der sozialen Realität an Grenzen der Anerkennung und Durchsetzbarkeit stoßen, mit virtuellen Gegenwelten experimentieren (‚wie könnte es einmal anders aussehen') und in die Rolle als ‚Nachhaltigkeitspioniere' schlüpfen, eine Rolle, die ihnen die expertenfixierte Erwachsenengesellschaft immer wieder verwehrt. Natürlich sollten diese virtuellen Aktivitäten rückgebunden werden an die sozial realen Gruppenprozesse. Dann werden auch die Konflikte sichtbar und erfahrbar, an denen die Jugendlichen ihre Motivation zu Nachhaltigkeit zünden können. Auch kann eine

Gruppe aus dem Jugendzentrum oder einem Jugendverband ein virtuelles Forum zum Thema Nachhaltigkeit installieren und die kommunale bzw. regionale Jugendszene dazu einladen. Foren sind niederschwellig, jeder kann partizipieren. So kann eine thematisch nahe Community und eine entsprechende Jugendöffentlichkeit hergestellt werden, auf die man sich dann auch sozial beziehen kann. Das alles sind Gruppenprozesse, in denen erst *Wissen* über Nachhaltigkeit erlangt werden kann, denn die im Netz massenhaft flimmernden und unvermittelten Informationen können noch kein Wissen generieren. Stüwe/Ermel (2019: 106) weisen in diesem Zusammenhang auf einen zentralen pädagogischen Effekt hin: Das Verhältnis der Jugendarbeiter*innen zu den Jugendlichen wird zwangsläufig enthierarchisiert, denn beide Seiten bringen ihre unterschiedlichen (hier pädagogischen, dort medientechnischen) Erfahrungen in einen gemeinsamen Lernprozess ein.

Das Projekt Diskursautorität

Die gesellschaftliche Durchsetzung des Themas Nachhaltigkeit bedarf einer kollektiv wirksamen *Diskursautorität.* Der Begriff stammt von Jürgen Habermas (1991), der damit auf die Notwendigkeit des Aufbaus demokratischer Autoritätsstrukturen in Zeiten des sozialen Wandels und der gesellschaftlichen Erneuerung hinwies. Denn in diesen Zeiten entstehe eine „Autoritätslücke“, ein Verlust kollektiver Verständigungsmuster, der mit dem plötzlichen Wegbrechen kultureller Traditionsbestände im Zuge des gesellschaftlichen Wandels drohe.

In den Auseinandersetzungen um die Bildungsreform und die Entwicklung von Rahmenrichtlinien für die schulische Erziehung in Westdeutschland in den 1970er-Jahren, warnte er davor, dass bei den dabei entstandenen Autoritätslücken die Administration einspringen würde und zwangsläufig in das Dilemma geraten müsste, Autoritätsnormen zu setzen, die dann aber im bürokratisch-hierarchischen Ordnungsdenken gefangen bleiben. Denn „bei diesem Versuch machen Verwaltungen die typische Erfahrung: Ihre Legitimation reicht für die neue Aufgabe einer argumentativ gerechtfertigten Auswahl der kulturellen Möglichkeiten nicht aus“ (Habermas 1974: 73). Mit dem diskursiven Aufbrechen der traditionellen Hermetik von Schule und Bildungsverwaltung durch Eltern-, Schüler- und Bürgerinitiativen sei aber die Richtung des neuen Autoritätsdiskurses gewiesen: „Die breiten und erregten Reaktionen auf neue Lehrpläne, Beunruhigungseffekte unerwarteter Art, bringen zu Bewusstsein, dass eine administrative Erzeugung kultureller Legitimität gar nicht möglich ist. Vielmehr bedarf es dazu eben jener wert- und normbildenden Kommunikationen, die nun unter Eltern, Lehrern und Schülern einsetzen und beispielsweise Bürgerinitiativen auf den Plan rufen. Hier werden die kommunikativen Strukturen [...] von selbst hervorgetrieben“ (ebd.: 74).

An dieses Modell der kollektiven Diskursautorität können wir auch beim Nachhaltigkeitsdiskurs anknüpfen. Denn mit dem tiefgreifenden Strukturwandel der Arbeitsgesellschaft im Zuge von Globalisierung und Digitalisierung ist wieder eine Autoritätslücke entstanden, die aber nun andere, ökonomistische Kräfte auszufüllen versuchen. Mit der Entbettung und Verselbstständigung von Ökonomie und Technologie und der Schwächung der sozialstaatlichen Mediationskraft hat das republikanische Modell der Diskursautorität seine gesellschaftliche Durchschlagskraft eingebüßt. In der daraus erwachsenden demokratischen Autoritätslücke haben sich aber schnell die Geltungsansprüche ökonomisch-technologischer „Sachautorität“ in der Durchsetzungssymbolik der „Machbarkeit“ breit gemacht. Gleichzeitig haben sich rechtspopulistische Bewegungen ihre eigene Diskursautorität geschaffen.

Beide Entwicklungen schwächen die gesellschaftliche Durchsetzung der Nachhaltigkeitsperspektive. Die global gestreuten sozialökologischen Bewegungen und auch die wissenschaftliche Community reichen nicht aus, um eine gesellschaftlich wirksame Diskursautorität zu schaffen. Ihre Forderungen werden eher als partikulare Interessen gehandelt und weniger als gemeinwohlorientiert wahrgenommen. Rechtspopulistische Gruppen leugnen die Nachhaltigkeitskrise überhaupt und versprechen Sicherheit und Halt in dieser Leugnung.

Kann man denn überhaupt angesichts dieser Entwicklungen einen Autoritätsdiskurs in der Nachhaltigkeitsfrage wieder aufbauen, erneut zur Perspektive einer kollektiv getragenen Diskursautorität gelangen, wie sie Habermas seinerzeit entwickelt hat? Die Macht des kritischen Arguments, auf die er damals baute, ist heute so nicht mehr voraussetzbar. Autorität wird in Beziehungen gesucht, die Handlungsfähigkeit versprechen. Also bietet es sich an, von den Beziehungen aus ein zeitgemäßes Modell der Entwicklung von Diskursautorität zu entfalten, das aber nicht in der Sphäre der persönlichen Beziehungen stecken bleiben darf. Ein solches Beziehungsmodell von Autorität finden wir bei Hannah Arendt. Sie sieht in der Autorität eine zentrale, „wenn nicht die entscheidende Kategorie sozialen Zusammenlebens" (Arendt 1956: 130). Aber „da Autorität immer mit dem Anspruch des Gehorsams auftritt, wird sie gemeinhin für eine Form von Macht, für einen Zwang besonderer Art gehalten. Autorität schließt aber gerade den Gebrauch jeglichen Zwanges aus." Arendt unterscheidet zwischen Autorität als „Legitimität gerade herrschender Gewalten" und der Legitimität von „Autorität überhaupt" (ebd.: 118). Dieses „Überhaupt" bezieht sich auf eine Vorgabe, die jene, denen Autorität zugeschrieben wird, verkörpern: „Wenden wir des Anachronismus nicht achtend das Wort Autorität auf Platos Philosophie an, so hat Autorität ihren eigentlichen Sitz in den Ideen, welche als Maßstäbe und Standards für menschliche Angelegenheiten benutzt werden können, weil sie selbst die Sphäre menschlicher Angelegenheiten transzendieren" (ebd.: 138). Autorität erlangen in diesem Sinne also die, welche über die soziale Gegenseitigkeit des Alltags hinaus grundlegende sozialmoralische Bezüge verkörpern und interaktiv herstellen können, die sowohl die eigene Lebensperspektive fundieren als auch den entsprechenden Bezug zum Gesellschaftlichen herstellen können. Es handelt sich also um *exemplarische Personen,* die einem das Lernen an sich und an der Gesellschaft ermöglichen. Sie sind eingebunden in *Milieus,* in denen und aus denen heraus sich kollektive Diskursautorität als überpersonales Konstrukt entfalten kann.

Wenn die Sozialpädagogik/Soziale Arbeit einen stetigen Beitrag zu sozialer Nachhaltigkeit leisten soll, dann braucht auch sie eine entsprechende Diskursautorität. Zu sehr ist sie schon in die Ökonomisierung des Sozialen verstrickt und folgt – verdeckt oder offen – eher einer sozialtechnologischen Diskursautorität. Für eine dieser entgegen gerichteten Diskursautorität sozialer Nachhaltigkeit ist die kritische Wissenschaftsseite trotz exemplarischer Personen zu schwach. Auch fehlen die Milieus. Wieder muss die Frage an die zahlreichen Hochschulen für Soziale Arbeit in Deutschland gestellt werden, ob es ihnen nicht endlich gelingt, sich regional zu vernetzen und so Diskursautoritäten auszubilden. So könnten sie als ‚Agenda Setter' fungieren und zusammen mit regionalen Verbündeten kooperative Plattformen entwickeln (vgl. auch Lange/Santarius 2018: 194).

Teil IV
Sozialpädagogik als Erziehung und Bildung zur Nachhaltigkeit

Kann man Nachhaltigkeit lernen? Sicher nicht im kognitiven Sinne. Es gibt zwar eine Fülle von Informationen zu Nachhaltigkeit; in der Schule, in den Medien. Aber zwischen Informationen und dem in das persönliche Handeln integrierte Wissen – Nachhaltigkeitsbildung – besteht immer noch eine Kluft. Es war eingangs davon die Rede, dass unser Umgang mit Nachhaltigkeit durch Hilflosigkeit geprägt ist. Wir wissen was zu tun ist, aber wir können es nicht realisieren. Wir achten peinlichst auf Mülltrennung, sparen Wasser und Energie und versuchen möglichst viel mit dem Rad zu fahren. Gleichzeitig sind wir mit vorgespieltem schlechten Gewissen mit Billigfliegern unterwegs, spenden für Umweltkampagnen und bei Hungerkatastrophen, kriegen das Ganze aber so lange nicht auf die moralische Reihe, solange wir diese Hilflosigkeit nicht thematisieren können. Wo Hilflosigkeit nicht thematisiert werden kann, so die Bewältigungstheorie (vgl. Böhnisch 2018), ist der Zwang zu Abspaltungen nicht weit. Vor allem Rationalisierungen: Es wird neue Technologien geben, welche die drohenden Gefahren mindern können; es wiederholt sich etwas, was es in der Geschichte schon immer gegeben hat oder: Die Natur hat doch ihre eigenen Zyklen und der Mensch ist nicht der entscheidende Urheber oder schließlich: Ich als einzelner kann sowieso nichts dagegen machen.

Und doch wird im Nachhaltigkeitsdiskurs immer wieder verlangt, dass der Wandel bei den Einzelnen und der Änderung ihres Lebensstils beginnen müsse und dass von der Summe dieser Lebensstiländerungen auch kollektive Wirkungen ausgehen können. Diese Hypothese übersieht zum einen, dass Summierungen noch keine Kollektivität ausmachen und zum anderen, dass sich inzwischen vom Menschen abgehobene Strukturen der Nachhaltigkeitsblockade verfestigt haben, die durchgängig von den

Wachstumsideologien und -ökonomien bis in die „mentalen Infrastrukturen“ (vgl. Welzer 2011) in den Köpfen der Menschen reichen. Nachhaltigkeit lernen muss bei der Thematisierung der eigenen Hilflosigkeit beginnen. Das kann der Einzelne für sich nur schwer leisten, dazu bedarf es Gruppen, in denen sich diese Hilflosigkeit sozial spiegeln kann und Milieus, die sie anerkennen und zu gemeinsamen Handeln ermutigen können.

Soziale Nachhaltigkeit in der Dialektik von Externalisierung und Sorge lässt sich in sozialpädagogischen Arbeitsfeldern unterschiedlich aber strukturähnlich operationalisieren. Zum einen im Arbeitsfeld Jugend. Hier verweist die Nachhaltigkeitsperspektive auf einen neuen Generationenkonflikt. Spätestens die Brexit-Abstimmung in Großbritannien hat gezeigt, wie problematisch es ist, wenn eine junge Nichtwähler-Generation es den Alten überlässt, ihre Zukunft nach traditionellen Mentalitäten zu bestimmen. Eine Jugend, die pädagogisch bisher als nur gegenwartsorientiert galt, entdeckt in den Freitags-Demonstrationen die – ihre – Zukunft. Hier sehe ich einen zentralen Ansatzpunkt für ein Reframing, für eine Jugendpädagogik der Nachhaltigkeit. Mit diesem Ansatz kann man auch die Schule konfrontieren.

Wesentlich schwieriger ist dieses Reframing für Bildungsprozesse im Erwachsenenalter vor dem Hintergrund einer auf durchgängige Externalisierung drängenden industriekapitalistischen Arbeitsgesellschaft. Vor allem Männer sind in diesen Externalisierungssog hineingezogen, gegen den sozialpädagogische Gegenkräfte wenig ausrichten können, zumal die Konsumgesellschaft Kompensationsmechanismen bereithält, die Nachhaltigkeit gerade nicht zum Zuge kommen lassen. Dennoch sind Zugänge möglich. Einen weiteren Kristallisationspunkt des nachhaltigkeitsorientierten Reframing finden wir in der Lebensphase des Alter(n)s und dem Bereich der Senior*innenarbeit. So zeigt das Alter der Nachmoderne eine eigene Entwicklungsdynamik jenseits der Konkurrenzzwänge der Wachstumsgesellschaft. Dennoch ist es durch ein eigenes Nachhaltigkeitsdilemma geprägt: Auf der einen Seite der Drang zum nachholenden extensiven Konsum, auf der anderen Seite die Chance, nun endlich neuen, sozialökologisch inspirierten Lebenssinn zu entwickeln. Die sozialpädagogische Senior*innenarbeit kann somit zu einem Forum der nachhaltigen Bildungsarbeit werden.

Schließlich die Sozialpädagogik/Soziale Arbeit selbst. Das Externalisierungsprinzip äußert sich hier vor allem in der Ökonomisierung der Hilfeverfahren und der linearen Evaluation der Arbeitsprozesse. Gerade hinter den neuen Strategien der Wirkungssteuerung steckt die Ökonomisierung des Sozialen. So rutscht die Soziale Arbeit immer mehr in die Zone einer sozialtechnologisch durchgestylten Fachlichkeit, deren verdeckte Steuerungslogik sie aber selbst nicht mehr kontrollieren kann. Damit läuft sie wiederum Gefahr, ihre eigene kritische Reflexivität zu verlieren.

Die Pädagogik des Erlebens

Die Erlebnispädagogik hat mit dem Nachhaltigkeitsdiskurs eine besondere Bedeutung bekommen. Lange als theorielos und aktionistisch verkannt, kann sie nun als wichtiger Zugang zur Nachhaltigkeits-Trias Reframing, Empathie und Verantwortung gelten. Die Erlebnispädagogik soll Gruppenerfahrung in der Natur ermöglichen. Sie soll Betroffenheit erzeugen und versteht sich deshalb als ganzheitlicher Bildungsprozess, der Körperlichkeit, Reflexion und seelische Emotionen gleichermaßen aktivieren kann. Die Angewiesenheit auf die Gruppe und die Verantwortung den anderen und der erlebten Natur gegenüber steht im Mittelpunkt der Aktionen. Diese sind aus dem Alltag herausgehoben, im Nichtalltäglichen wird die Beziehung zur Natur spürbar. Aktionen wie Klettern, Rafting oder auch Höhlen-Erkunden und Nachtwandern können Gefühle des Ausgesetztseins oder der Verbundenheit mit der Natur vermitteln. Die Natur als Umwelt soll als ‚Mitwelt' erlebt werden können. Im erlebnispädagogischen Diskurs wird vor allem die *Gestaltungskompetenz* (s. u.) hervorgehoben, die man erwerben kann. Dazu gehören die Fähigkeiten des Perspektivwechsels und der Antizipation, die Entwicklung von Risikobewusstsein und Mitgefühl. Das sind alles Fähigkeiten, die für eine Nachhaltigkeitsperspektive zentral sind.

Auch spielt die Fähigkeit zur Übernahme von Verantwortung eine zentrale Rolle. Es ist, wie gesagt, eine duale Verantwortung, sowohl der Natur als auch den Mitmenschen gegenüber.

Dabei wird immer wieder das Problem der Übertragbarkeit des außergewöhnlich Erlebten in den Alltag hervorgehoben. Die offenen wie verbandlichen Einrichtungen der Jugendarbeit, die in den Alltag eingebettet sind, können hier eine Brücke sein. Manches kann im Jugendzentrum oder in den Gruppenabenden nachgearbeitet und vertieft werden, sowohl in wechselnden Erzählungen wie auch am Videomaterial, dass man aus den erlebnispädagogischen Aktionen mitgebracht hat.

Das exemplarische Prinzip

Die eigenen Erfahrungen mit den Erfahrungen, aber auch Ängsten anderer so verbinden zu können, dass sie eine gemeinsame soziale Gestalt annehmen, ist auch der Kern des exemplarischen Prinzips von Oskar Negt (1968/1978). Das Exemplarische zeigt sich in der „Eröffnung einer Wechselseitigkeit in der Begegnung, wo wir die (potenzielle) Sozialität und Allgemeinheit unserer Alltagserfahrungen über die verschiedenen pragmatisch bestimmten Alltagssituationen und Interessen hinaus wahrnehmen und bewusster und freier entfalten und uns aneignen können“ (Nielsen 1999: 474f.). Exemplarisches Lernen ist damit soziales Lernen und bedarf deshalb eines eigenen Raums und einer eigenen Zeit der Selbstregulation und wirkt – so Negt – schon von daher antihierarchisch und mithin demokratisch; sowohl was den Lernprozess, die Wissensvermittlung als auch die Wissensverwendung betrifft. Denn das über die gegenseitige Erfahrung nun pädagogisch weiterentwickelte Wissen soll ja nicht im Sinne einer Leistungsbewertung qualifiziert werden, sondern sich der soziologischen Phantasie öffnen. Ein Hoffnungs- und Möglichkeitshorizont soll sich auftun können, der aus den verdeckten Wünschen des alltäglichen Lebenszusammenhanges erreichbar ist (ebd.: 479).

Was vom Negt'schen Ansatz bleibt, ist genug, um auch dem heutigen Bildungsdiskurs angesichts der neoliberalen Ökonomie

Impulse zu geben: Da ist die Erkenntnis, dass der Formungsprozess der Persönlichkeit zum politisch mündigen Subjekt sich nicht – wie in der deutschen Bildungstradition – aus sich heraus, begrenzt durch den individuellen Bildungshorizont entwickeln kann, sondern in sozialer Kommunikation erst geformt und seinem politischen Bezug zugeführt werden muss. Zum Zweiten ist für uns gerade heute wieder Negts implizite Aufforderung wichtig, dass subjektive Ohnmachtsgefühle und Zukunftsunsicherheiten nicht den tiefenpsychischen Mechanismen der Abspaltung, der Rationalisierung bis hin zur Gewalt, überlassen werden dürfen, sondern sozial darstellbar sein müssen. Bildung hat in diesem Zusammenhang die Aufgabe, diese Darstellbarkeit zu inszenieren, in der erlebnishaltigen Kommunikation mit anderen spürbar zu machen. Hier können wir auch an die politische Psychologie Arno Gruens (1992) anknüpfen: Innere Hilflosigkeit muss nicht abgespalten werden, muss sich nicht gegen sich selbst oder gegen andere richten, wenn es gelingt, eine soziale Umgebung zu schaffen, in der Hilflosigkeit anerkannt ist und in der Perspektive des Aufeinander-angewiesen-Seins positiv übersetzt werden kann. Die Bewältigungsdimension und die Bildungsdimension gehen so ineinander über. Hilflosigkeit und Gefühle des Ausgesetzt-Seins müssen in Konfliktkategorien umgedeutet werden, sollen sie aktivierend wirken können. Hierfür bietet das Exemplarische Lernen den Raum. Die Erfahrung des Aufeinander-angewiesen-Seins und darin die der gemeinsamem Konfliktstärke werden wirksam.

Angst und Mündigkeit

Der sozialökologische Nachhaltigkeitsdiskurs ist ein Raum der Hoffnungen wie der Unsicherheiten und Ängste. Dass Angst eine politische Substanz hat und in ihrer Bewusstheit die soziale Idee beleben kann, hat Theodor W. Adorno aufgezeigt. In seiner Skizze zum Verhältnis von Soziologie und Psychologie (1955) hat er erkannt, dass sich gesellschaftliche Konflikte nicht einfach im innerpersonalen Konfliktbewusstsein abbilden, sondern tiefendynamisch umgeformt und abgespalten werden. Aber „wenn Angst nicht verdrängt wird, wenn man sich gestattet, real so viel Angst zu haben, wie diese Realität Angst verdient, dann wird gerade dadurch wahrscheinlich doch manches von dem zerstörerischen Effekt der unbewussten und verschobenen Angst verschwinden" (Adorno 1971: 97).

Hans Jonas nennt dies die „Heuristik der Furcht". Das *malum* sei leichter als das *bonum* zu erkennen. Geschichte könne man nicht, wie es zum Beispiel die marxistischen Utopisten getan haben, immer nur als Vorgeschichte zu etwas Besserem betrachten. Denn „jede Epoche hat [...] ihren eigenen Zweck in sich, doch verflacht die Ontologie des Noch-nicht den ganzen geschichtlichen Geschehensablauf teleologisch. [...] Die Heuristik der Furcht lehrt, mit dem Übel auch das zu rettende Gute zu sehen. Die Menschheit muss das Positive aus dem vorgestellten Negativen gewinnen und nicht utopisch [...] meinen, das Positive aus sich heraus setzen zu können" (Müller 1988: 58).

Allerdings bedarf dieses „Sich-Angst-gestatten-Können" einer gesellschaftlichen Hintergrundsicherheit, die es erlaubt, ohne eigenes psychosoziales Risiko ökonomisch und politisch induzierte Ängste nicht nur auszusprechen, sondern auch zum Impuls von Mündigkeit zu machen. Diese Hintergrundsicherheit und die aus ihr resultierenden Spielräume waren im experimentierenden Sozialstaatsmodell der 1970er bis 1980er-Jahre leidlich gegeben. Die von Adorno geforderte „Erfahrensfähigkeit" ist – ähnlich bei Negt – über Konfliktfähigkeit vermittelt. Aber es ist nicht nur die Erosion dieser sozialstaatlichen Hintergrundsicherheit und die Denunziation von Angst als ‚Unfähigkeit zum Mithalten', die mit der Ökonomisierung der Gesellschaft inzwischen Platz gegriffen hat. Weitreichender noch für die Aushöhlung des Mündigkeitsbegriffs ist die Tendenz, mit der der neue Kapitalismus den *Gehalt* des Mündigkeitsbegriffs für sich vereinnahmt. Aus der *Möglichkeit zur Mündigkeit,* die die damaligen Verhältnisse freisetzen konnten, ist heute die Chance wie der *Zwang zur Selbstorganisation* geworden, so wie er aus den neokapitalistischen Arbeitsverhältnissen hervortritt. Während Adorno noch das in der US-amerikanischen Kultur verbreitete Wechselspiel von Individualismus und Anpassung (1971: 139) als Blockierung von Mündigkeit sah, wird individualistisch gestaltete Anpassung an wechselnde technologisch-ökonomische Gegebenheiten heute geradezu als ‚neue Mündigkeit' proklamiert. Der selbstbewusste „Arbeitskraftunternehmer" betreibt selbstorganisierte flexible Anpassung, die zu jener verwertungsorientierten Kompetenz geworden ist, in der das Subjekt aufgehen soll. Es geht nur noch um drinnen oder draußen, Inklusion oder Exklusion, wobei *beides* in der Reichweite des je biografischen Risikos liegt. Es scheint keine Spannungszustände mehr zu geben, denn alles ist in einer mehrdimensionalen Kapitalisierung aufeinander bezogen: Erweiterte Handlungsfähigkeit wird für technologisch-ökonomische Innovationen gebraucht und auf die darauf bezogenen Sorgen und Ängste wird mit konsumtiven Erfüllungs- und Versicherungspaketen begegnet. So erscheint der Mündigkeitsbegriff der 1960er und 1970er-Jahre längst als antiquiert, als Signum des Zurückbleibens und der Innovationsfeindlichkeit, vor allem wenn weiter auf dem Gegensatz von Mensch und Ökonomie/Technologie insistiert wird, wo dieser doch in der Entgrenzungsdynamik des neuen Kapitalismus aufgehoben sein will. Deshalb scheinen es auf den ersten Blick nur die gegenwärtigen neuen sozialen Bewegungen zu sein, welche die inzwischen überformte und verdeckte Spannung von Mensch und Technologie/Ökonomie wieder freilegen und – im Sinne Adornos – entsprechende Grundängste nicht als technologische Rationalitäts- und Kommunikationsdefizite, sondern als menschliche Lebensäußerungen von verwehrter Mündigkeit anerkennen und gesellschaftlich thematisieren wollen. „Kollektive Ängste" (Adorno) sind in diesem sozial verantworteten Sinne Antriebskräfte der sozialen Idee, die sich dagegen wehrt, dass der technologisch fortgeschrittene Kapitalismus den Menschen nicht länger als Ware und als technologischen Störfaktor betrachtet.

Gestaltungskompetenz

Mit dem Nachhaltigkeitsdiskurs ist der Begriff der Gestaltungskompetenz als Bezeichnung für ein nachhaltigkeitssensibles soziales Lernen aufgekommen. „Gestaltungskompetenz zu erwerben bedeutet, über Fähigkeiten, Fertigkeiten und Wissen zu verfügen, das Veränderungen im Bereich ökonomischen, ökologischen und sozialen Handelns möglich macht, ohne dass diese Veränderungen immer nur eine Reaktion auf vorher schon erzeugte Problemlagen sind" (de Haan 2000: 12). Gerhard de Haan zählt verschiedene Dimensionen der Gestaltungskompetenz auf: Vorausschauendes, interdisziplinäres und vernetztes Denken, Fähigkeit zur interkulturellen Verständigung, zur Motivation mit anderen aktiv zu sein und zur Solidarität (ebd.). Das ist für ihn die Basis für ein global sensibles Lernen in der Perspektive interkultureller Gerechtigkeit.

Mit ‚Gestaltungskompetenz' ist ein Lern- und Handlungstyp angesprochen, der nicht institutionell – etwa durch die Schule – definiert ist, sondern sich in der Entwicklung der Persönlichkeit im dynamischen Verhältnis zur gesellschaftlichen Umwelt entfaltet. Es geht um die Stellung in der Welt und darin zu sich selbst. Deshalb reicht es nicht, Dimensionen aufzuzählen, es bedarf einer Resultante und eines Kontextes. Warum nicht den Begriff der *Mündigkeit* in diesem Zusammenhang neu aufgreifen? Im Erwerb von Gestaltungskompetenz liegt doch der mündige Akt der Befreiung von Nachhaltigkeit verdeckenden und blockierenden Wissenszumutungen und die notwendige Selbstreflexion, die für Gestaltungskompetenz angemahnt wird.

Theodor W. Adornos (1971) Vorstellung von einer „Erziehung zur Mündigkeit" knüpft an Kants Definition der Aufklärung an, die dieser in der Fähigkeit, „sich seines Verstandes ohne Leitung eines anderen zu bedienen" verwirklicht sah. Mündigkeit beschreibt demnach den Mut zur selbstbewussten politischen Entscheidung. Mündigkeit entwickelt sich aber nach Adorno nicht nur im selbstbestimmten Verhältnis zur gesellschaftlichen Umwelt, sondern gleichzeitig, und damit untrennbar verbunden, in der Auseinandersetzung mit sich selbst. Da der Mensch dem in der Gesellschaft wirkenden „Mechanismus zur Unmündigkeit" ausgesetzt ist (Adorno 1971: 142), kann er erst mündig werden, wenn er sich dieses Gefangenseins und der darin gespürten Ohnmacht bewusst wird. „In der Selbstreflexion gelangt eine Erkenntnis um der Erkenntnis willen mit dem Interesse an Mündigkeit zur Deckung. […] In der Kraft der Selbstreflexion sind Erkenntnis und Interesse eins." (Adorno 1968: 164). Sich seiner Ohnmacht bewusst werden und aus dieser Selbstreflexivität heraus Interesse an einer Veränderung der gesellschaftlichen Verhältnisse entwickeln zu können, macht auch den Bewegungsmodus nachhaltigkeitsorientierter Gestaltungskompetenz aus. Hier braucht es wieder die Gegenseitigkeit der Gruppe und darin das Exemplarischen Lernens.

Nachhaltigkeit in der Jugendarbeit

Beim Nachdenken über Jugendarbeit und Nachhaltigkeit kommt einem zwangsläufig die Frühgeschichte der Jugendarbeit, die Jugendbewegung, in den Sinn. Denn hier liegen ihre sozialökologischen Wurzeln. Der Mythos der Jugendbewegung, aus der damals viele Jugend- und Sozialarbeiter*innen hervorgingen, war der Mythos des Auszugs der Jugend aus der Gesellschaft hin zur Einheit mit der Natur. Nur in der Natur, so das Bild, könne sich Jugend in ihrer Vitalität entfalten und entwickeln. Das Motto hieß *Leben,* ein selbstbestimmtes Jugendleben, in dem sich Jugend formen und sich gegenseitig erziehen sollte. Die Bindung an die Natur war gleichzeitig der Protest gegen eine Erwachsenengesellschaft, die diese Natur unterdrückte. Selbstbestimmtes Lebensgefühl und politischer Protest entzündeten sich aneinander.

Dieser Lebensfunken ist in den letzten 100 Jahren bis zu den gegenwärtigen Schülerprotesten zum Klimawandel immer wieder aufgeflammt. Nicht mehr außerhalb sondern in der Gesellschaft. Die Jugendarbeit hat immer wieder versucht, diesen Funken am Glimmen zu halten. Wenn heute das Motto in der Jugendarbeit an Bedeutung gewinnt, Jugendarbeit solle *Jugend ermöglichen* können, dann scheint auch diese Idee von der Jugend aus freiem Experimentierraum, von der ‚naturwüchsigen' politischen Lebenskraft der Jugend wieder auf.

Das Bild von der Jugend als „politischer Generation" wurde von dem Soziologen Karl Mannheim geprägt. Er sprach von der „spezifischen Vitalität" der Jugend: „Die Jugend ist ihrer Natur nach weder fortschrittlich noch konservativ, doch zufolge der in ihr schlummernden Kräfte zu allem Neuen bereit“ (Mannheim 1952: 62). Jugendliche sind nach diesem Bild in ihrem Alter noch nicht in den Status quo der herrschenden Ordnung verstrickt, sie treten gleichsam neu aus der Familie heraus in die Kultur der Gesellschaft ein, sie haben noch keine festen gesellschaftlichen Interessenbindungen. In dieser Möglichkeit des jungen Menschen, in die Gesellschaft der festen Institutionen und Rollen einzutreten, ohne auf deren Geschichte Rücksicht nehmen zu müssen, in ihrem Noch-Nicht-Gewöhnt-Sein an den gesellschaftlichen Status quo ist die lebensaltertypische Bereitschaft Jugendlicher angelegt, mit allem zu sympathisieren, was im sozialen Sinne dynamisch und/oder unetabliert erscheint.

Gerade Jugendliche sind heute rund um die Uhr in den Medien mit sich überstürzenden Bildern und auf sie einstürzenden Eindrücken konfrontiert: mit sich ständig wiederholenden Umwelt- und Hungerkatastrophen, Verbrechen gegen die Menschlichkeit und der unsäglich großen Kluft zwischen Reichen und Armen auf der Welt und zunehmend auch im eigenen Land. Sie stehen unter dem situativen Zwang, sich damit auseinanderzusetzen und fühlen sich in ihrer Gegenwartsorientierung unmittelbar davon angesprochen. Der Generationsmechanismus wirkt auch hier: Sie reagieren direkt betroffen ohne Rücksicht auf Vergangenheit und (Hinweise auf) Sachzwänge. Nur: Im Gegensatz zur jungen Generation der 1968er und 1970er-Jahre, die noch in die gesellschaftliche Absicherung und biografische Verlässlichkeit einer bildungsoptimistischen Jugendphase eingebettet war und aus dieser Hintergrundsicherheit heraus politisch werden konnte, haben die neueren Jugendgenerationen diese Hintergrundsicherheit nicht mehr. Eher spüren viele ein biografisches Ausgesetzt-Sein angesichts einer Jugendzeit, in die immer wieder alltägliche Bedrohungen durch Bildungskonkurrenz und Statusangst latent hineinspielen. Adoleszenzkrisen im Jugendalter werden aber weiterhin Antriebe für kritisches Jugendverhalten sein. In welche Richtung sich nun aber dieses Verhalten bewegt, hängt von den jeweiligen historisch-gesellschaftlichen Konstellationen ab, in denen sich Jugendliche und ihre soziale Umwelt entwickeln.

Für das Jugendalter ist der Konsum längst zur Normalität, zur selbstständigen Lebensform geworden. „Die jugendkulturelle Verselbstständigung zeigt sich über Musik, Kleidung und Stilmuster. Deshalb geben Jugendliche ihr Geld für Musik und ihre optische Erscheinung aus. [...] Sie verbringen ihre Freizeit an jugendtypischen Orten (Schnellrestaurants, Event-Locations, Discos etc.). Sie konsumieren Softdrinks, Alkopops, Zigaretten und teilweise illegale Drogen. Vor allem aber wenden sie bis 50 % ihres Taschengeldes für Kommunikation im weitesten Sinne (Handy, Downloads, Spiele, Internet, Skype, PC etc.) auf. [...] Im Konsum zeigt sich, ob die Person in oder out ist und ob sie Kenntnis davon hat, was als no go, als geht gar nicht, gilt. Jugendkultur und Jugendkonsum sind so untrennbar verwoben." (Tully/Krug 2011: 59)

Konsumpädagogisch geht es angesichts dieses tradierten Habitus erst einmal nicht um Verzicht, sondern vielmehr um die Frage, wie das Konfliktverdeckende der Konsumkultur transparent gemacht und so die Probleme der ‚Handlungsfähigkeit im Konsum' und der ‚Grenzen des Konsums' thematisiert werden können. Konsum symbolisiert – neben Konfliktlosigkeit – auch Grenzenlosigkeit: Ich verbrauche etwas, um etwas Neues, anderes, Besseres zu kaufen zu können, vielleicht auch – um der Statusdemonstration willen – zu ‚müssen'. Es werden Produkte um Lebensstile gruppiert, die ‚Grenzenlosigkeit' verheißen: schrankenlosen Genuss, grenzüberschreitende Erlebnisse, traumhafte Erfüllungen, grenzenlose Möglichkeiten. Wir finden diese Assoziationen in den Werbeparolen wieder. Das macht natürlich auch uns Erwachsenen zu schaffen. Die Lebensphase der Kids und der Jugendlichen ist aber noch einmal spezifisch von diesem Aspekt der *Grenzen* berührt. Kinder und Jugendliche, die nicht in berufliche und institutionelle Positionen und Rollen eingebunden sind, bei denen die Aneignung der sozialen und kulturellen Welt noch sozialräumlich offen verläuft, benutzen den Konsum (inzwischen) als Raum, als ihr lebensphasentypisches Experimentierfeld. Jugendliche brauchen Experimentierräume, um sich von der Herkunftswelt ihrer Eltern abzulösen und neue soziale Rollen zu erproben, Beziehungen zu testen, sich selbst in einem neuen und eigenständigen Status erfahren und mit Konflikten allein umgehen zu können. Dieses lebensaltertypische Experimentieren bringt notwendigerweise Risikoverhalten mit sich: sich an Grenzen reiben, sie überschreiten und verletzen, um die *eigenen* Grenzen und Möglichkeiten erfahren zu können. Grenzen werden erprobt, provoziert, überschritten, verändert, akzeptiert – aber sie müssen da sein und man muss sie spüren können. Ist der grenzenlose Konsum das einzige Experimentierfeld, so ist der Mechanismus der Grenzwahrnehmung, des Umgangs mit Grenzen oft außer Kraft gesetzt. Jugendliche ‚suchen' entwicklungstypisch Grenzen und geraten so in die Dynamik des Konsumrausches: Grenzen sind beim Konsumakt nicht greifbar, weil immer Neues verheißen ist, der nächste Konsumschritt getan werden ‚muss', um die Hoffnung auf das Finden der Grenzen aufrechterhalten zu können. Übersteigerter Konsum bis hin zur Sucht sind dann nichts anderes als Varianten vergeblicher Grenzsuche, die konsumtiv vorenthaltene Grenze lässt die Verfügbarkeit über die eigenen Grenzen verkümmern, der Zustand der Abhängigkeit ist zumindest in diesem Sinne erreicht.

Dennoch bleibt die politische Potenzialität der Jugend, die sich aus einer Entwicklungsphase schöpft, die unter dem Zeichen der Ablösung steht und vom Neuen angezogen ist. Konflikt oder Technik? Die Jugendforschung ist hier zwar geteilter Meinung und erinnert an Karl Mannheim, der ja davon gesprochen hat, dass die Jugend dem „Neuen" gegenüber aufgeschlossen ist und dass dies nicht unbedingt das Politische sein muss. Vielmehr sei doch bei vielen Jugendlichen die Technik an die Stelle der Politik getreten, verbinde sich für sie die Vorstellung von revolutionären Inhalten eher mit technischen Innovationen und sie bewegten sich damit in einer konfliktlosen Welt. Gleichzeitig gibt es aber immer noch und immer wieder genug Jugendliche und junge Erwachsene, die den aktiven Kern von sozialen Initiativen und Bewegungen bilden.

Mit der Entgrenzung der nationalstaatlichen Politik im Prozess der Globalisierung haben sich wieder – nun in den neuen Kommunikationstechnologien transnational miteinander verbunden – politische Erlebnis- und Aktionsgemeinschaften Jugendlicher entwickelt. Jugendliche und junge Erwachsene aus aller Welt bilden den Kern, die kritische Masse neuer sozialer Bewegungen. Während in den westeuropäischen Gesellschaften der demografische und technologische Wandel dazu geführt hat, dass Jugend als gesellschaftliches Aufbruchspotenzial entwertet ist, verhält sich das inzwischen im transnationalen Kontext anders. Die Globalisierung mit ihren neuen Möglichkeiten des World Wide Web hat Themen freigesetzt, die bisher nationalpolitisch gebunden waren und kann weltweit junge Leute aufeinander beziehen, die in ihren Gesellschaften keine Zugänge zu politischer Aktion mehr finden können. Menschenrechte, Gerechtigkeit und Gleichheit der Lebenschancen waren ja als politische Themen sozialstaatlich besetzt und eingefriedet. Nun erhalten sie eine neue Offenheit, signalisieren ein weltökonomisches und weltpolitisches Ungleichgewicht, einen Humanisierungsrückstand, den gerade viele Jugendliche als generationale Herausforderung empfinden. Insofern hat der Begriff der politischen Generation wieder überraschende Impulse erhalten. Auch hier bewahrheitet sich Karl Mannheims These, dass die Jugend bereit zum Neuen, egal welcher Richtung ist, wenn sie es durch die institutionellen Grenzen hindurch erspürt. Das erlebten wir 2019, als wie aus dem Nichts heraus Massen von Schüler*innen in internationalen Freitagskampagnen eine Umkehr in der Klimapolitik forderten. Dabei ist es schwierig für Jugendliche, auf der einen Seite zwar global vernetzt zu sein und eine Fülle von Informationen zu Risiken und Bedrohung zu erhalten und gleichzeitig im Alltag sozial und im Hinblick auf vielfältige Verpflichtungen unter Druck zu stehen. „Mehr als zuvor sind diese Lebenswelten und die Anforderungen aus der Gesellschaft heute geprägt durch neuartige soziale, technologische, kulturelle Dynamiken und Grenzüberschreitungen, durch hohe Mobilitätserfordernisse in den Bildungs- und Beschäftigungsverhältnissen, Multioptionalität in sämtlichen Lebensbereichen sowie vor allem durch die Konsumgesellschaft hervorgerufenen Trends zu Selbstmarketing und Selbstdarstellung. Dies führt vor allem bei jungen Menschen in unterschiedlicher Weise in unterschiedlichem Maße zur Anpassungsstrategien. Dies führte offensichtlich dazu, dass das komplexe und zusätzlich verunsichernde

Thema Nachhaltigkeit mit all seinen Facetten innerhalb der jungen Generation nur schwer anschlussfähig zu machen ist" (Gödel/Thio 2011: 3).

Wie soll man da eine gefestigte Einstellung zu Nachhaltigkeit entwickeln können? Das reduziert sich dann auf die Alltagspraxis des Konsums, des Recyclings, des Energiesparens und der Mobilität. Hier die Brücke zu globalen Risiken zu schlagen ist schwierig. In einer neueren repräsentativen Jugendbefragung (BMU 2017) heißt es dazu: Vor allem der Eindruck vieler Jugendlicher, dass ihr individuelles Verhalten doch wenig Wirkung für die große Nachhaltigkeitsfrage zeige, blockiert. Wo doch Selbstwirksamkeit für den Selbstwert gerade Jugendlicher so wichtig ist. Hier wird deutlich, dass es nicht um den direkten Zusammenhang von individuellem Handeln und nachhaltiger Wirksamkeit gehen kann, sondern wieder um das Engagement in der Gruppe, in der sich die individuellen Aktivitäten erst einmal zusammenfügen und politisieren. Denn die Gruppe ist trotz digitaler Welt weiterhin, neben der Familie – der soziale Mittelpunkt der jugendkulturellen Lebenswelt. Der Einfluss der Gruppe auf das Verhalten einzelner ist hoch. Hier liegt auch der Zugang der Jugendarbeit.

Von den Teilnehmenden der bereits erwähnten Repräsentativstudie wurden verschiedene Ideen entwickelt, wie man Nachhaltigkeitsthemen besser vermitteln könnte: „Mithilfe von Videos könnten Lifestyle-Trends in Verbindung mit Nachhaltigkeit gebracht oder virale Inhalte gestreut werden. In sozialen Netzwerken könnte zu Wettbewerben oder Gewinnspielen rund um Nachhaltigkeitsthemen aufgerufen werden. Über Foto-Apps könnten aktuelle Nachrichten und Updates in Form von Bildern zu Umwelt- und Klimaschutzthemen verbreitet werden. Gleichzeitig könnte zu bestimmten Aktionen aufgerufen oder auch nur zu alltäglichem Handeln im Sinne der Nachhaltigkeit motiviert werden. Gemeinsam ist diesen Ideen, dass sie das Erlernen neuer Sachverhalte mit einem spielerischen Zugang zur Thematik verbinden" (ebd.: 56). Zwar bietet das Internet eine breite Informationsbasis und Verbindungen zwischen den Usern. Diese Fülle der Informationen kann aber erst über die reale Gruppe zu sozialem Wissen werden.

Natürlich haben Jugendliche unterschiedliche Zugangschancen zu Nachhaltigkeit. „Der Blick auf die formale Bildung macht vor allem klar, dass komplexere Themen und die Abstraktion vom eigenen Alltag erst ab einem bestimmten Bildungsgrad wahrgenommen bzw. möglich werden […] Heranwachsenden mit Migrationshintergrund und Jugendlichen aus der Unterschicht [sind] andere lebensweltliche Voraussetzungen gegeben" (Gaiser u.a. 2012: 20). Eine kritische Haltung gegenüber dem Klimawandel wird aber in verschiedenen jüngeren Jugendstudien einer deutlichen Mehrheit der Jugendlichen bescheinigt, wobei weibliche Jugendliche – besonders auch was nachhaltigen Konsum betrifft – vorne liegen (vgl. ebd.).

Nachhaltigkeitssensible Jugendarbeit als sozialräumliche Arbeit

Wenn man in der Jugendarbeit an der besonderen Form des gegenwärtigen politischen Engagements der Jugend in den Klimademonstrationen ansetzen will, müssen die Jugendlichen zuerst einmal als Bürger*innen wahrgenommen und anerkannt werden. Sie müssen selbst Projekte initiieren und in den öffentlichen Raum tragen können. Jugendarbeiter*innen begleiten und beraten. Jugendliche lernen also sozialräumlich; entsprechend können sie auch Neugier und Interessen entwickeln, wie ihre räumliche Umwelt erhalten werden kann. Von daher die Hypothese, dass eine *sozialräumlich ausgerichtete Jugendarbeit* am ehesten die Nachhaltigkeitsperspektive integrieren kann.

Dass Jugendliche eine eigene räumliche Öffentlichkeit suchen, lässt sich jugendtheoretisch aus der sozialräumlichen Aneignungsdynamik des Jugendalters erklären. Jugendliche brauchen Räume, um sich spüren, erproben, auf sich aufmerksam machen, sichtbar werden zu können. Im Drang nach räumlicher Öffentlichkeit spiegelt sich die jugendtypische Spannung zwischen der Suche nach jugendkultureller Eigenständigkeit und der verdeckten Sehnsucht nach dem Erwachsenwerden wider. Aus ersterer entsteht Abwehr gegenüber der Erwachsenenwelt, aus der zweiten das Verlangen nach Anerkennung. Subkulturelle Raumaneignung und die Suche nach Anerkennungsräumen gehen bei Jugendlichen ineinander über. Für die Erwachsenenwelt provoziert das Konflikte. Damit – wenn wir den Konflikt und seine Austragung als Schlüsselthema des Politischen ansehen – zeigt die jugendkulturelle Suche nach räumlicher Öffentlichkeit ihre politische Seite.

Nun werden körperlich-räumliche Öffentlichkeiten nicht so sehr von einzelnen Jugendlichen, sondern in der Regel von Gruppen, Cliquen gesucht. Auf die zentrale Bedeutung der Gleichaltrigengruppe im Jugendalter brauchen wir hier nicht weiter einzugehen (vgl. dazu Böhnisch 2018). Wichtig ist an dieser Stelle die jugendsoziologische Erkenntnis, dass solche Gruppen eine eigene Dynamik entfalten, die sich vor allem räumlich abbildet. Peers suchen ihre Gruppenidentität über Räume, die sie besetzen, jugendkulturell einfärben, gegen andere abgrenzen wollen. Parks, Verkehrs-, Einkaufs- und Vergnügungszonen sind für Erwachsene in erster Linie Funktionsräume. Für Jugendliche aber stellen sie Aneignungsräume mit hohem Aufforderungscharakter, sie umzuwidmen, dar. Solche Funktionsräume sind aber meist so angelegt, dass sie nonkonformes bis abweichendes Verhalten ausgrenzen. Damit werden sie für Jugendliche zu Kontrollzonen, für allem für solche, die auf diese Räume angewiesen sind, um sichtbar werden zu können. So kann sich eine doppelte Konfliktstruktur entwickeln, Aneignungs- und Kontrollkonflikte gehen ineinander über, laden sich gegenseitig auf. Statt zur politischen Auseinandersetzung kommt es dann aber oft zur Kriminalisierung, die dann die eigentlich politische Grundstruktur des Konflikts überdeckt.

Die Jugendarbeit versucht, dem über Raum- und Projektangebote entgegenzuwirken, in denen sie Jugendöffentlichkeiten organisiert. Dabei gerät die Jugendarbeit immer wieder in die Spannung zwischen jugendkultureller Konfliktorientierung und ordnungspolitischen Befriedungszumutungen. Auch sie steht damit nicht außerhalb des jugendpolitischen Konflikts, sondern ist selbst darin verwickelt. Das stellt hohe Ansprüche an ihre politische Selbstreflexivität. Nur in dieser eigenen Auseinandersetzung kann sie zum Ort Politischer Bildung werden. Lokale öffentliche Räume sind vielerorts für Jugendliche noch enger geworden. Die sozialräumlich inspirierte politische Jugendbildung richtet dabei eher weniger den sozialpädagogischen Blick auf die soziale Exklusion Jugendlicher, sondern auf die damit verbundenen Konflikt- und Ohnmachtserfahrungen und die Art und Weise, wie diese von den Jugendlichen bewältigt und – im Exemplarischen Lernen (s. o.) – gruppendynamisch transformiert werden.

Arbeit mit jungen Migrant*innen

Kinder und Jugendliche mit *Migrationshintergrund* sind oft über die Sprache ausgeschlossen, auch ihrer sozialen Beziehungen sind auf ihr Milieu zentriert und eingeschränkt. Sie kommen deshalb schwer in öffentliche Beteiligungskulturen hinein. Was ihnen bleibt ist der Raum als Schlüssel, um öffentlich zu sein. Allerdings werden ihre räumlichen Aneignungsformen schnell stigmatisiert und als ‚Auffälligkeiten' etikettiert. Sie übernehmen dies dann oft und geben sich dann auch nicht selten aggressiv als ‚Raumbesetzer' aus: In diesen Park kommt keiner mehr rein, denn der gehört jetzt uns Türken. Mittelschichtjugendliche erzählen dann ihren Eltern, dass sie in keinen Park mehr gehen können, weil alle Parks türkisch besetzt sind. Über diese Stigmatisierungsprozesse kommt es dann meist zu negativen Verstärkungen. Bei den männlichen Jugendlichen ist das vor allem eine Verstärkung des Maskulinen.

In diesem Zusammenhang müssen wir aber sehen, dass Jugendliche mit Migrationshintergrund selbst entdecken und spüren, dass sie sich den Raum anders als andere Jugendliche aneignen. Was z. B. von außen oft als Anmache etikettiert wird, hat für die Jugendlichen selbst meist eine andere Bedeutung: Sie stehen – meist unbewusst – unter dem Drang, auf sich aufmerksam zu machen, darüber Anerkennung zu erreichen: Repräsentation von Maskulinität über Territorialität. Deshalb ist ein anderer Zugang zu den Jugendlichen, der Zugang des Reframing (s. o.) notwendig. Das heißt, man muss das Kreative in den Aneignungsformen sehen. Von außen sieht es wie eine aggressive territoriale Aneignung aus. Die Jugendlichen aber wollen zeigen, dass sie heimisch sind, ihre aggressiven Gesten sind zwar bedrohlich aber meist nicht gefährlich. Es ist eben ihr Habitus. Nur wenn dieser Hintergrund erkannt wird, wenn man die Aneignungsbotschaft versteht, findet man einen Zugang zu diesen Jugendlichen. Hier wird deutlich, dass Integration eben nicht nur über Sprache laufen kann, dass heimische Identität vor allem durch räumliche Aneignung erworben wird. Wenn den Jugendlichen bedeutet wird, dass sie nicht die hiesige Sprache beherrschen, und deshalb nicht hierher gehören, werden sie das zurückweisen: Sie gehören hierher, weil sie über ihre räumlichen Aneignungsformen heimisch geworden sind.

Der öffentliche Raum hat sich längst zu einem hegemonialen Kontrollraum entwickelt, der eigene Raumaneignungen von Jugendlichen zurückdrängt. Sie werden in unsichtbare Räume geschoben oder in Räume, in denen sie sich nicht zurechtfinden, ob dies nun Kaufhäuser oder U-Bahnschächte sind. Das erzeugt erneut Hilflosigkeit, denn diese sind nicht ihre Räume. Sie müssen sich dann als Gruppe in Räumen konstituieren, in denen sie sich nicht zurechtfinden, wo dann die Gruppenkonstitution selbst sofort wieder zu Auffälligkeiten führt. Dann kann sich Kreativität in Destruktivität wandeln.

Räume, in denen man nicht heimisch werden kann, die im Gegenteil zu Räumen der Stigmatisierung werden, drängen zum Zerstörerischen. Ein Nachhaltigkeitsdenken kann hier überhaupt nicht aufkommen. Es wird ja von ausländischen Jugendlichen auch kaum erwartet. Wieder schlägt das Einheimisch-Hegemoniale durch. Deshalb gehört es zum Kern sozialräumlicher Arbeit mit Jugendlichen mit Migrationshintergrund, dass diese heimisch werden können. Vor allem auch in Projekten mit interkulturellen Begegnungen, in denen man, statt der Fixierung auf die Fremdheit, „kulturelle Überschneidungssituationen" aufzeigen und inszenieren kann, die – meist überraschend – Gemeinsamkeiten in Einstellungen und Verhaltensweisen aufzeigen können (vgl. Leenen 2008). Da ist dann der Weg nicht weit, die Bewahrung der für die Jugendlichen so wichtigen räumlichen Umwelt als das den Jugendlichen ‚gemeine Eigene' zu entdecken.

Sozialpädagogische Anstöße gegen den Zwang zum Mithalten – Erwachsenenbildung

Die die Nachhaltigkeitsfrage bestimmende Spannung zwischen Externalisierung und Sorge durchzieht vor allem das Erwachsenenalter. Im Strukturwandel der Arbeitsgesellschaft ist es längst einer offenen Entwicklungsdynamik unterworfen, in der die – meist erzwungene – Aufgabe des bisher Erreichten und Erlernten sowie Phasen des unübersichtlichen und riskanten Neubeginns die Biografie mehr in Atem halten, als dass sie durch ein traditionelles Normalarbeitsverhältnis stabilisiert wäre. Erwerbsarbeit hat sich für viele in ihrer Bedeutung vom planbaren Karrieremodell zum schwer kalkulierbaren aber andauernden biografischen Bewältigungsproblem gewandelt. In wechselnden kritischen Lebenskonstellationen suchen die Arbeitenden immer wieder Handlungsfähigkeit herzustellen. Die Matrix aus Chancen und Risiken, die in Entgrenzungsprozessen besonders prägnant freigesetzt wird, schreibt sich nunmehr fest in die Struktur des Erwachsenenalters ein. Die Bewältigungsproblematik der Integrität, die sich in der Diskrepanz zwischen dem Erhofften und dem Erreichten aufschaukelt und die traditionell um die Midlife-Crisis herum gesetzt wurde, hat sich vor diesem Hintergrund pluralisiert. In der Altersspanne zwischen 20 und 60 ist eine Vielzahl kritischer biografischer Konstellationen entstanden, die Bewältigungsaufforderungen freisetzen, welche nicht nur biografisch-passager, sondern durchaus existenziell sind. An Innehalten ist für viele kaum zu denken, die Sehnsucht nach periodischen Auszeiten steigt. Eine Welt des Mithalten-Müssens, in der Nachhaltigkeitsdenken strukturell blockiert ist.

In der Arbeitsgesellschaft der Zweiten Moderne sind Formen der Arbeitsorganisation entwickelt worden, die die Arbeitenden in ihrer ganzen Person in den Arbeitsprozess hineinziehen. Arbeitsorganisation und Regulierung von Arbeit werden in die Initiative der Subjekte verlegt. Sie sollen nun zwischen den Anforderungen und Risiken im Arbeitsprozess und in der Balance zwischen Arbeit und Leben selbst vermitteln können. Dies steht auch im Zusammenhang damit, dass Produktions- und Arbeitsprozesse nicht langfristig geplant und damit für die Einzelnen nicht mehr biografisch stabil sind, sondern in zeitlich befristete Projekte gegliedert werden, damit eine immer stärker verlangte Marktflexibilität gewahrt bleiben kann. Die Einzelnen sind nun für ‚ihr Projekt' verantwortlich. Diese *Subjektivierung von Arbeit,* in der die Arbeitnehmer*innen das Arbeitsplatzrisiko und die damit verbundene biografische Unsicherheit allein übernehmen (vgl. Moldaschl/Voß 2003), verstärkt den Zwang zur Verfügbarkeit, auch wenn sie den Schein von Selbstständigkeit erzeugt. Man muss sich immer wieder neu bewähren. Gleichzeitig wird von einem verlangt, dass man so in der Arbeit – im *Flow* – aufgehen kann, dass die außerberuflichen sozialen Bindungen vom Arbeitsverhältnis weitgehend abgekoppelt bleiben, damit die Verfügbarkeit auch gewährleistet ist. Der flexible, sozial ungebundene *abstract worker* ist gefragt. Zwar zeigen Untersuchungen, dass sich Bestrebungen aus dem Privaten heraus entwickeln, der Vereinnahmung durch die Arbeit Grenzen zu setzen. Doch sind diese Bestrebungen meist hoch individualisiert und biografisch begrenzt. Umfragen zeigen, dass der Wunsch vieler Männer, Familienarbeit kontinuierlich zu leisten und dafür von der Arbeit freigestellt zu sein, deutlich gestiegen, aber oft verwehrt ist (vgl. Scholz 2009). Subjektivierung von Arbeit bedeutet, dass die Arbeitenden für ‚ihr' Projekt und die damit verbundenen Risiken verantwortlich sind. Sie müssen sich im Projekt immer wieder neu bewähren und sind immer wieder neuen Bewältigungsbrüchen ausgesetzt. Zudem hat die Digitalisierung die Intensivierung der Arbeit weiter vorangetrieben. Eine diesbezügliche umfangreiche Befragung von Beschäftigten im Dienstleistungssektor (Ver.di 2015) hat ergeben, dass die Hälfte der Befragten in diesem Zusammenhang von einer Steigerung der Arbeitsbelastung betroffen sind. Die Arbeitsmenge nehme durch die Digitalisierung zu, von den Beschäftigten werde ein erhöhtes Multitasking verlangt und dies alles unter einem erhöhten Zeitdruck. Zwar sinke die körperliche Belastung durch die Digitalisierung der Arbeitsmittel, dafür steige aber die psychische Belastung.

In der Welt der Betriebe kann die Subjektivierung der Arbeit zu Tendenzen sozialer Desintegration führen. Denn auch Anerkennungsverhältnisse werden subjektiviert und schaffen damit neue Konkurrenzkonstellationen, vor allem zwischen jüngeren und älteren, zwischen belastbaren und weniger belastbaren Arbeitnehmer*innen. Kollektive Arbeitsverhältnisse geraten aus dem Blick. Man kommt nur noch über das Unternehmensprojekt sozial zusammen und nicht mehr über die geteilte Erfahrung der Arbeitsverhältnisse. Mangel an Anerkennung für geleistete Arbeit und Arbeitsplatzunsicherheit werden in einer entsprechenden Untersuchung bei älteren Arbeitnehmern als „Gratifikationskrisen" bezeichnet und in einen nachweisbaren Zusammenhang mit gesundheitlicher Stressbelastung, insbesondere ablesbar an depressiven Verstimmungen, gestellt (vgl. Siegrist u. a. 2009).

Innehalten können ist hier das nachhaltigkeitsorientierte Bildungsziel der Erwachsenenbildung. Wege nach dem Innen und Selbstbezug ermöglichen, empathische Gruppenbezüge herstellen und Bestätigungsmilieus aufbauen. Festzuhalten bleibt aber auch: Die geschlechtssensible Weiterbildungsdiskussion verweist darauf, dass viele Männer außerberufliche formelle Lernorte meiden und ‚Lernen' als Eingeständnis von Defiziten fürchten. Sie begreifen sich lieber als Experten, die diesen Expertenstatus erweitert und bestätigt sehen möchten. Frauen sind da offener, neugieriger, weniger statusängstlich.

Dass es deshalb informelle geschlechtshomogene Gruppen braucht, die über gemeinsame Erlebnisse und Aktionen motiviert werden können und dass man an kritischen Lebenssituationen ansetzen sollte, scheint in der Erwachsenenbildung einvernehmlich (vgl. Venth 2011). Darüber hinaus machen Bildungsprojekte Mut, die an der Konzeption der ‚Ökonomie des ganzen Hauses' ansetzen (vgl. Peter u. a. 2011), in der die Trennung zwischen Erwerbsarbeit und familialer aber auch gesellschaftlicher Arbeit überwunden und ein solcher nachhaltigkeitsfördernder Arbeitsbegriff vermittelt werden soll. Die Arbeitenden können sich als ‚gesellschaftlich Tätige' verstehen und darin den für das Innehalten wichtigen Selbstbezug erfahren.

Das Bildungsparadox des neuen Alters

„Im Alter kommt es zu einem stärkeren Gewahrwerden der Kluft […] zwischen dem gesellschaftlich verankerten Konzept einer beschleunigten Zeit und der metabolischen Eigenzeit des viel langsameren Körpers. Die Beschleunigung der Zeit als Strategie gegen die Zeitlichkeit des Lebens verliert im Alter die Kraft der Überzeugung" (Wulf 1996: 45).

Die Generali-Altersstudie von 2017 (n = ca. 4 000) zeichnet ein Bild der älteren Generation der 65- bis 85-Jährigen mit einem im Durchschnitt überwiegend positiven Lebensgefühl. Es ist eine Generation, die – zu einem inzwischen deutlichen Teil – ein aktives und abwechslungsreiches Leben führt und vor allem betont, dass es für die meisten von ihnen sehr wichtig ist, dass sie das Gefühl haben, gebraucht zu werden. Die Mehrheit fühlt sich deutlich jünger als ihr kalendarisches Alter (über sieben Jahre). Vor allem die Betonung des ‚Gebraucht-Werdens', über die Großvater-Rolle hinaus, stellt meines Erachtens eine latente aber deutliche Aufforderung an die Gesellschaft dar, Möglichkeitsräume und Tätigkeitsfelder für Ältere zu schaffen.

Biografische Erfüllung suchen und finden heute viele Menschen angesichts beruflicher Brüche und breitem Risiko der Arbeitslosigkeit nicht mehr allein in der Erwerbsarbeit, sondern in konsumtiven Lebensstilen und biografischen Projekten, die man hofft, im Alter realisieren zu können. Wenn man dazu bedenkt, dass sich in Deutschland eine breite Vorruhestandspraxis eingependelt hat und zwischen dem 60. und 65. Lebensjahr nur noch ein Drittel der Erwerbstätigen arbeitet, kann man sich vorstellen, dass das jüngere, mittlere und auch das hohe Alter (von 65 bis 75 bzw. 75 bis 85 Jahren) zunehmend durch eine eigene Entwicklungs- und Entfaltungsdynamik gekennzeichnet sind. Natürlich gehört zum Alter weiterhin das Privileg, verlangen zu können, vom arbeitsgesellschaftlichen Stress verschont zu bleiben und sich auch sozial zurückziehen zu können. Gleichzeitig macht sich aber auch eine Tendenz zur mentalen Verjüngung bei älteren Menschen breit (vgl. Thieme 2008). Es braucht also ein Konzept von Lebenszufriedenheit in der Balance von *selbst gewähltem Rückzug* und *selbstbestimmter Aktivität.*

Der Übergang vom Erwerbsalter in das Rentenalter ist für die meisten Menschen eine einschneidende biografische Zeitumstellung, da die in der mittleren Lebenszeit strukturierte Biografie nach der Linearität des modernen Arbeitsprozesses ausgerichtet war. Linearität und Beschleunigung als Orientierungs- und Antriebsmuster der Zeiterfahrung im mittleren Erwerbs- und Konsumalter verlieren nun im Alter ihre strukturierende Bedeutung: Im Gegensatz zum linearen Zeitverständnis, das dem stetigen und beschleunigten Wachstum und der fortschreitenden Differenzierung von Produktion und Konsum verhaftet ist, steht die *zyklische* Zeiterfahrung, die an die innere und die ihn umgebende Natur des Menschen gebunden ist. Der menschliche Körper, seine psycho-physischen Energien, die ihn umgebende Natur im Wechsel von Tag und Nacht, den Jahreszeiten und der Wiederkehr des Wachstums und Lebensrhythmus der Pflanzen und Tiere sind zyklisch strukturiert. Der Mensch braucht sie als Zeitkontexte der Regeneration und der Rückbesinnung auf sich selbst. Diese zyklische Zeiterfahrung hat in der vorindustriellen Epoche den Lebensrhythmus und das Verhältnis der Lebensalter beherrscht. Die lineare Moderne hat das Zyklische entwertet, in ihrem technologischen Drang zur Naturbeherrschung überformt. Aber – erinnern wir uns an den ersten Hauptteil, wo wir Betroffenheit und Befindlichkeit als Spannung zwischen äußerem Sozialen und innerer menschlicher Natur charakterisiert haben – der Mensch ist angewiesen auf diesen zyklischen Naturbezug, nicht nur um sich im Hinblick auf den Arbeitsprozess wieder fit zu machen, sondern vor allem auch, um bei sich zu sein, um Selbstbezug und die Selbstverwirklichung finden zu können. So entsteht das verbreitete Paradox, dass wir auf zyklische Lebensgehalte von unserer menschlichen Natur her angewiesen sind, dass sich aber in der hektischen Linearität von Arbeit und Konsum eine Mentalität herausbildet, die dieses Angewiesensein auf die Natur entwertet und entöffentlicht. Dieses Paradox setzt sich in der Beobachtung fort, dass sich Menschen auf ihren Ruhestand freuen, weil sie hoffen, endlich mal „zur Ruhe“, das heißt zu sich selbst zu kommen, und dann, wenn es soweit ist, beklagen, dass man mit seiner Zeit nichts anzufangen weiß, dass man sich wertlos und zunehmend aus dem gesellschaftlichen Alltag ausgeschlossen fühlt.

Im Alter als eigenständiger Sozialisationsphase kann sich ein neuer eigener Lebenssinn entwickeln. Vor allem durch die Chance, im Alter ein direkteres Verhältnis zu sich selbst und der zyklischen Naturhaftigkeit des Menschseins so finden zu können, dass von diesem wiederentdeckten Lebensort aus sich ein neues Verhältnis zum Sozialen entwickeln kann, das in seinem leibseelisch gegründeten Eigensinn und seiner biografisch entlasteten Nonkonformität andere als biografisch eingefahrene Selbstwertbezüge und wieder soziale Neugier eröffnen kann. Im Diskurs zur sozialpädagogischen Seniorenbildung werden – seit den 1990er-Jahren bis heute – zwei Grundprinzipien gleichsam als Lernaufforderungen in den Mittelpunkt gestellt: „Das produktive Akzeptieren-Können erlebter Hilflosigkeit [und] das Ablegen-Können einer Außen-Orientierung und die Hinwendung nach dem Innen" (Klingenberger 1996: 132). Hier ist für mich der Ansatzpunkt dafür, dass ältere Menschen einen Sinn für Nachhaltigkeit entwickeln können, da ihre Befindlichkeit – Hilflosigkeit, Innehalten – sie sensibel machen kann für die individuelle und gesellschaftliche Hilflosigkeit, wie sie sich im Nachhaltigkeitsdilemma äußert. Sie sind befreit von dem Externalisierungszwang der vorgängigen Biografie und erhalten die Chance, ihre Lebenstätigkeit gleichsam über ihr Leben hinaus zu verlängern. Sie können sich so auch in eine Zukunft einschreiben, die sie selbst nicht mehr erleben werden. Betrachtet man die sozialökologischen Bewegungen seit den 1970er-Jahren, so waren immer ältere Männer und Frauen unter den führenden Persönlichkeiten. Dieser scheinbaren Paradoxie des bewegten Alters – das Zusammenspiel von der Endzeit des eigenen Lebens und der Zukunft des Lebens anderer – wohnt eine Dialektik inne, die die sozialpädagogische Senior*innenarbeit nutzen kann: alte Menschen als Brücke in die Zukunft. Angesichts der Isolationstendenzen und der Verhäuslichung im Alter braucht diese neue Sinndeutung wieder die Bestätigung in der Gruppe und die Anerkennung im Milieu (vgl. Kricheldorff 2010: 103).

Aus der Betrachtung des Zeit- und Sinnspektrums des Alters lassen sich Anknüpfungspunkte für eine nachhaltigkeitssensible sozialpädagogische Bildungs- und Beratungsarbeit mit älteren Menschen finden. Allerdings hat diese Analyse einen Haken. Sie ist immer noch zu statisch, d.h. sie geht von konventionellen Parametern des gesellschaftlich strukturierten Alterns aus. Natürlich ist der Zeitbruch im Übergang vom Alter zum (Vor-)Ruhestand so einschneidend, weil die marktdefinierte Erwerbsarbeit bisher meist der einzige Maßstab ist und deshalb das Alter primär als Arbeitsverlust und Entberuflichung erscheint. Könnten wir schon im Erwerbsalter unsere soziale Identität an einer wesentlich erweiterten und so gesellschaftlich anerkannten Arbeitsdefinition – Lebensarbeit einschließlich der Haus- und Beziehungsarbeit – festmachen, wären diese Brüche im Altersübergang wohl erheblich gemindert, und es bestünde die Chance, auch im Alter gesellschaftlich anerkannte Arbeit zu verrichten. Wenn Hausarbeit, soziale Beziehungsarbeit und Arbeit in Gemeinschaftsdiensten, die in der Regel außerhalb des Marktes getätigt werden und deshalb gesellschaftlich abgewertet sind, gesellschaftlich der konventionellen Arbeit gleichgestellt würden, hätten die Menschen die Chance, Arbeitserfahrungen auch aus den mittleren Jahren in die Altersphase mitzunehmen und in einer neuen, dem Altersstatus und der Autonomie des Alters entsprechenden Arbeitsidentität – im Sinne von Tätig-Sein – weiterzuentwickeln.

Die Schule der Nachhaltigkeit

„67 % der erwachsenen Deutschen sind nach dem jüngsten Politbarometer der Forschungsgruppe Wahlen aufseiten der jugendlichen Klimaprotestierer, auch wenn die Demos während der Schulzeit stattfinden" (Süddeutsche Zeitung vom 16./17. März 2019: 6).

Viele Schulen in Deutschland haben inzwischen Nachhaltigkeit als Bildungsauftrag im Sinne der UN-Agenda 2030 in ihre Curricula aufgenommen. Von praktischer Umwelterziehung im direkten Schulumfeld – Recycling, Mülltrennung, Energie- und Wasserverbrauch, Schulgärten – bis hin zu Projekteinheiten zu Klimawandel, globaler Gerechtigkeit und demografischer Dramatik können sie auf eine breite Palette vorweisen. Dies ist aber nur die äußere Seite des Wissens um Nachhaltigkeit. Die innere Seite, der Konflikt zwischen Externalisierung und Sorge, der sich eben auch im Konflikt zwischen ökonomischer Verwertung von Wissen und humaner Bildung spiegelt, bleibt meist außen vor. Denn das führt ja in die Frage, wie weit die Schule politisch sein darf. Wenn man in diese innere Seite systematisch vordringt, wird erst der politische Kern der Thematik ‚Schule und Nachhaltigkeit' sichtbar.

Die Schule ist in die jeweils ökonomisch-gesellschaftliche Ordnung verstrickt. Denn noch bevor sie aktiv auf den Plan tritt, läuft ein vorentscheidender Transformationsprozess in der Art und Weise ab, wie gesellschaftlich verfügbares und vor allem anerkanntes Wissen zu Schulbildung wird. In dem Wissen als Schulbildung sind schon die Inhalte vorherrschender Gesellschaftsverhältnisse enthalten. „Wissen ist damit nicht mehr neutral, sondern wird in weiterer Folge zu einem Instrument der Reproduktion von Machtverhältnissen" (Brandmayr 2014: 32f.). Schulische Selektionsfunktion und Leistungszentriertheit spiegeln die Leistungs- und Konkurrenzgesellschaft, auf die die Schule trotz ihrer normativen Bildungsbeteuerungen vorbereiten muss. Dies ist das gesellschaftliche Hidden Curriculum, das die Schule durchzieht und von dem sie sich nur bedingt emanzipieren kann So wirke es auch bei der Modernisierung von Schule, auch wenn Schulreformen sich meist als autonome Gegenbewegungen verstehen. Auch neue Lernformen „wie die des offenen Unterrichts, korrespondieren mit Voraussetzungen, die der Neoliberalismus an seine Arbeitskräfte stellt. Lernprozesse würden danach nicht (ausschließlich) nach pädagogischen Überlegungen, sondern auf Grund von ökonomischen Prinzipien wie Verwertbarkeit und Effizienz organisiert" (ebd.: 34).

Deshalb braucht es die Öffnung der Schule in außerschulische Netzwerke hinein. Solche regionalen Netzwerke würden auch vielfältige kulturelle und soziale Lernorte freisetzen und aufeinander beziehen können und somit zu Anregungs- und Ermunterungsstrukturen für übergangene Begabungen werden. Dies wäre dann auch nicht mehr mit der herkömmlichen Begriffsdualität von „formellem" und „informellem" Lernen fassbar, denn auch das schulische Lernen ginge in einem Leitparadigma gesellschaftlich erweiterten Lernens auf, in dem die ökonomisch-institutionelle Bildung und Ausbildung und die sozialen und kulturellen Lern- und Bewältigungsformen ihren aufeinander bezogenen Platz hätten. Damit wäre auch die Schule bezüglich des Konflikts zwischen Pädagogik und Ökonomie, der die heutige Schuldiskussion beherrscht, entlastet.

Deshalb darf der zukünftige Diskurs um die Öffnung der Schule ins Gemeinwesen nicht mehr nur schul- und bildungszentriert sein, sondern muss auch sozialpolitisch geführt werden. Gleichzeitig muss die Netzwerkperspektive nicht nur für die Schüler*innen, sondern auch für die Institution Schule aktiviert werden. Netzwerke in den kommunalen Raum hinein können die schulischen Systemgrenzen ‚überlisten', die Schule muss sich immer wieder situativ öffnen, ohne dass dies institutionell geplant ist. Dabei muss zwischen einer vertikal-institutionellen und horizontal-lebensweltlichen Netzwerkperspektive unterschieden werden. Erstere baut sich im Magnetfeld der Schule als Kooperationssystem auf, letztere entwickelt sich lebensweltlich-partizipativ von den Akteuren der schulischen Umgebung her (vgl. Duveneck 2016).

Die Schule wirkt verdeckt politisch, auch wenn sie es nicht wahrhaben will. Sie hat es täglich mit sozialen Konflikten zu tun, die in ihr aufbrechen und ist schlecht gerüstet, mit diesen umzugehen. Wenn man das Politische in seinem Kern als Möglichkeitsraum der Anerkennung und Austragung von Konflikten begreift, dann müsste der Schule daran gelegen sein, Räume zu öffnen und Verfahren zu schaffen, in denen Konflikte auch ausgetragen, thematisiert und einer demokratischen Integrationsperspektive zugeführt werden können.

Bürgerschaftliches Engagement und *Service Learning* sind die derzeitigen Modelle, von denen sich die neuere Schulentwicklung eine solche Öffnung verspricht. Hier können soziale Nachhaltigkeitsprojekte in Richtung Gestaltungskompetenz initiiert werden.

Dazu braucht man aber eine Schulstruktur, in der Räume und Zeiten vorhanden sind, projektorientiert zu arbeiten. Also werden die Möglichkeiten dieses partizipativen Lernens vor allem an der Ganztagsschule diskutiert. Solche Konzepte gehen von einem erweiterten Bildungsbegriff aus, in dem Bildung ‚mehr als Schule' ist und der die traditionalen curricularen Verfahren der Schule weit übergreift. „Wenn also Bildung nicht nur kognitives Wissen, sondern auch soziales Lernen – Kommunikations-, Kooperations- und Teamfähigkeit, Empathie und soziales Verantwortungsbewusstsein […] sowie Partizipations- und Mitbestimmungsfähigkeit als mündige Bürgerinnen und Bürger umfasst", dann kann Schule zum „Ort des Erlernens von Gemeinsinn" werden (Hartnuß u.a. 2013: 126ff.). Schulische Lerninhalte können in solchen Projekten mit außerschulischen Problembereichen verbunden werden. Eine *schulgebundene* Form dieses bürgerschaftlichen Lernens ist das ‚Service Learning'. Die Schüler*innen fertigen in schulischen Projekten Produkte an oder entwickeln Dienstleistungen, die auf den kommunalen Markt gebracht oder sozial dem Gemeinwesen zugutekommen können. „Die Service-Learning-Projekte reagieren auf einen echten Bedarf. […] Die Projekte sind Teil des Unterrichts und werden gezielt mit Inhalten der Bildungspläne in unterschiedlichen Fächern verknüpft. […] Die Projekte führen die Schüler aus der Schule hinaus in die Gemeinde an neue Lernorte. Sie erhalten dort die Möglichkeit, in der Schule erlerntes Wissen in direkten Kontexten mit anderen Partnern anzuwenden. Die Schüler sind an der Planung und Durchführung des Projekts maßgeblich beteiligt. […] Im Rahmen von Schule und Unterricht erhalten die Schüler regelmäßig Gelegenheit zu einer bewussten Reflexion ihrer Erfahrungen und Wahrnehmungen im Projekt" (Sliwka 2013: 154). Die Organisation des Lernens wandelt sich von der Wissensvermittlung hin zur bürgerschaftlichen Diskurskompetenz. Soll dieses Ziel erreicht werden, muss die Schule allerdings erkennen und akzeptieren, dass sie auf die erweiterte Integration bürgerschaftlicher Inhalte angewiesen ist. Bürgerschaftliches Engagement wird so zum Bildungsfaktor, Schüler*innen können sich faktisch als Bürger*innen verstehen und dies öffentlich demonstrieren.

Eine *schulungebundene* Form des bürgerschaftlichen Engagements entwickeln die Schüler*innen selbst außerhalb der Schule und auch gegen die Schule. Jüngstes Beispiel sind hier die freitäglichen Schülerstreiks als Protest gegen eine zögerliche bis verfehlte Klimapolitik. Subjektiv gespürte Bürgerverantwortung steht gegen Schulpflicht. Nachhaltigkeit wird nicht als gängiges Programm, sondern in ihrer dialektischen Struktur als Konflikt sichtbar. Auch hier zeigt sich wieder, wie der gesellschaftliche Grundkonflikt zwischen Ökonomie und Sozialem als abgeleiteter Konflikt zwischen verwertungs- und persönlichkeitsbezogener Bildung die Schule durchzieht und dabei das ökonomische Wissen das soziale Wissen zu verdrängen droht.

Das muss der Nachhaltigkeitsdiskurs Schule ans Licht bringen. Das bedeutet ja nicht, dass das technologische Wissen zu kurz kommen soll. Es muss aber immer in kritische Spannung zu seiner Verwertung gestellt werden können. Dazu reichen kognitive Inhalte z.B. in der Sozialkunde nicht aus. Die nachhaltigkeitssensible Spannung muss für die Schüler*innen erfahrbar werden. Das gelingt in Projekten der bürgergesellschaftlichen Öffnung der Schule. Hier kann dann auch das Exemplarische Lernen greifen und sich Gestaltungskompetenz entwickeln.

Teil V
Nachhaltigkeitspolitische Perspektiven

Soziale Bewegungen als Nachhaltigkeitspioniere

„Staatsbürgerschaft, das Verantwortungsgefühl für die Vorgänge in der Welt, [drückt sich] inzwischen genauso in der Unterstützung globaler Bewegungen und ihrer lokalen Initiativen aus" (Albrow 1998: 281).

In sozialen Bewegungen erhält die – ob ihrer Zukunftsoffenheit für viele abstrakte – Nachhaltigkeitsfrage ihre soziale Gestalt. Soziale Bewegungen neueren Typs sind vor allem dadurch gekennzeichnet, dass sie an Betroffenheiten der Menschen anknüpfen, rationalitätskritisch sind und universale Lebensthemen aufgreifen (vgl. Kern 2008). Viele der neuen sozialen Bewegungen sind eher Bewegungsgruppen, die sich durch unterschiedliche Grade der Betroffenheit und verschiedenartige Themen unterscheiden. Soziale Bewegungen öffnen soziale Probleme, bringen Gesellschaftliches wieder in den Fluss, setzen gesellschaftlich verdeckte soziale Konflikte frei. Sie führen uns in eine andere, verdrängte Welt und wollen zeigen, das es die unsere ist. Sie können Raum und Zeit transzendieren, indem sie national-territoriale Grenzen überwinden und die Gegenwart in die Zukunft verlängern. Sie bereiten so den Boden für einen sozial rückgebundenen und darin verantwortungsbewussten Nachhaltigkeitsdiskurs trotz globaler Entgrenzung.

Nehmen wir als Beispiel das globalisierungskritische Netzwerk Attac. Es versteht sich als Angriff auf den Kern des globalisierten Kapitalismus, auf die sozial entbettete und der politischen Regulation entzogene transnationale Kapitalzirkulation und Kapitalakkumulation. Über Attac begann sich eine Gegenbewegung zu formieren, die nach einem „rebetting", der sozialen Wiedereinbettung und politischen Kontrolle dieser weltweit agierenden Kapitalmacht strebt. Anders als bei den Unterdrückungs- und Enteignungserfahrungen, die den „alten" sozialen Bewegungen vorausgingen, ist heute der Gegner nicht sozial greifbar, seine Macht nicht im nationalgesellschaftlichen Umfeld lokalisierbar. Insofern haben Bewegungen wie Attac eine doppelt neue Qualität: Sie können einen aus nationalgesellschaftlicher Sicht abstrakten Gegner sichtbar machen und gleichzeitig die vielen auf der Welt national und regional agierenden Protestbewegungen, die immer nur ein Ende des tausendgliedrigen Arms der globalen Hydra zu sehen bekommen, an den Ursprung der erfahrenen Ungerechtigkeiten zurückführen, sie daraufhin zu „einer Stimme" *vernetzen.* Die Vernetzungsformel heißt dabei *Weltgerechtigkeit;* in ihr können sich unterschiedliche Leidenserfahrungen aus verschiedenen Kulturen und Traditionen zusammenfinden. So können in ihnen für uns immer noch ferne ökologische und soziale Folgen blockierter Nachhaltigkeit sozial vermittelt und nicht nur medial-virtuell an uns herangebracht werden.

Die bildungspolitische Attraktivität von Attac, wie auch anderer ökosozialer Bewegungen, besteht in der *Einheit von Bildung, Engagement und Aktion.* Gerade weil die Konfliktkonstellationen verdeckt und abstrakt sind, erst sozial heruntergeholt werden müssen, wollen sich soziale Bewegungen auch als Bildungsbewegungen formieren, die Öffentlichkeit im Sinne der sozialen und politischen Sichtbarmachung des unsichtbar Mächtigen herstellen können. Diese gerade für die Sozialpädagogik interessante Dimension der Bildung kommt im Theoriediskurs zu sozialen Bewegungen immer zu kurz. Auch die Arbeiterbewegung des ausgehenden 19. Jahrhunderts konnte sowohl ihre politische Transformationsfähigkeit als auch ihre innere Vernetzung vor allem über die Arbeiterbildung entwickeln. „Ich finde das gut, dass Attac sich selber auch als Bildungsbewegung versteht, wo explizit gesagt wird: Wir wollen aufklären, wir wollen uns selber bilden und wir wollen auch Aktionen machen". Diese Aussage eines Teilnehmers der damaligen Attac-Sommerakademie in Dresden (die wir mit einer kleinen Evaluation begleiten konnten, vgl. Fritz u. a. 2005), drückt die besondere Bildungsqualität einer sozialen

Bewegung aus: Man bildet sich vor dem Hintergrund der in Aktionen geteilten Erfahrung und Zuversicht, dass man etwas tun kann. Für viele der Mitglieder ist es der außerparlamentarische Raum, in dem für soziale Gerechtigkeit ohne Rücksicht auf die Ohnmacht und den Konsenszwang des politischen Systems Partei ergriffen werden kann. ‚Alternativen werden lebbar', bleiben nicht im parlamentarischen oder akademischen Diskurs hängen. Dieses Bildungsverständnis liegt quer zu dem in der Politischen Bildung üblicherweise vertretenen, in dem Bildungsprozesse und Aktionen/Kampagnen prinzipiell auseinander gehalten werden. Bildung braucht danach reflexive Distanz, kann sich höchstens zu Aktionen in Beziehung setzen. Genau diese Distanzhypothese wird aber von den Attac-Teilnehmer*innen bestritten. Vielmehr wird immer wieder darauf insistiert, dass Aufklärung angesichts einer unübersichtlichen ökonomisch-politischen Situation durch praktische Gegenerfahrungen, nur als inszenierte Gegenwelt möglich ist. Konsens finde man in dem gemeinsamen Gefühl der Verantwortung für eine gerechte Welt, für die es ganz unterschiedliche Zugänge gäbe und die eine „Meinungsvielfalt als Stärke der Bewegung" geradezu herausfordere. Dazu trage vor allem die Internationalität und Interkulturalität der Bewegung bei, aber genauso die weitgehende Abwesenheit von Hierarchien. Damit meinen die Teilnehmer*innen nicht nur die Abwesenheit organisatorischer Hierarchien (da gibt es auch gegenteilige Meinungen, in denen das Aufkommen von Funktionseliten „befürchtet" wird), sondern vor allem die Erfahrung, dass es keine Vermittlungshierarchien in den Bildungsveranstaltungen gäbe, „weil hier Wissensvermittlung nicht so von oben nach unten geht". Man könne sich so einbringen, wie man denke und sei und habe das Gefühl, am Bildungsprozess nicht nur für sich selbst sondern im Ganzen mitzuwirken und diesen mit beeinflussen zu können.

Nun ist aber Attac nicht mehr nur – wie in den Anfängen – eine global orientierte Bewegung. Sie versucht inzwischen auch die Zusammenhänge zwischen Weltungerechtigkeit und sozialer Gerechtigkeit der nationalen Gesellschaft, zwischen der ökonomischen und kulturellen Enteignung der Menschen in der Dritten Welt und der zunehmenden Privatisierung öffentlicher Güter hierzulande herzustellen. „Global denken, lokal handeln" hieß es immer wieder während der Attac-Sommerakademien. Dies verweist wiederum auf lokale Bürgergruppen, die – außerhalb der Attac-Bewegung – versuchen, Agency-Prozesse in Gang zu setzen, um soziale Spaltungen und Enteignungen von Lebensgrundlagen in einer Region zu verhindern. Damit könnte sich eine neue Konstitution von intermediären Strukturen in der Verbindung sozialer Bewegungen und bürgergesellschaftlicher Initiativen zur Rekonstruktion der Sozialpolitik von unten abzeichnen. Ihre politische Dynamik bezieht sich damit weniger auf ihre innere Struktur, sondern auf ihren Transformationscharakter in der Verbindung globaler und nationalgesellschaftlicher bis lokaler Dimensionen. Attac ist es so in erstaunlich kurzer Zeit gelungen, Ansätze einer Gegenmacht des Wissens aufzubauen und vielen die Möglichkeit zu geben, sich gegen die Argumentationen des ökonomischen Sachzwangs aber auch der Unvermeidlichkeit des Geschehens und damit der sozialen Schicksalshaftigkeit des Globalisierungsprozesses zu stellen. Denn „die Vorstellung der Unvermeidlichkeit impliziert den Gedanken, dass das Universum zumindest teilweise von blinden Kräften des Schicksals regiert wird, die letztlich dem menschlichen Willen und Handeln nicht zugänglich sind" (Moore 1987: 65).

Die Arbeiterbewegung war maßgeblich daran beteiligt, einen neuen Gesellschaftsvertrag zu erkämpfen, indem der nationalen Gesellschaft die Verpflichtung aufgegeben wurde, „Wege zum Schutz des Einzelnen gegen die verheerende Wirkung der unsichtbaren Hand des Schicksals, die durch den Markt wirksam war, zu ersinnen" (ebd.: 653). Die sozialen Bewegungen des 21. Jahrhunderts müssen – da sie global agieren müssen – einen solchen Gesellschaftsvertrag auf Weltebene einfordern und können damit die Demokratisierung des Globalisierungsprozesses vorantreiben (vgl. Stiglitz 2006). Bisher nationalstaatlich gedachte Kategorien wie Legitimität und Bürgerschaft werden nun global, jenseits des Nationalstaats gedacht.

Soziale Bewegungen setzen institutionell nicht kalkulierbare Gegenprozesse in Gang. Hier werden sie zu alternativen politischen Lernfeldern. „Dass man dazu eine andere Lerntheorie braucht als die, die wir aus der Aufklärung [...] übernommen haben, ist eine theoretische, dennoch folgenreiche Schlussfolgerung [...]. Der Vorschlag, narrative Elemente [...] stärker ins Blickfeld zu rücken und [...] Lernen an die Logik narrativen Verstehens anzuschließen, ist ein mögliches Element einer weitergehenden Theorie kollektiven Lernens. Diese Theorie vermutet, dass Narratives dort Kommunikation fortzuführen erlaubt, wo Argumentation sich festläuft. Narrative Formen der Kommunikation können Grenzen rationaler Verständigung überbrücken" (Eder 2000: 237 f.). Pierre Bourdieus „Das Elend der Welt" (1997) ist ein eindrucksvoller Versuch in diese Richtung. Auch Soziale Bewegungen können in diesem Sinne als lebendige Bücher sonst unterdrückter sozialer Erzählungen verstanden werden.

Die neuen sozialen Bewegungen agieren transnational und damit erst einmal außerhalb der nationalen sozialpolitischen Zonen. Sie verstehen sich nicht so sehr – wie die alten sozialen Bewegungen – als kollektive Gegenmacht innerhalb staatlicher Machtsysteme. „Die Entstehung [neuer] sozialer Bewegungen ist somit immer stärker durch die Identitätsbedürfnisse der Individuen bestimmt" (Kern 2008: 59). Dennoch: Auch wenn sie in ihrer Symbolik kulturell und identitätspolitisch agieren und persönliche Freiheitsrechte in den Vordergrund stellen, sind viele von ihnen im Kern am Grundkonflikt zwischen Mensch und Ökonomie orientiert. Der Widerstand gegen die Atomkraft war und ist immer auch Kampf gegen die Atomkonzerne, die grünen Bewegungen richten sich nicht nur gegen die Zerstörung, sondern darin vor allem gegen die profitkapitalistische Ausbeutung der Natur und der Kampf gegen die Armut hat immer auch die wachsende Kluft zwischen Arm und Reich als Folge globalisierter Kapitalakkumulation im Blick. Insofern erweitern sie ein transnationales sozialpolitisches Magnetfeld über die Nationalstaaten hinaus, entwickeln sich zwar unabhängig von deren Gesellschaften, wirken aber auf diese zurück. Klaus Eder sieht diese Rückwirkung vor allem darin, dass sie „Medium von gesellschaftlichen Lernprozessen" sein können (ebd.: 21), denn „sie erzeugen ‚Freiräume' für Denken und Handeln jenseits institutionell normierter sozialer Räume" (ebd.: 148). Sie können in ihren Initiativen und Aktionen Lebensthemen in körperlich-sozialer Gemeinsamkeit spürbar und darin begreifbar machen.

In der Gruppendynamik der neuen sozialen Bewegungen sind es vor allem auch Jugendliche und junge Erwachsene, die sich diese Bewegungsräume aneignen und mit ihrer Symbolik von Freiheit und Gerechtigkeit markieren. Sie haben in den nationalen sozialstaatlichen Arenen, aber auch in der Bürgergesellschaft, die eigentlich nur den ‚fertigen Bürger' kennt, wenig Platz. Hier aber können sie offene Diskurszonen schaffen. Denn im Raum der neuen sozialen Bewegungen werden nicht Interessenpositionen verhandelt, sondern das Erleben von Betroffenheit und Ohnmacht erzählt und ausgesprochen, sodass sich daraus neue soziale Verständigungsformen entwickeln können (vgl. Eder 2000: 237 f.). So kann sich auch ein Milieu des Spürens und Erlebens der Dringlichkeit von Nachhaltigkeit entwickeln und bestätigen.

Hier können wir lernen. Zwar ist die Soziale Arbeit traditionell in fallzentrierten Definitionen gefangen, die den Zugang zu Lebensthemen versperren können und aus denen sie auch zukünftig nur schwer ausbrechen kann. Das macht ja im Grunde auch ihre Befangenheit – wie ihre Bewunderung – gegenüber sozialen Bewegungen aus. Gleichzeitig wird sie aber doch über ihre bisherigen Definitionsgrenzen springen müssen, wenn sie neue Betroffenheiten verstehen will. Um das spüren zu können, muss sie sich weiter an den sozialen Bewegungen reiben.

Sozialplanung zwischen Externalisierung und Sorge

Soziale Planung reicht in den Kern sozialer Nachhaltigkeit. Sie soll Strukturen sozialer Gerechtigkeit, Geschlechtergerechtigkeit, Angleichung der Lebenschancen, soziale Integration und Möglichkeiten der Partizipation in der aktuellen und zukünftigen Entwicklung lokaler Gemeinwesen und regionaler Räume sichern. Sie soll dabei die Bürger*innen aktivieren bzw. an deren Bedürfnissen und Interessen ansetzen. Letzteres drückt der Begriff der ‚Quartiersplanung' aus, in dem ‚das Quartier' die sozialräumliche Verbindung von Bewohner*innen und Territorium meint.

Sozialplanung heute befindet sich in einem Übergang von technisch-rationaler zu kommunikativer Planung. „Kommunikativ-partizipative Planungskonzepte [...] gehen von einer Vielfalt nicht objektivierbarer im Grunde politischer Auswahl-, Interpretations- und Entscheidungsprozesse in Planungsvorgängen aus, die sich nur kommunikativ, unter Beteiligung der Entscheidungsbetroffenen, sinnvoll gestalten lassen" (Hermann 2018: 1151). Der Planungs*diskurs* steht im Mittelpunkt. Das heißt aber nicht, dass das technisch-rationale Planungsmodell an Bedeutung verloren hat. Denn Planungsdiskurse sind immer konflikthaltig und da wirkt es als mächtige Interessenposition weiter (vgl. Günzel 2016).

Nachhaltigkeitssensible Planung ist reflexive Planung. Planen in diesem Sinne heißt *Verantwortung übernehmen,* sich darum kümmern und sorgen, was die geplanten Maßnahmen alles für Folgen haben können, auch für andere, die nicht in der Zielperspektive der Maßnahmen liegen. Damit sind wir beim Konflikt zwischen Externalisierung und Sorge, der einer Planung sozialer Nachhaltigkeit immanent ist.

In praktischen Sozialplanungsprozessen schlägt das Externalisierende immer wieder durch. Das haben wir auch in unserer Dresdener Praxis erfahren. Dabei gilt die Regel: Je abstrakter, rationeller die Verfahren sind, desto stärker neigt sich der Verantwortungsdiskurs der ‚Sachlogik', dem Sachzwang zu und umso ‚störender' wirken dann Anliegen der Sorge und des Innehaltens, die das Verständnis für die nicht sichtbaren Konflikte in den Betroffenen reklamieren. Um die Anerkennung solcher Konflikte geht es aber, wenn soziale Nachhaltigkeit ins Planungsspiel kommen soll.

Beginnen wir mit der Geschlechtergerechtigkeit. Gerade unter der Oberfläche der Gleichstellungsrhetorik verbirgt sich der Konflikt zwischen Externalisierung und Sorge. Auf der einen Seite die Stadt als ökonomisch attraktiver Standort, der mit anderen Städten im Standortwettbewerb steht, auf der anderen Seite und gleichzeitig die Stadt als guter Lebensort für *alle* Bevölkerungsgruppen, als kindgerechter und jugendgemäßer Entwicklungsort und als Schutzraum vor sozialer Segregation und Deklassierung.

Empirisch kann man das – eingedenk des geschlechtsspezifischen Kerns von Nachhaltigkeit – an der Frage diskutieren, wie Frauenbelange in solchen sozialen Planungsprozessen zum Zuge kommen. Das wurde in den 1990er-Jahren stärker diskutiert als heute (vgl. Bitzan/Funk 1995), wo man glaubt, mit dem Recht auf einen Kitaplatz die Sache gelöst zu haben. Inzwischen wird das wieder von der Wohnungsfrage überschattet, in der sich die innerstädtischen sozialen Probleme gleichsam bündeln. Nun merkt man auch, dass man trotz aller Beteuerungen kommunikativ zu planen, relativ wenig von den Befindlichkeiten der Bewohnergruppen weiß und kaum Zugänge dazu hat. Die Innenseite der Planung, die Sorge, wird von der sich wieder durchsetzenden Planungsrationalität übergangen, der Alltagsbewältigung überlassen.

Praktisch sieht das oft so aus, dass die ‚im Innen' schwelenden und deshalb meist unsichtbaren Konflikte, sei es die Bewältigungslage alleinerziehender Frauen, die Zwangslagen von Migrant*innen, die Verhäuslichungstendenzen bei älteren Bewohner*innen, die Probleme häuslicher Gewalt oder auch der fehlende selbstbestimmte Jugendraum, als schwer einbeziehbar in rationale Planungsprozesse gelten und deshalb der Sozialen Arbeit ‚überlassen' oder eben den Frauen selbst zugemutet werden. Die geschlechtshierarchische Arbeitsteilung bildet sich in ihren reproduktiven Selbstverständlichkeiten auch hier ab. Wird zur planerische Befassung mit solchen Fragen des Innen aufgefordert, wird das als eher störend empfunden und in den Alltag verwiesen.

So entsteht oft ein Planungsklima, in dem – nach Empfinden der beteiligten Männer – die Frauen die Störungen aufziehen und die Männer die Gewitter an sich vorbeiziehen lassen. Das kann bei den Männern wiederum die externalisierenden Verhaltensweisen verstärken. Die Handlungsspielräume, welche die Planung der Sozialen Arbeit bringen sollte, werden in dieser Geschlechterdynamik nicht in den sozialen und politischen Raum hinaus erweitert, sondern sind – oft mehr als zuvor – auf die Innenwelt der psychosozialen Bewältigung verwiesen.

Deshalb muss – soll es je eine produktive Verbindung zwischen sozialen Planungsprozessen und einer Kritik der Geschlechterhierarchie geben – der Status der Beziehungsarbeit im Planungsdiskurs verändert werden. Hier – und nicht an der bloßen „Berücksichtigung" geschlechtsdifferenter Lebenslagen und Interessen – läge auch ein planungspolitisches Essential für ein Programm des *Gender Mainstreaming*, wenn es über die Verfahrensebene hinauskommen soll. Allerdings würde das bedeuten, dass dann auch die Konflikthaftigkeit, die sich dem Hilfe- und Beziehungsgeschehen immer wieder aufdrängt, in dieser ihrer Rückgebundenheit in den Planungsdiskurs aufgenommen werden müsste. Planungsrationalität enthält aber in der Regel die implizite Aufforderung, dass solche Konflikte in der Praxis zu regulieren und kontrollieren seien, damit diese Praxis überhaupt ‚planungsfähig' werden kann.

Trotz der Überfülle von Planungsrichtlinien und Planungsliteratur in der Sozialen Arbeit kommt man deshalb immer fast resignierend zu dem Schluss, dass das, was sich real im Alltag durchsetzt, oft etwas anderes ist, als was planerisch festgeschrieben ist. Es sind die Machtprozesse, die hinter der institutionellen Bühne der Planung ablaufen und in denen dann – trotz aller Gleichstellungsüberlegungen in der Planung – die geschlechtshierarchische Matrix durchkommt. Hinter der institutionellen und organisatorischen Fassade der Planung steckt also ein geschlechtshierarchisches Spannungsfeld, das sich nicht unbedingt immer geschlechtstypisch in den Akteuren ausprägt. Auch Frauen sind an externalisierender Planung beteiligt. Dennoch kann man sich des Eindrucks nicht erwehren, dass, wenn es um Qualitätssicherung und äußere Ablaufschemata geht, die Männer in der Planungsliteratur dominieren.

Auf dieses Konfliktfeld Planung zielen die Strategien der *Gegenplanung* ab, die sich nicht an den institutionellen Vorgaben, sondern an den Problemfeldern des Alltags orientieren. Gegenplanung bedeutet erst einmal, denjenigen eine Sprache geben, um die es in der Planung gehen soll. Bei diesem Typ der Gegenplanung sollen die Probleme nicht im Verfahren verschwinden, sondern in Projekten offen gehalten und von den Projekten her planerisch nachhaltige Netzwerke geknüpft werden. Planungen haben eine Ablaufs- und Verfahrensrationalität, die ihre Eigenlogik bekommt und kaum in der Lage ist, mittelfristige sozialpolitische Zuspitzungen vorauszusehen. Es werden Lösungsalternativen einkalkuliert, Elastizitäten für unvorhergesehene Nebenwirkungen geschaffen, aber das alles führt nicht an der Erkenntnis vorbei, dass in dieser Steuerungsrationalität Konflikte als Störpotenziale gelten und damit möglichst ausgeschlossen werden müssen. Sie werden eben auf der Hinterbühne der lokalen und regionalen Machtverhältnisse belassen.

Dies sind die Probleme, die zu einer reflexiven Planung von sozialer Nachhaltigkeit in kommunalen Entwicklungsprozessen gehören, bevor man auf das im Alltag verborgene ‚soziale Kapital' der Bevölkerung setzt. Es sind die Bewältigungsprobleme und Konfliktlinien, die den Alltag bestimmen, in dem oft wenig Surplus für die Ausbildung von – in der Planung oft vorausgesetzten – ‚sozialem Kapital' da ist. „Angesichts der Komplexität heutiger Städte muss zwar einerseits der Nachhaltigkeitsanspruch möglichst umfassend betrachtet werden, andererseits führt das aber auch schnell zu einer Überforderung" (Hopfner/Zakrzewski 2012: 62). Auch hier wieder: Was aus dem planerischen Rationalitätsanspruch heraus als „Überforderung" etikettiert wird, verweist eher auf die Blindheit gegenüber von der planerischen Rationalität nicht fassbaren lebensweltlichen Bewältigungsproblemen.

Deshalb braucht es die Offenheit der kommunalen Verwaltung, wie das beim Modell der ‚Bürgerkommune' (s. o.) intendiert ist. Soziale Nachhaltigkeit braucht eine lernende Verwaltung aus den erkannten Bürger*inneninteressen heraus. Es gilt, „eine gemeinsame quartiersbezogene Nachhaltigkeitsstrategie zu entwickeln und – beispielsweise im Rahmen eines Regime-Verständnisses oder als eine Form von ‚Good Governance' – ein arbeitsteiliges Vorgehen zu definieren [...] und zu institutionalisieren" (Drilling/Schnur 2012: 26). Die Soziale Arbeit erhält darin in ihrer seismographischen und intermediären Qualität ihren eigenen Stellenwert.

Armut und Reichtum im Lichte der Nachhaltigkeit

„Kapitalistische Dynamik […] entsteht aus dem Zusammenwirken von Prozessen der Reichtums- wie der Armutsproduktion: das eine geht mit dem anderen einher. Steigender Wohlstand und zunehmendes Elend sind zwar gegenläufige Entwicklungen – aber beide gehören eben zur Realität des kapitalistischen Weltsystems" (Lessenich 2017: 49).

Armutsbekämpfung gehört zu den zentralen Millenium-Entwicklungszielen der UNO, die im Jahr 2000 verabschiedet wurden (vgl. Pufé 2014: 56f.). Das Hauptaugenmerk liegt dabei auf der weltweiten Armutsentwicklung im globalen Nord-Süd-Gefälle und der stetigen Erweiterung der Arm-Reich-Schere. Diese Schere wird sich im 21. Jahrhundert weiter öffnen (vgl. Piketty 2015). Armut schädigt nicht nur die ökonomische und soziale Entwicklung, sondern blockiert vor allem Nachhaltigkeit. Arme Menschen haben kein Surplus, Nachhaltigkeitsperspektiven angesichts ihrer prekären Lebenslage überhaupt wahrzunehmen. Aber auch in unseren „reichen" Gesellschaften grassiert Armut und schließt einen Teil der Bevölkerung aus der Teilhabe an gesellschaftlichen Entwicklungsprozessen aus. Armutspolitik und Politik sozialer Nachhaltigkeit sind also zusammen zu thematisieren. Dabei darf nicht übergangen werden, dass es sich hier um Machtverhältnisse handelt, die eine besondere Nachhaltigkeitsbarriere darstellen (vgl. Wendt/Görgen 2018).

Armut ist jedoch in unserer Gesellschaft nicht eine feste und lebenslange Größe, kein Teufelskreis ohne Entrinnen. Sie tritt oft nur episodenhaft auf und vielen gelingt immer wieder der Ausstieg aus Armut und Sozialhilfe. Hier zeigt sich auch eine steigende Biografisierung und soziale Entgrenzung der Armut. Sie ist nicht mehr länger das Stigma einer nach oben sozial abgegrenzten Unterschicht, sondern das Armutsrisiko hat auch Teile der Mittelschicht erfasst. Allerdings ist auch nicht zu vergessen, dass auch weiterhin ein Viertel der Empfänger staatlicher Unterstützungsleistungen als klassisches Armutsklientel gelten kann. Der Begriff des *Armutsrisikos* weist auf den gesellschaftlich neuen Zusammenhang der ‚sozialen Entgrenzung' der Armut hin. Neben der unterschichttypisch verfestigten Randgruppe der Armen, die meist entsprechend sozial segregiert in den sozialen Brennpunkten der Städte leben und hier mit geringem Mobilitätsradius unter sich sind, werden zunehmend Leute von Armut heimgesucht, die aus der armutsfernen Normalbiografie herausgeworfen und periodisch – einmalig oder immer wieder – unter das Existenzminimum rutschen.

Darüber hinaus ist eine neue Relation zwischen Armut und Reichtum in einer Brisanz freigesetzt worden, die dem traditionellen Armutsdiskurs noch nicht bekannt war. Dabei geht es nicht mehr nur um die wachsende Kluft zwischen Arm und Reich, sondern genauso um das Problem der Herausbildung zweier widersprüchlicher Moralwelten. Die sich längst abzeichnenden Polarisierungstendenzen zwischen Armut und Reichtum deuten vor allem auch auf eine neue Qualität der Reichtumsentwicklung hin, die mit den Möglichkeiten der Kapitalzirkulation und Kapitalakkumulation im globalisierten Kapitalismus die Grenzen nationaler Geld- und Steuerpolitik gesprengt hat. Die Eigendynamik des Geldes tritt nun hervor: „Geld ist weit mehr als ein bloßes Medium zur Kommunikation güterwirtschaftlicher Dispositionen. Es ist nicht nur Tauschmittel, sondern Vermögen und Kapital. Als solches verleiht es Macht und Einfluss, ist Objekt der Begierde, nicht nur Mittel, sondern Zweck des Handelns. Eine kapitalistische Wirtschaft folgt nicht nur der Logik eines geldvermittelten Gütertausches, sondern der Gütertausch ist seinerseits lediglich ein funktionales Zwischenspiel in einem selbstreferenziellen Prozess der Geldvermehrung" (Deutschmann 2002: 57). ‚Unendlich viel' Geld ist in der Mentalität der neuen Ökonomie zum Medium von Konkurrenz und Durchsetzung und zum Maßstab des Erfolgs geworden. Indem diese freigesetzte Gier nach Geld nicht mehr sozial rückgebunden ist, vielmehr einer verselbstständigten digitalen Akkumulationslogik folgt, muss eine sozial motivierte Kritik an dieser Grenzenlosigkeit des neuen Reichtums und seiner Verdichtung stumpf bleiben.

‚Shareholder'-Mentalitäten treiben die soziale Entbettung und Abstrahierung des Profits voran. Mit der Krise des Sozialstaats im

Sog der Globalisierung ist die Gemütsruhe der Mitte dahin. Gleichzeitig gilt Reichtum ohne Grenzen nicht mehr als obszön, Armut wird von manchen schon wieder als Kontrastmittel eines für das ökonomische Wachstum „notwendigen" Reichtums gesehen. Während der Mittelstand fasziniert auf die Grenzenlosigkeit des Reichtums starrt, ist er gleichzeitig von einer diffusen Angst vor einem Armutsrisiko aufgestört. Der digitale Kapitalismus hat die Armen als „Überflüssige" weiter von der Gesellschaft abgekoppelt, aber gleichzeitig das Armutsrisiko in die Gesellschaft hineingetragen.

Die besondere Armutskonstellation in unserer Gesellschaft wird mit dem Bild ‚Armut in einem reichen Land' beschrieben. Damit ist die reale Armutslage der Betroffenen verdeckt bis tabuisiert. Eine solche Tabuisierung der ‚Armut in einer reichen Gesellschaft' verunmöglicht es nicht nur den von Armut Bedrohten, ihre Lage und Befindlichkeit öffentlich zu machen, sondern macht es auch der Sozialen Arbeit schwer, Zugänge zum Arm-Sein zu finden. Wenn ich in einer reichen Gesellschaft lebe, die Armut leugnet und behauptet, ihr Sozialhilfesystem verhindere sie prinzipiell, dann schäme ich mich meiner Armut, verstecke sie und versuche alles, um in der Öffentlichkeit demonstrativ den Anschein zu erwecken, dass ich „dabei" bin – oder ich ziehe mich zurück. Mit ‚Armut in einer reichen Gesellschaft' haben wir das Musterbeispiel einer durchgängig prekären Bewältigungslage vor uns: Die gesellschaftliche Anerkennung der prekären Lage der Betroffenen ist umstritten, ihre Thematisierung dadurch begrenzt. Die soziale Isolierung der Betroffenen schränkt ihre sozialräumlichen Aneignungsmöglichkeiten ein und führt so zu einem lebensbestimmenden Status der Abhängigkeit von öffentlichen Versorgungsleistungen. Sie sind nicht mehr als Akteure erkennbar (vgl. Knecht 2010).

Seit einiger Zeit tendieren manche in der Armutsdiskussion dazu, subjektives Armutserleben und die objektive Lebenslage Armut auseinander zu dividieren. Man redet auch von einer „neuen Unterschicht" (vgl. Kessl u. a. 2007), die sich in einer regressiven Sozialhilfekultur einrichte, sich gleichsam in einem Proli-Hedonismus abschotte und die gesellschaftliche Normalkultur aggressiv ignoriere. Die klassische Armenpolitik als Gewährungspolitik sei gescheitert, man müsse sozialinvestiv intervenieren und den Leuten kulturell fordernd begegnen. Dies nimmt dem Armutsdiskurs die sozialpolitische Kraft. Dass dies oft Abspaltungen von grassierender Ohnmacht und Hilflosigkeit sind, wird von diesen Sozialkritikern, die auch meist keine Ahnung von Projekten Sozialer Arbeit mit Deklassierten haben, nicht begriffen. Wenn man dagegen ernst nehmen würde, *was* in der Armut gefühlt wird, so käme man schnell darauf, dass es die soziale Isolierung *in der Gesellschaft* ist, die armen Menschen zu schaffen macht. Arme sind sozialstrukturell eingelassener Gewalt ausgesetzt. Diese äußert sich vor allem in den Segregationstendenzen, welche räumlich-körperlich gefühlt werden. Nicht nur Armut wird erlebt, sondern darin auch gesellschaftliche Gewalt, die dann oft zurückgegeben wird.

Die Soziale Arbeit gilt zwar als verlängerter Arm der Sozialpolitik, indem sie die biografischen Ausformungen sozialer Risiken zum Gegenstand der Intervention hat. Sie kann aber zentrale Spielräume der Lebenslage – Einkommen, Arbeit und Beruf, Rechte – nicht oder nur bedingt verändern. Dafür aber die sozialen und kulturellen Spielräume der Bewältigung von Armut, soweit sie pädagogisch interaktiv beeinflussbar sind. Deshalb ist es sinnvoll, erst einmal nach Mitteln zu fragen, die der Sozialen Arbeit für einen Zugang zur Lebenslage Armut zur Verfügung stehen. Dies sind Sprache, Beziehungen, Zeit und Raum. Über das Bewältigungsmodell (vgl. Böhnisch 2018) können wir erkennen, dass ein Zwang zur Abspaltung – selbstdestruktiv nach innen, antisozial nach außen – dann entstehen kann, wenn die Klient*innen ihre Hilflosigkeit nicht zur Sprache bringen, nicht thematisieren können. Das verweist auf eine Bewältigungslage, die stumm macht, Abspaltungsdruck erzeugt. Gleichzeitig wissen wir, dass kritische Lebenskonstellationen dann thematisiert werden können, wenn sie als soziale Probleme anerkannt sind, nicht allein den Einzelnen angelastet, zugeschuldet werden. Auch die soziometrische Struktur der Lebenslage ist hier mit ausschlaggebend. Wir fragen nach den Unterstützungs- und Anerkennungsmöglichkeiten und -formen. Aber genauso nach den Abhängigkeitsverhältnissen und darin den Ausprägungen verstetigter

Hilflosigkeit, wie wir sie oft bei Betroffenen in sozialen Gewaltverhältnissen beobachten.

Darüber kommen wir zur Zeitdimension, zur Problematik der Verstetigung und Verfestigung. Hier sind es vor allem die Auswirkungen devianter Karrieren aber auch Klient*innenkarrieren über Jahre hinweg, die dazu geführt haben, dass manche der Betroffenen die negativen, defizitären Zuschreibungen, die ihnen immer wieder entgegengebracht wurden, übernommen, sich in ihnen eingerichtet haben. Da haben sich Abhängigkeiten entwickelt, über die die Klient*innen letztlich ihre Handlungsfähigkeit gesichert sehen und die deshalb nur schwer aufzubrechen sind. In der räumlichen Dimension schließlich interessieren uns vor allem die Aneignungsmöglichkeiten und -verwehrungen, die sich aus der Lebenslage heraus entwickeln können oder eben begrenzt sind. Der sozialpädagogische Blick richtet sich auf die Problematik sozialer Isolierung, des sozialen Rückzugs, der Verhäuslichung, der sozialen Segregation und der Verwehrung von Teilhabe und Öffentlichkeit.

Die Diskussion um die „neue Unterschicht" hat diese Bewältigungsdimension überhaupt nicht erkannt und forsch eine Ablösung sozialarbeiterischer Dienste zugunsten leitkultureller Kampagnen gefordert. Im Visier hatte sie ein Gemenge sozialer Gruppen, von der klassischen, ‚bequem gewordenen' Armutsklientel über die auffälligen bis gewaltbereiten jungen Männer bis hin zur Chips-, Proli-TV- und Fast-Food-Generation. Denen komme man mit den herkömmlichen sozialen Dienst- und Versorgungsleistungen nicht mehr bei. Das war natürlich auch ein Angriff auf die Soziale Arbeit, der dazu noch von prominenten Sozialkritikern – wenn auch meist unbeabsichtigt – flankiert wurde. Dass diese wohl wenig Kenntnis von der Entwicklung und den Leistungen der sozialen Armuts- und Offenen Jugendarbeit haben können, fallen sie für mich für das Thema Armut und Nachhaltigkeit nicht ins Gewicht.

Vielmehr gilt es zu diskutieren, wie die Vielfalt der sozialarbeiterischen Aktivitäten nachhaltigkeitswirksam strukturiert und weiterentwickelt werden können. Der Ansatzpunkt ist hier die Verbindung von *Vernetzung* und *Befähigung*. Das verlangt eine

Soziale Arbeit, die sich sozialpädagogische Ressourcen der sozialen Aktivierung und Befähigung, die sie selbst aufgrund ihrer eigenen Grenzen nicht organisieren kann, aus der Kooperation mit Institutionen der Beratung, mit sozial sensiblen bürgerschaftlichen Initiativen (s.o.) und mit sozial offenen Bildungseinrichtungen beschafft. „Für spezifische soziale Lagen, wie besonders der Prekarität, werden neben konkreten Hilfestellungen der Aufbau von psychosozialen Netzwerken, sowie Kontakte zu anderen Personenkreisen, Projekten und Selbstorganisationen notwendig, um die eigene Wirkmächtigkeit der Sozialen Arbeit zu flankieren, fundieren oder zu begleiten. Je sensibler die Soziale Arbeit in dieser Hinsicht ist und je besser sie in einem lokalen Umfeld vernetzt ist, desto eher gelingt es ihr, derartige multiprofessionelle Reflexionshorizonte zu eröffnen" (Mutz 2009: 93). Hier sind wir auch wieder bei der offenen Milieubildung (s.o.), die die Klient*innen aus ihrer Isolation herausbringen kann. Konrad Maier sieht darin die sozialarbeiterische Aufgabe der „Exklusionsvermeidung" (Maier 2009: 40f.). Wobei Exklusion nicht bedeutet, dass die Betroffenen außerhalb der Gesellschaft stehen. Es ist eine ‚innere Exklusion', was sich zum einen in der Problematik ‚Armsein in einer reichen Gesellschaft' ausdrückt, zum anderen darauf hinweist, dass die Prekarisierung und damit das Armutsrisiko über die ‚harten' Armutszonen hinaus in die Mitte der Gesellschaft hineinreichen. Das bedeutet für die Soziale Arbeit aber auch „Abschied zu nehmen von dem traditionellen ‚Zwei-Container-Modell' […]. Auch in der Praxis der Sozialen Arbeit dominiert die Vorstellung, die Exkludierten befänden sich außerhalb des Raums der Inklusion" (Mutz 2009). In diesem Verständnis kann sich die Armutsarbeit in jene soziale Infrastruktur (s.o.) einbinden, die einen wesentlichen Beitrag zu sozialer Nachhaltigkeit ausmacht.

Vor diesem reflexiven Hintergrund liegen die sozialpädagogischen Zugänge vor allem im Bereich der Abwehr sozialer Isolation, der Förderung der Milieubildung und der sozialen Befähigung. Vor allem der ‚Verhäuslichung' armer Menschen soll entgegengewirkt werden. Dass hier Gegenseitigkeits- und Solidaritätspotenzial vorhanden ist, hat schon die bereits vorgestellte

Studie von Chantal Munsch (2003) gezeigt. In der Milieuperspektive wird das sozial erweitert und stabilisiert. Milieubildung kann zwar nicht die erodierte sozialpolitische Hintergrundsicherheit ersetzen, kann aber jene Öffentlichkeit und soziale Anerkennung schaffen, die Selbstwert stärken und sogar die Fähigkeit schaffen können, aus der eigenen Betroffenheit heraus soziale Interessen und Forderungen zu erkennen und zusammen mit anderen zu vertreten.

‚Demaskulinisierung'

Als wir Nachhaltigkeit aus dem Gegensatz zwischen Externalisierung und Sorge heraus bestimmt haben, wurden die geschlechtstypischen Konnotationen deutlich, die sich mit beiden Begriffen verbinden: Externalisierung in der Tendenz als eher männlich konnotiert, Sorge mit weiblicher Konnotation. Diese Konnotationen wurden in den ökofeministischen Nachhaltigkeits-Diskursen vorangetrieben, wie sie sich seit den 1970er-Jahren vor allem international aufbauten und sich hauptsächlich an den Nachhaltigkeitsproblemen der sogenannten Entwicklungsländer orientierten. Inzwischen sind sie aber auch in den Industriegesellschaften, in denen man glaubte, die Geschlechterfrage sozialstaatlich reguliert zu haben, wieder aufgebrochen. Grund dafür ist vor allem die Globalisierung, in deren Folgen sich die Machtthematik hegemonialer Männlichkeit, die lokal befriedet schien, neu und brisant ob ihrer sozialen Entbettung, stellte.

Aber auch in der binnengesellschaftlichen Sphäre halten sich, trotz aller Gleichstellungserfolge, männliche Dominanzstrukturen weiter. Erwerbsarbeits-Rolle und männliche Identität gehen in unserer Arbeitsgesellschaft immer noch weitgehend ineinander über. Zwar geben sich die betrieblichen Arbeitsorganisationen geschlechtsneutral, verlangen aber vor allem von den Männern, dass sie in der Arbeit aufgehen und Probleme der Vereinbarkeit von Familie und Beruf selbst lösen sollen. Die Produktionsstruktur ist auf Konkurrenz, Wachstum und Beschleunigung gepolt, es darf kein Leer- und Stillstand eintreten. Die Arbeitsorganisation und Arbeitskultur spiegeln diese Prinzipien. Man spricht von „gendered organisations“, in denen männliche Prinzipien der Kommunikation, Durchsetzung und Kontrolle vorherrschen, denen sich auch Frauen unterordnen. Unter diesen weiter herrschenden Bedingungen ist Männlichkeit zwar flexibler geworden, aber: In den beiden repräsentativen Replikationsstudien, der deutschen von 2009 (Volz/Zulehner) und der österreichischen von 2012 (BMASK 2014) zeigt sich aber, dass die Einstellungen der Männer im Mehrheitsbereich in den letzten 25 Jahren relativ resistent geblieben sind. Der Mehrheitstypus des pragmatischen bis suchenden Mannes überwiegt deutlich. Der moderne Mann ist der modularisierte Mann, der sich in unterschiedlichen Lebensbereichen sozial und im Geschlechterverhältnis entgegenkommend, oder eben anpassend bis strategisch verhält, sich aber auch seiner männlichen Identität bis hin zur Maskulinität weiter versichert und sie in selbstgesuchten Zonen und Nischen immer wieder ‚aufzuladen‘ versucht.

Geschlechtertheoretisch betrachtet hat sich auch in unserer Gesellschaft die Grundfrage gehalten, ob Frauen mit ihrer Care-Orientierung der Nachhaltigkeitsproblematik näher stehen als der stärker unter direktem Externalisierungszwang stehende Mann. In dieser Frage gab und gibt es in den ökofeministischen Diskursen selbst Irritationen und Ambivalenzen. Denn die behauptete Naturnähe der Frau aufgrund ihrer Gebärfähigkeit ist ja in der Geschichte den Frauen bei Leibe nicht positiv zugerechnet, sondern männlich-hegemonial gewendet worden: Das naturnah-emotionale Wesen der Frau sei der männlichen Rationalität untergeordnet. Inzwischen hat sich in den feministischen Nachhaltigkeitsdiskursen das Paradigma der geschlechtshierarchischen Arbeitsteilung durchgesetzt, in dem die Benachteiligung der Frau als historisch gewachsene und verfestigte soziale Konstruktion erklärt wird.

Mit den im Zuge der Globalisierung aufkommenden „Transpatriarchien“, die ihre Schatten auch in die sozialstaatlich verfassten Gesellschaften werfen, hat die Geschlechterfrage gerade für den Nachhaltigkeitsdiskurs eine neue Dimension erreicht. Der Begriff *Transpatriarchie* wurde von Jeff Hearn (2009) eingeführt.

Er soll das transnationale Managertum bezeichnen, dessen meist männliche Vertreter international mobil und dominant sind. Die mit der Globalisierung sich verselbstständigenden multinationalen Konzerne haben ein lokal entbettetes Gender-Regime aufgebaut, das von Rasse und Nationalität abgehoben durch einen männlichen Code zusammengehalten wird. Trotz der Skepsis, dass diese neuen hegemonialen Männlichkeitsmuster zu Leitbildern des alltäglichen Mann-Seins werden könnten, finden wir entsprechende Vermittlungskulturen. Die transpatriarchale Strukturierung ist ein Phänomen, das dem sozial gebundenen Alltag gleichzeitig entrückt und trotzdem in ihn vermittelt ist.

Während eines Vortrages im November 2003 in der Technischen Universität Dresden legte der renommierte australische Männerforscher Connell ein Bild auf, auf dem drei Manager eines internationalen Finanzkonzerns zu sehen waren. Der eine war asiatischer, der zweite afrikanischer und der dritte europäischer Abstammung. Das Gruppenbild sollte symbolisieren, dass transnationale Korporationen eben dieses lokal entbettetes Gender-Regime aufbauen, das jenseits von Rasse und Nationalität durch einen männlichen Code zusammengehalten wird. Der neue Männerbund der Global Player hat die Kultur der internationalen Beziehungen in Wirtschaft und Politik okkupiert. Wichtig ist dabei wieder der zentrale Aspekt der sozialen Entbettung, der diese Prozesse kennzeichnet: Globalisierte Männlichkeit kann sich so den ‚local pressures' entziehen. Das Prinzip der Externalisierung findet hier seinen augenfälligsten Ausdruck. Dieses Auseinanderklaffen von männlich konnotiertem ökonomischen System und lebensweltlicher Dekonstruktion männlicher Dominanz hat in der globalisierten Welt der Zweiten Moderne eine neue Qualität erhalten. Männliche Macht scheint sich zunehmend in Sphären zu verlagern, die sich den sozialen Beziehungen entziehen und damit ihre Legitimation nicht mehr begründen müssen: in den Sphären sozial entbetteter Technologie und Ökonomie. Verkörpert wird diese hegemoniale Männlichkeit durch entsprechende Leitfiguren in den weltweit operierenden transnationalen Konzernen, Technologie- und Finanzzentren. Dabei geht es nicht so sehr darum, dass es sich hier mehrheitlich um Männer handelt, die dort führende Positionen einnehmen, sondern dass das Prinzip der Externalisierung, das in unserer Kultur als Ausdruck männlichen Denkens und Handelns gilt, weiter und wieder neu als Leitprinzip einer transnationalen Erfolgskultur wirksam wird. Vor diesem Hintergrund zeichnet sich durchaus auch eine politische Spaltung ab: Während in den sozial gebundenen, national- und sozialstaatlich strukturierten Politikbereichen weiter nach der Vereinbarkeit von Politik, Ökonomie und Sozialem gesucht wird, agieren die global ausgerichteten transnationalen Konzerne sozial ungebunden nach hegemonialen Prinzipien des Marktzwangs und des Durchsetzungserfolgs der Machbarkeit. Obwohl Gewalt ausgeübt wird, versteckt sie sich hinter dem Legitimationsmodell der „marketplace manhood", der ökonomisch-rational kalkulierenden und regulierenden Männlichkeit (Connell 1995). Hegemoniale Männlichkeit geht in der Ideologie des ökonomischen, sozial entbetteten Sachzwangs auf. Dennoch wirken diese männlich-hegemonialen Formierungen im Globalen, in ihrer Symbolkraft auf die Alltagswelt der Männer zurück. Globalisierte Männlichkeitskulturen – zum Beispiel die maskulinen Erfolgskulturen in den transnationalen Konzernen des Profifußballs oder der Formel 1 – haben inzwischen enorme Rückstrahlkraft auf den Männeralltag bekommen, sodass man durchaus von einer Komplizenschaft von Männern sprechen kann, die zwar nie den Status der Bewunderten erreichen können, dies aber keinesfalls problematisieren. Vor Jahren noch hatte man den Formel-1-Rennen das ökologisch zwangsläufige Ende prophezeit. Inzwischen hat sich die Anzahl der internationalen Rennstrecken vervielfacht und an den Wochenende strömen tausende von Männern zum Nürburg-Ring und zu anderen Ringen, um ihre im Alltag verwehrte oder verpönte Maskulinität zeigen und demonstrieren zu können.

Transnationale Wirtschaftsprozesse und Machtkonzentrationen entwickeln sich vor allem digitalisiert in virtuellen Räumen. Diese virtuelle „Technomaskulinität" (vgl. Bell 2013) überformt traditionale männliche Machtstrukturen, lässt sie überholt erscheinen, auch wenn sie weiter wirken. Zwar finden wir in den transnationalen Führungsstrukturen auch neue kommunikative Kernkompetenzen („Erzeugung von commitment"), die von traditionalen patriarchalen Führungsstilen abweichen, damit ist aber wohl keine Abkehr von männlichen Dominanzstrukturen verbunden (vgl. Lengersdorf 2016: 77).

Entscheidend für die Herausbildung von Transpatriarchien scheint mir ihre soziale Entbettung und die damit verbundene Ungehemmtheit der Externalisierung zu sein. Mit der sozialen Entbettung transnationaler männlicher Machtstrukturen wird auch die Frage nach der Verantwortung virulent. Im globalen Eigenleben des Geldkapitals hat sich aber eine strukturelle ökonomische Verantwortungslosigkeit entwickelt. Es wurde oben schon auf die Imbusch/Rucht-Studie (2007) verwiesen, die darauf verweist, dass es einen signifikanten Zusammenhang zwischen regionaler Bindung und sozialer Verantwortung und zwischen globaler Entbettung und Verantwortungslosigkeit gibt.

Der Konflikt zwischen Grenzenlosigkeit und Begrenzung lässt sich nicht nur über den Wachstumsdiskurs thematisieren. Der neue Kapitalismus, der auch der digitale genannt wird, weil seine Ökonomie auf historische Entwicklungen und soziale Bindungen keine Rücksicht nimmt, sondern ständig externalisiert und Innehalten denunziert, hat die Externalisierung erst recht zum allgemeinen Strukturprinzip gemacht. In der Genderforschung wird dementsprechend die Prognose kolportiert, die Männer würden in Zukunft die sozial entbettete globalisierte Sphäre, die Frauen die sozial gebundenen Terrains dominieren.

Ralf Dahrendorf (1997) hat schon in den 1990er-Jahren die sozialen Folgen der Globalisierung dahingehend thematisiert, dass er das 21. Jahrhundert als ein autoritäres prognostizierte (vgl. auch Neckel 2016). Autoritäre Charaktere zeichnen sich durch die Leugnung der Komplexität und Pluralität von Gesellschaft und durch die Kultivierung und Demonstration von Überlegenheitsgefühlen bei Unterwerfung und Abwertung anderer aus. Die Nähe zu maskulinen Dominanzmustern ist deutlich. Die rechtspopulistisch-regressiven Strömungen der Gegenwart zeigen solche Züge. Dass sich vor allem nun die sozial Unterlegenen gegen die demokratisch-sozialstaatlichen Institutionen auflehnen, populistischen Verächtlichmachungen folgen, hat verschiedene Gründe. So hat die Globalisierung die nationalen Sozialstaaten geschwächt, viele Menschen fühlen sich nun sozial abhängig und wenden ihre Angst gegen den Sozialstaat und seine institutionellen Repräsentationen, die in ihren Augen für diese Abhängigkeit verantwortlich sind. Die Suche nach Stärke und Eindeutigkeit lässt maskulin-autoritäre Einstellungen und damit Tendenzen der politischen Remaskulinisierung wieder aufleben. Auch bislang verdeckte Gegenströmungen zur scheinbar erreichten Geschlechterdemokratie werden hochgespült. Zwar gibt es inzwischen Frauen in den höchsten politischen Ämtern, aber es wird von ihnen erwartet, dass sie sich in die männliche Logik der Politik einfügen. Mit der ‚Eingrenzung' der Flüchtlingsfrage in den späten 2010er-Jahren und der damit verbundenen zunehmenden Schließung der nationalen Gesellschaften ist auch in Europa wieder eine Tendenz der Remaskulinisierung der Politik und der öffentlichen Diskussion zu beobachten. Verstärkt wird dies durch eine sicherheitspolitische Schließung des gesellschaftlichen Diskurses seit Beginn der globalen Thematisierung der Terrorismusgefahr. Der internationale Terrorismus tritt maskulin-aggressiv auf und provoziert einen maskulin-aggressiven Sicherheitsdiskurs als Gegendiskurs. Für die nächsten Jahre ist meines Erachtens ein weltweiter Prozess absehbar, in dem Männlichkeiten sich immer wieder ambivalent formieren. Auf der einen Seite wird in den sozialstaatlichen Gesellschaften des Westens das politische und kulturelle Streben nach Geschlechterdemokratie und Gleichstellung weiter forciert werden, gleichzeitig aber üben internationale Krisen und Kriege einen Druck der Remaskulinisierung aus, der die sozialstaatlichen Sphären zu diffundieren droht. Die Welt teilt sich in eine männlich-pazifizierte und eine maskulin-aggressive Hemisphäre, in der es entsprechend maskulin-aggressiv brodelt.

Einerseits haben wir gelernt, Männlichkeit zu dekonstruieren, andererseits bricht sie in gesellschaftlichen Krisenzeiten als Maskulinität stärker auf, als wir befürchten konnten. Sie ist eben keine Restgröße der früheren patriarchalischen Gesellschaft, es handelt sich auch nicht um eine Retraditionalisierung von Männlichkeit. Auch der Verweis auf die postmoderne ‚Sowohl-als-auch-Gesellschaft' greift zu kurz. Zu sehr wirken die globalen Entgrenzungen in die sozialstaatlichen Schutzzonen hinein. Zudem tragen die weltweiten Vermittlungskulturen der Profisport-, Werbe- und Kommunikationsindustrie die neuen maskulinen Bilder als Aufforderungen in die Lebenswelten.

Was sich in den bisherigen Argumentationen immer wieder angedeutet hat, tritt hier deutlich hervor: die Geschlechterfrage – vor allem die zukünftige Entwicklung von Männlichkeit – ist in den Mittelpunkt der Nachhaltigkeitsfrage gerückt. ‚*Demaskulinisierung*‘ ist deshalb ein soziales und pädagogisches Zukunftsprojekt, das auch in unseren sozialstaatlichen Gesellschaften trotz rechtlicher Gleichstellungsregelungen weiter dringlich ist. Der Begriff „Maskulinität“ bezeichnet in diesem Zusammenhang eine nach Dominanz strebende und darin aggressive Männlichkeit. Solange ökonomische Externalisierung und diese Maskulinität so miteinander verschränkt sind, muss man befürchten, dass sozialstaatliche Regelungen immer wieder unterlaufen werden. ‚Demaskulinisierung‘ ist deshalb vor allem auch ein antikapitalistisches Projekt. Die Sozialpädagogik kann ihren Beitrag zu einer ‚sanften Demaskulinisierung‘ dahingehend leisten, dass sie die von der Externalisierung verursachten Selbstzwänge abzubauen hilft und Zonen des Innehaltens anbietet. Dafür wird man sozialpädagogische Jungen- und Männerarbeit – bisher allzu gerne als zu vernachlässigende Sonderveranstaltung belächelt – in Zukunft erst recht brauchen.

Jungen- und Männerarbeit

Die Bedeutung der sozialpädagogischen Jungen- und Männerarbeit für die Entwicklung sozialer Nachhaltigkeit begründet sich in einer Entsprechung, die von der Theorie männlicher Sozialisation herausgearbeitet worden ist (vgl. Böhnisch 2013). Danach ist das Aufwachsen von Jungen in unserer Gesellschaft von einer fragilen Suche nach männlicher Identität gekennzeichnet. Im Mittelpunkt dieses tiefenpsychischen Prozesses steht der Konflikt zwischen der Idolisierung des Männlichen, maskulin Starken und der Abwertung des Weiblichen, ‚Schwachen‘, ‚Gefühlsbezogenen‘, der in den unterschiedlichen Entwicklungsstationen von Kindheit und Jugend immer wieder aufbricht und von den Jungen und jungen Männern bewältigt werden muss. Die strukturelle Entsprechung zum soziale Nachhaltigkeit blockierenden Konflikt zwischen Externalisierung und Sorge ist unschwer zu erkennen. Die Jungenarbeit ist der sozialpädagogische Ort, von dem aus Hilfen zur Bewältigung dieses Konflikts angeboten werden können.

Sozialpädagogische Jungenarbeit beginnt im *Kindergarten.* Hier wird für viele Kinder zum ersten Mal eine Gleichaltrigenkultur hergestellt. Die Erzieherin gehört dem Jungen (oder Mädchen) nicht allein (oder zusammen mit den Geschwistern) wie die Mutter, sondern das Kind spürt, dass sie auch die Bezugsperson der anderen Kinder ist und so erlebt es sich zum ersten Mal in einer außerfamiliären Vergleichs-, Konkurrenz- und Gruppenkultur. In ihr wirken dann auch die ersten außerfamilialen Definitionen, wie Mädchen und wie Jungen sich zu verhalten haben. Im Kindergarten prägt sich Geschlechtlichkeit im Selbstbild, im Beziehungs- und Rollenverhalten aus (vgl. Kuger u. a. 2011). Damit kommt es auch darauf an, wie die Erzieherin und andere Bezugspersonen im Kindergarten das Verhalten der Kinder als erstes und frühes Geschlechterverhalten wahrnehmen und reflektieren. Vor allem sollten sie erkennen, dass sich in der Peergroup der kleinen Jungen, die sich schon in der Kita bilden, die Suche nach Männlichkeit ihren Kontext sucht. Da Männer als Erzieher kaum vorhanden sind, kann die Kita-Gruppe der „kleinen Männer" schnell zur maskulinen Arena werden. Und da die Jungen wenig vom Alltagsverhalten von Männern wissen, orientieren sie sich untereinander an entsprechenden Phantasien und medialen Impressionen ‚starker' Männlichkeit. So kommt es schnell zur Idolisierung des Männlichen und Abwertung des Weiblichen. Es entwickeln sich unter den Jungen Ansätze kleiner Jungencliquen, die gegenseitig Jungenverhalten einüben, kontrollieren und so schon männliche Zugehörigkeiten erproben. Her besteht immer noch ein jungenpädagogischer Nachholbedarf in der Kita-Arbeit (vgl. Blank-Mathieu 2012).

In der *Jugendarbeit* gibt es inzwischen die meisten jungenpädagogischen Erfahrungen. Ich beziehe mich dabei nicht auf Sonderprojekte, sondern auf eine Jugendarbeit, bei der die Jungenarbeit gleichsam eingebettet ist in das pädagogische Alltagsgeschehen. Es sind die typische wiederkehrenden Situationen und Anlässe, in denen Maskulinität bei den Jugendlichen besonders aufscheint und sie entsprechend mental reagieren. Solche Konstellationen entwickeln sich z. B. im Alltag des Jugendhauses schnell, wenn die Jugendlichen unter Stress stehen und das Jugendhaus als Ort suchen, diesen auszuagieren oder abzuspalten, wenn körperbetonte Konflikte eskalieren, aber auch wenn Spaßsituationen aus den Fugen geraten und auf Kosten anderer in Abwertungsspäße umschlagen. Dann geht es darum, zu deeskalieren, geschützte Räume für die Jungen zu schaffen, um ihre Ängste abzubauen. Denn vieles, was früher für junge Männer selbstverständlich war, ist es heute nicht mehr. Das sieht man z. B. an der Unsicherheit im Umgang mit dem eigenen Körper. Es kommt nicht mehr so an, wenn man maskulin-protzend auftritt, man fängt an, hygienische und ästhetische Aspekte ernst zu nehmen.

Einer der jungenpädagogischen Höhepunkte kann das gemeinsame *Kochen* sein. Nicht das Eventkochen der Fernsehköche und Grillmeister, die meist Männer sind und denen alles zugereicht wird, sondern das alltagsbezogene Kochen, das der Versorgung dient und das in die alltägliche Sorge eingebettet ist. Dies reflexiv zu betreiben führt mitten hinein in die Fragen der Nachhaltigkeit; Fragen der Haushaltung, der Ernährung und vor allem die erweiterte Kommunikation in der Gruppe darüber. Die männliche Fähigkeit zur Sorge und zur Sensibilität für das Reproduktive kann gemeinsam gespürt und reflektiert werden.

Männerberatung ist auf Bewältigung von kritischen Lebensereignissen, Lebenskonstellationen und in unserem Kontext auf die Wiedererlangung von Handlungsfähigkeit angelegt. Beratungsziel ist, Beratungssuchende zur Selbstthematisierung ihrer inneren Betroffenheit zu befähigen. Das Grundproblem des beschädigten Mannes ist seine Sprachlosigkeit – gegen sich selbst und im Hinblick auf das, was ihn bedroht. Sein Schweigen ist Abwehr dieser meist nicht bewussten aber doch irgendwie drängenden Gefühle. Männlichkeit steht so quer zu Beratung, weil sie immer dort nach außen strebt, wo die Beratung nach innen will. Ein Mann ‚hat sich im Griff' und alles unter Kontrolle. Dennoch gelingt es meist, den Mann in einen Erzählzwang zu bringen (vgl.

Neumann/Süfke 2006), eine neue Verlaufskurve des bisherigen Lebens bildet sich heraus, in der die ‚anderen' Anteile des Mannseins aufscheinen und festgehalten werden können. Männerberatung ist ein Schutz- und Beziehungsraum, der im Kontrast stehen muss zu den externalisierten Räumen der Erwerbsarbeit und der männlichen Konkurrenzwelten. Mit der Zeit kann sich die Beziehung Berater–Klient sozial öffnen, und der Mann tritt in eine Gruppe ein, in der Gleichbetroffene zusammen sind. Hier kann sein ihm nun zugängliches Selbst sozial gespiegelt und bestätigt werden.

Eine bedürftige Gesellschaft

Die Rede von der *Externalisierungsgesellschaft* ist sozialökonomisch treffend, aber einseitig, da sie die Strukturierung Sorge nicht als gegenläufige Strukturierung explizieren kann. In einer postmodernen Sowohl-als-auch-Gesellschaft, in der Chancen und Risiken eng beieinander liegen, sind auch die Sehnsüchte nach dem Innen drängend, aber im Externalisierungszwang verwehrt. Der Dialektik der Nachhaltigkeit ähnlich, entwickelt sich eine Dialektik der Bedürftigkeit.

In der Alltagssprache werden bedürftige Menschen als solche bezeichnet, die nicht aus eigener Kraft ihr Auskommen bestreiten oder ihren Lebensalltag organisieren können und in dieser Hilflosigkeit von wohlfahrtsstaatlicher Unterstützung abhängig sind. Sind es ‚Arme in einer reichen Gesellschaft' (s. o.), in einer Gesellschaft also, die dauernd Wünsche freisetzt, dann verstärkt sich die Abhängigkeit und Hilflosigkeit durch die Erfahrung der Verwehrung. Gleichzeitig aber existiert die Sehnsucht nach Anerkennung und Zuwendung, was die Verwehrung schmerzlich werden lässt. Bedürftigkeit als Leiden.

Ich löse den begrifflichen Zusammenhang von dieser besonderen Lebenslage und beziehe ihn in seiner Grundstruktur auf die Problematik der Nachhaltigkeit: Die Menschen in einer Wachstumsgesellschaft sind in ihrer Lebensweise von diesem Zwang zum Wachstum abhängig, hören aber inzwischen dauernd von der Notwendigkeit einer Veränderung dieser Lebensweise und der Minderung des Wachstumszwangs. Viele spüren diese Notwendigkeit. Die Umkehr ist ihnen (wie der Gesellschaft insgesamt) aber gleichzeitig durch diese Abhängigkeit verwehrt. Die Spannung zwischen Externalisierung und Sorge scheint auf. Auch der Überschlag ‚vom Fremdzwang zum Selbstzwang' (Welzer) und die Hilflosigkeit, die sich dahinter verbirgt. An dieser Hilflosigkeit leiden inzwischen viele, die gesellschaftlichen Institutionen sind aber nicht imstande, sie zu thematisieren.

Mein hier verwendeter tiefenpsychologisch-soziologischer Begriff begreift in diesem Sinne *Bedürftigkeit* als *Hilflosigkeit in der Gleichzeitigkeit von gespürter Notwendigkeit der Umkehr und ihrer ökonomischen Verwehrung.* Es ist eine anomische Konstellation, eine strukturelle Abhängigkeit, die die Menschen und mit ihnen die Gesellschaft trotz Wachstumseuphorie gleichsam in einen sozialen Bann zwingt, sie blockiert.

Das neue Leiden an der Bedürftigkeit wird sich weiter ausbreiten. Die Gleichzeitigkeit von gespürter sozialökologischer Notwendigkeit und ihrer Verwehrung, der aus ihr erwachsenen trotzigen Abspaltungen genauso wie die dahinter liegende Hilflosigkeit wirkt in vielen Lebensbereichen. Konkurrenzdruck und Machbarkeitseuphorie, Hoffnungen und Ängste liegen eng beieinander. Der digitale Kapitalismus – und das macht ja seine Heimtücke aus – wird diese Leiden, die er freisetzt, integrieren, vermarkten können, wird die Versagensängste der Menschen für sich nutzen und dadurch ihre Verfügbarkeit und Abhängigkeit steigern. Diese innere Widersprüchlichkeit wird meist nicht als Konflikt erkannt und entsprechend thematisiert. Bedürftigkeit gedeiht in Zonen der Tabuisierung von Konflikten.

Die gegenwärtige Gesellschaft tendiert dazu, Konflikte nicht auszutragen. Soziale Brüche und Spaltungen werden nicht mehr gesellschaftlich thematisiert, sondern rationalisiert oder pathologisiert. Eine konflikt- und sprachlose Gesellschaft ist der Feind jedes ‚echten' Nachhaltigkeitsdiskurses, dessen Charakteristikum eben die Konfliktöffentlichkeit ist, in der die Menschen existenzielle Lebensängste zur Sprache bringen können, nicht abspalten müssen. Wenn eine Gesellschaft diese Hilflosigkeit nicht zugeben und entsprechend ausdrücken kann, verstetigen sich diese Abspaltungen, werden zu Ritualen. Die Hilflosigkeit, aus der sie erwachsen, tritt in den Hintergrund. Gerade aber sie muss öffentlich thematisiert werden. Denn dies trifft den Nerv der Gesellschaft eher als der Chor der Externalisierungskritik, der zwar immer größer geworden ist, aber weiter verhallt.

Literatur

Adorno, Theodor W. (1955): Zum Verhältnis von Soziologie und Psychologie. Frankfurt a. M.

Adorno, Theodor W. (1971): Erziehung zur Mündigkeit. Frankfurt a. M.

Albrow, Martin (1998): Abschied vom Nationalstaat. Staat und Gesellschaft im globalisierten Zeitalter. Frankfurt a. M.

Arendt, Hannah (1956): Fragwürdige Traditionsbestände im politischen Denken der Gegenwart. Frankfurt a. M.

Bauman, Zygmunt (2003): Wissenschaft, Wirtschaft und Verantwortung. In: Killius, N. u. a. (Hrsg.); die Bildung der Zukunft. Frankfurt a. M.

Bauman, Zygmunt (2009): Leben als Konsum. Hamburg

Baumann, Menno (2010): Kinder, die Systeme sprengen. Baltmannsweiler

Beck, Ulrich (1986): Risikogesellschaft. Frankfurt a. M.

Beck, Ulrich (1993): Die Erfindung des Politischen. Zu einer Theorie reflexiver Modernisierung. Frankfurt a. M.

Bell, Daniel (2013): Geek myths: Technologies, Masculinities, Globalizations. In: J. Hearn u. a. (Hg.): Rethinking Transnational Men. New York

Bierhoff, Burkhard (2013): Konsumismus. Kritik einer Lebensform. Freiburg

Bitzan, Maria/Funk, Heide (1995): Geschlechterdifferenzierung als Qualifizierung der Jugendhilfeplanung. In: Boley, E.H/Hermann, F. (Hrsg.) Jugendhilfeplanung als politischer Prozess. Neuwied/Kriftel/Berlin

Blank-Mathieu, Margarete (2012): Jungen im Kindergarten. In: Matzner, W./ Tischner, M. (Hrsg.): Handbuch Jungenpädagogik. Weinheim Basel

BMASK (Hrsg.)(2014): Der anstrengende Aufbruch. Wien

BMFSFJ (Hrsg.)(2011): Elfter Kinder- und Jugendbericht. Berlin

BMU (Hrsg.) (2017): Zukunft? Jugend fragen. Berlin

Böhnisch, Lothar (2003): Die Entgrenzung der Männlichkeit. Opladen

Böhnisch, Lothar (2013): Männliche Sozialisation. Weinheim/Basel

Böhnisch, Lothar (2018): Lebensbewältigung. Weinheim/Basel

Böhnisch, Lothar (2019): Soziale Theorie der Schule. Bad Heilbrunn

Böhnisch, Lothar/Schröer, Wolfgang (2016): Das sozialpolitische Prinzip. Bielefeld

Böhnisch, Lothar/Schröer, Wolfgang/Thiersch Hans (2005): Sozialpädagogisches Denken. Weinheim/München

Böllert, Karin (2018): Gerechtigkeit. In: Otto, H.-O./Thiersch, H. (Hrsg.): Handbuch Soziale Arbeit. München

Boltanski, Luc/Chiapello, Eve (2006): Der neue Geist des Kapitalismus. Konstanz

Bourdieu, Pierre (1997): Das Elend der Welt. Konstanz

Brandmayr, Michael (2014): Das Hidden Curriculum und die Produktion von Differenz. In: Bildung und Ungleichheit. Schulheft 154. Innsbruck

Breithaupt, Fritz (2017): Die dunklen Seiten der Empathie. Berlin

Brennsell, Ariane/Habermann, Friederike (2001): Von Keksen und Kapitalismus. In: Candelas, M./Deppe, F. (Hrsg.): Ein neuer Kapitalismus. Hamburg

Brocchi, Davide (2019): Nachhaltigkeit und soziale Ungleichheit. Wiesbaden

Brumlik, Micha (1991): „Politische Kultur des Streites“. Im Lichte sozialisationstheoretischer Überlegungen. In: Heitmeyer, W./Jacobi, J. (Hrsg.): Politische Sozialisation und Individualisierung. Weinheim und München
Burger, Paul (2018): Partizipation. In: Henkel, A. u. a. (Hrsg.): Reflexive Responsibilisierung. Bielefeld
Bütow, Birgit (2006): Mädchen in Cliquen. Weinheim/München
Connell, Robert W. (Raewyn) (1987): Gender and Power. Stanford
Connell, Robert W. (Raewyn) (1995): Der gemachte Mann. Opladen
Connell, Robert W. (Raewyn) (1995): Masculinities. Cambridge
Connell, Robert W. (Raewyn) (1998): Masculinities and Globalization. In: Men and Masculinities, H. 1
Connell, Raewyn (2010): Im Innern des gläsernen Turms. In: Feministische Studien 1. S. 8–24
Dahrendorf, Ralf (1997): An der Schwelle zu einem autoritären Jahrhundert. In: Die Zeit vom 14. 11.
De Haan, Gerhard (2000): Kompetent für die Gestaltung der Zukunft. In: Politische Ökologie. Sonderheft 12
De Haan, Gerhard (2011): Bildung für eine nachhaltige Entwicklung von Lernkultur. In: Deutsche UNESCO-Kommission (Hrsg.): Nachhaltige Entwicklung. Magazin 2.
De Haan, Gerhard u. a. (2008): Nachhaltigkeit und Gerechtigkeit. Berlin/Heidelberg
Deutscher Bundestag (2017): Zweiter Engagementbericht. Berlin
Deutschmann, Christoph (2002): Money makes the world go round: Die Rolle der Wirtschaft. In: Volkmann, Ute/Schimank, Uwe (Hrsg.): Soziologische Gegenwartsdiagnosen II. Opladen.
Diefenbacher, Hans/Zieschank, Roland (2011): Wie sich Wohlstand wirklich messen lässt. München
DIFU (2004): Deutsches Institut für Urbanistik. Zwischenevaluierung des Programms ‚Soziale Stadt‘. Berlin
Drilling, Matthias/Schnur, Olaf (2012): Nachhaltigkeit in der Quartiersentwicklung – einführende Anmerkungen. In: Drilling, M./Schnur, O. (Hrsg.): Nachhaltige Quartiersentwicklung. Wiesbaden
Duvenek, Anika (2016): Bildungslandschaften verstehen. Weinheim/Basel
Eder, Klaus (2000): Kulturelle Identität zwischen Tradition und Utopie. Frankfurt/New York
Eichenhofer, Eberhard (2015): Wohlfahrtsstaat und Migration. In: IMIS-Beiträge. H. 47
Elsen, Susanne (2007): Soziale Arbeit und Ökonomie – Zur sozialen Ökonomie des Gemeinwesens. Weinheim/München
Elsen, Susanne (2014): Soziale Innovation, ökosoziale Ökonomien und Community Development. In: Elsen, S./Lorenz, W. (Hrsg.): Social Innovation, Participation and the Development of Society. Bozen
Elsen, Susanne (2018): Nachhaltigkeit. In: Otto, U./Thiersch, H. (Hrsg.): Handbuch soziale Arbeit. München
Enquêtekommision (2002): Zur Zukunft des bürgerschaftlichen Engagements in der Bundesrepublik Deutschland. Deutscher Bundestag. Berlin.
Felber, Christian (2014): Gemeinwohl-Ökonomie. München
Fischer, Jörg/Kosellek, Tobis (2019): Netzwerke in der Sozialen Arbeit von der quantitativen zur qualitativen Herausforderung. In: Fischer, J./Kosellek, T. (Hrsg.): Netzwerke und Soziale Arbeit. Weinheim/Basel

Fritz, Karsten u. a. (2005): Politische Erwachsenenbildung. Weinheim/München
Fromm, Erich (1960): Der moderne Mensch und seine Zukunft. Frankfurt a. M.
Gaiser, Wolfgang u. a. (2012): Jugend, Nachhaltigkeit und nachhaltiger Konsum. Hans-Böckler-Stiftung Arbeitspapier 262. Düsseldorf
Geiselberger, Heinrich (Hrsg.) (2017): Die große Rezession. Berlin
Generali (2017): Altersstudie 2017. Berlin/Heidelberg
Giddens, Anthony (1988): Die Konstitution der Gesellschaft. Frankfurt/New York
Gille, Martina/Marbach, Jan (2004): Arbeitsteilung von Paaren und ihre Belastung im Zeitstress. In: Statistisches Bundesamt (Hrsg.): Alltag in Deutschland – Analysen zur Zeitverwendung. Wiesbaden
Gohl, Christopher (2001): Bürgergesellschaft als politische Zielperspektive. In: Aus Politik und Zeitgeschichte B 6-7
Göll, Edgar/Thio, Sie Long (2011): Einblicke in die Jugendkultur. IZT Berlin
Görgen, Benjamin/Wendt, Björn (2015): Nachhaltigkeit als Fortschritt denken. In: Soziologie und Nachhaltigkeit (SuN) Ausgabe 01
Gruen, Arno (1992): Der Verrat am Selbst. München
Grunwald, Armin/Kopfmüller Jürgen (2006): Nachhaltigkeit. Frankfurt a. M./ New York
Günzel, Marian (2016): Planung zwischen Konflikt und Diskurs. Dissertation TU Dortmund
Habermas, Jürgen (1974): Können komplexe Gesellschaften eine vernünftige Identität ausbilden? In: Habermas, J./Henrich, D.: Zwei Reden. Frankfurt a. M.
Habermas, Jürgen (1991): Erläuterungen zur Diskursethik. Frankfurt a. M.
Hackert, Michael/Hechler, Andreas. Jungenarbeit und Schule. Bildungsserver. Berlin-Brandenburg
Hamburger, Franz (1999): Modernisierung, Migration und Ethnisierung. In: Gemende, M./Schröer, W./Sting, S.: Zwischen den Kulturen. Weinheim/ München
Hamburger, Franz (2008): Transnationalität als Forschungskonzept in der Sozialpädagogik. In: Homfeldt, H.-G. u. a. (Hrsg.): Sozialarbeit und Transnationalität. Weinheim und München
Hartnuß, Birger u. a. (Hrsg.) (2013): Schule der Bürgergesellschaft. Schwalbach/Ts.
Hearn, Jeff (2009): Von gendered organizations zu transnationalen Patriarchien. In: Aulenbacher, B./Riegraf (Hg.): Erkenntnis und Methode. Geschlechterforschung in Zeiten des Umbruchs. Wiesbaden.
Heimann, Eduard (1980): Soziale Theorie des Kapitalismus (1929). Frankfurt a. M.
Heinrichs, Harald u. a. (Hrsg.) (2011): Nachhaltige Gesellschaft. Wiesbaden
Hermann, Franz (2018): Planung und Planungstheorie In: Otto, H.-U./Thiersch, H. (Hrsg.): Handbuch Soziale Arbeit. München
Hofmann, Britta/Traxl Sophie (2017): Kosumerziehung in der Schule. Studentisches Online-Journal der Universität Oldenburg 1.
Holzer, Boris (2009): Netzwerktheorie. In: Kneer, G./Schroer, M. (Hrsg.): Handbuch Soziologische Theorien. Wiesbaden
Home-Office (2019): Studie Hans Böckler-Stiftung. Düsseldorf
Hopfner, Karin/Zakrzewski, Philipp (2012): Nachhaltige Quartiersentwicklung im Bestand. In: Drilling, M./Schnur, O. (Hrsg.): Nachhaltige Quartiersentwicklung. Wiesbaden
Imbusch, Peter/Rucht, Dieter (2007): Profit oder Gemeinwohl? Wiesbaden

Jackson, Tim (2013): Wohlstand ohne Wachstum. Bundeszentrale für Politische Bildung. Bonn
Jackson, Tim (2018): Wohlstand ohne Wachstum. Das Update. München
Jaeggi, Rahel (2005): Entfremdung. Zur Aktualität eines sozialphilosophischen Problems. Frankfurt a. M.
Jonas, Hans (1979): Das Prinzip Verantwortung. Frankfurt a. M.
Jüster, Markus (2018): Die verfehlte Modernisierung der freien Wohlfahrtspflege. Göttingen
Karl, Ute (2010): Kulturelle Bildung und Kulturarbeit mit älteren und alten Menschen. In: Aner, K./Karl, U. (Hrsg.): Handbuch Soziale Arbeit und Alter. Wiesbaden
Kaufmann, Franz Xaver u. a. (1989): Über die soziale Funktion von Verantwortung und Verantwortlichkeit. In: Lampe, E. J. (Hrsg.): Verantwortlichkeit und Recht. Wiesbaden
Kessl, Fabian u. a. (Hrsg.) (2007): Erziehung zur Armut? Wiesbaden
Klein, Naomi (2015): Die Entscheidung. Kapitalismus versus Klima. Frankfurt a. M.
Klingenberger, Hubert (1996): Handbuch Altenpädagogik. Bad Heilbrunn
Knecht, Alban (2010): Gesichter der Armut. Neu Ulm
Koppetsch, Cornelia/Speck, Sarah (2015): Wenn der Mann kein Ernährer mehr ist. Geschlechterkonflikte in Krisenzeiten. Berlin
Krause, Alexandra (2016): Soziale Arbeit im Zeichen der Digitalisierung. In: NDV H. 8
Kreidenweis, Helmut (2019): Digitale Transformation – Grundlagen, Strategien und Rahmenbedingungen. In: Archiv für Wissenschaft und Praxis der sozialen Arbeit. H. 2
Kricheldorff, Cornelia (2010): Bildungsarbeit mit älteren und alten Menschen. In: Aner, K./Karl, U. (Hrsg.): Handbuch Soziale Arbeit und Alter. Wiesbaden
Kriesberg, Louis (2003): Constructive Conflicts. Maryland
Kuger, Susanne u. a. (2011): Gender im Kindergarten. In: Zeitschrift für Pädagogik. H. 2
Künemund, Harald/Kohli, Martin (2010): Soziale Netzwerke im Alter. In: Aner, K./Karl, U. (Hrsg.): Handbuch Soziale Arbeit und Alter. Wiesbaden
Kutscher, Nadja (2014): Soziale Ungleichheit. In: Tillmann, A. u. a. (Hrsg.): Handbuch Kinder und Medien. Wiesbaden
Kutscher, Nadia (2018): Virtuelle soziale Netzwerke als Raum Sozialer Arbeit. In: Fischer, J./Kosellek, T. (Hrsg.): Netzwerke und Soziale Arbeit. Weinheim/Basel, S. 476–497
Lange, Steffen/Santarius Tilman (2018): Smarte grüne Welt? München
Lederach, John Paul (1995): Preparing for Peace: Conflict Transformation across Culture. Syracuse
Leenen, Wolf-Rainer u. a. (2008); Interkulturelle Kompetenz der Sozialarbeit. In: Auernhammer, G. (Hrsg.): Interkulturelle Kompetenz und pädagogische Professionalität. Wiesbaden
Leggewie, Claus (2003): Von der elektronischen zur interaktiven Demokratie. Das Internet für demokratische Eliten. In: Klump, D. u. a.: Next generation information society? Notwendigkeit einer Neuorientierung. Mösingen
Lengersdorf, Diana (2016): Der männliche Normalarbeiter unter Druck. In: D. Lengersdorf/M. Meuser (Hrsg.): Männlichkeiten und der Strukturwandel der Erwerbsarbeit in globalisierten Gesellschaften. Weinheim/Basel

Lenhardt, Gero (2001): Bildung. In: Joas, H. (Hrsg.): Lehrbuch der Soziologie. Frankfurt a. M./New York.
Lessenich, Stephan (2016): Neben uns die Sintflut. München
Liebel, Manfred u. a. (1998): Arbeitende Kinder stärken. Plädoyers für einen subjektorientierten Umgang mit Kinderarbeit. Frankfurt a. M.
Luhmann, Niklas (1968): Zweckbegriff und Systemrationalität. Tübingen
Maier, Florentine u. a. (2009): Managerialismus in Non-Profit-Organisationen. In: Kurswechsel 4
Maier, Konrad (Hrsg.) (2009): Armut als Thema der Sozialen Arbeit. Freiburg
Mannheim, Karl (1935): Mensch und Gesellschaft im Zeitalter des Umbaus. Leiden
Mannheim, Karl (1952): Diagnose unserer Zeit. Frankfurt a. M.
Mannheim, Karl (1965): Das Problem der Generationen (1928). In: Friedeburg, Ludwig v. (Hrsg.): Jugend in der modernen Gesellschaft. Köln/Berlin
Marcuse, Herbert (1981): Der eindimensionale Mensch. Darmstadt/Neuwied
Mennicke, Carl (2001/1937): Sozialpädagogik. Weinheim
Messner, Dirk (2000): Gesellschaftliche Determinanten wirtschaftlicher Entwicklung in der Weltmarktwirtschaft. In: Brunkhorst, H./Kettner, M. (Hrsg.): Globalisierung und Demokratie. Wirtschaft, Recht, Medien. Frankfurt a. M.
Messner, Heinz (2003): Der soziale Konflikt. Stuttgart
Meuser, Michael (2016): Soziologie. In: Horlacher, S. Männlichkeit. Ein interdisziplinäres Handbuch. Stuttgart
Miller, David (2008): Grundlagen sozialer Gerechtigkeit. Frankfurt a. M.
Moldaschl, Manfred/Voß, Günther (Hrsg.) (2003): Subjektivierung von Arbeit. München
Moore, Barrington (1987): Ungerechtigkeit. Die sozialen Ursachen von Unterordnung und Widerstand. Frankfurt a. M.
Moser, Susanne (2016): Verantwortung im Spannungsfeld zwischen Machtentfaltung und Verletzlichkeit. In: Labyrinth H. 1
Müller, Hans E. (1988): Der Begriff der Verantwortung bei Hans Jonas. Frankfurt/Main
Müller, Hans Peter (1997): Ungleichheit und Gerechtigkeit im heutigen Deutschland. In: Lamnek, S. (Hrsg.): Soziologie und Politische Bildung. Opladen
Münch, Richard (1998): Globale Dynamik, lokale Lebenswelten. Frankfurt a. M.
Munsch, Chantal (2005): „Die haben alles schon geplant". Ein ethnographisches Beispiel des Engagements unterschiedlicher Bevölkerungsgruppen. In: Dies. (Hrsg.): Sozial Benachteiligte engagieren sich doch. Weinheim/München
Munsch, Chantal (2011): Engagement und Ausgrenzung. In: Forschungsjournal Soziale Bewegungen. H. 24
Mutz, Gerd (2009): Neue Prozesse der Prekarisierung und Exklusion als Herausforderung an die Soziale Arbeit. In: Maier K. (Hrsg.) (2009): Armut als Thema der Sozialen Arbeit. Freiburg
Nassehi, Armin (1997): Das stahlharte Gehäuse der Zugehörigkeit. In: Nassehi, Armin (Hrsg.): Nation, Ethnie, Minderheit. Köln.
Nefiodow, Leo A. (1996): Der sechste Kondratieff. Sankt Augustin
Negt, Oskar (1968): Soziologische Phantasie und exemplarisches Lernen. Neuaufl. Frankfurt a. M.
Negt, Oskar (1978): Marxismus und Arbeiterbildung. In: Brock, A. u. a. (Hrsg.): Arbeiterbildung, soziologische Phantasie und exemplarisches Lernen in Theorie, Kritik und Praxis. Reinbek b. Hamburg
Nestmann, Frank (1989): Förderung sozialer Netzwerke. In: neue praxis. H. 2

Neumann, Werner/Süfke, Björn (2006): Den Mann zur Sprache bringen. Tübingen
Nida-Rümelin, Julian (2011): Verantwortung. Leipzig
Nielsen, Birger S. (1999): Exemplarisches Lernen. In: Lenk, W./Hieber, L./Rumpf, M.: Kritische Theorie und politischer Eingriff. Hannover
Nowotny, Helga (2005): Unersättliche Neugier. Frankfurt a. M., Wien und Zürich
Nussbaum, Martha (2010): Die Grenzen der Gerechtigkeit. Frankfurt a. M.
Oehme, Andreas (2013): Übergangsmanagement. In: Schröer, W. u. a. (Hrsg.): Handbuch Übergänge. Weinheim und München
Opielka, Michael (2017): Soziale Nachhaltigkeit. München
Otto, Hans-Uwe u. a. (2007): Zum aktuellen Diskurs um Ergebnisse und Wirkungen im Feld der Sozialpädagogik und Sozialarbeit. Hrsg. von der Arbeitsgemeinschaft für Kinder- und Jugendhilfe (AGJ). Berlin
Otto, Hans-Uwe/Thiersch, Hans (Hrsg.) (2018): Handbuch Soziale Arbeit. München
Otto, Hans-Uwe/Ziegler, Holger (2018): Managerialismus. In: Otto, H.-O./Thiersch, H. (Hrsg.): Handbuch Soziale Arbeit. München
Otto, Ulrich (2011): Soziale Netzwerke. In: Otto, H.-O./Thiersch, H. (Hrsg.): Handbuch Soziale Arbeit. München
Peter, Horst u. a. (2011): Politische Bildung für nachhaltige Entwicklung. Immenhausen
Piketty, Thomas (2015). Das Kapital im 21. Jahrhundert. München
Plamper, Harald (2000): Bürgerkommune. Arbeitspapier 32 der Hans-Böckler-Stiftung. Düsseldorf
Pries, Ludger (1998): Transnationale Räume. Theoretisch-empirische Skizze am Beispiel der Arbeitswanderungen Mexiko – USA. In: Beck, U. (Hrsg.): Perspektiven der Weltgesellschaft. Frankfurt a. M.
Pries, Ludger (2001): Migration und Integration in Zeiten der Transnationalisierung oder: Warum braucht Deutschland eine ‚Kulturrevolution'? In: Migration und Soziale Arbeit, H. 1
Pries, Ludger (2015): Teilhabe in der Migrationsgesellschaft. In: IMIS-Beiträge 47
Pufé, Iris (2014): Nachhaltigkeit. Konstanz
Rawls, John (1975): Eine Theorie der Gerechtigkeit. Frankfurt a. M.
Rifkin, Jeremy (2011): Die emphatische Zivilisation Frankfurt/New York
Rosa, Hartmut (2005): Beschleunigung. Frankfurt a. M.
Rose, Niklas (2006): The Politics of Life Itself. Princeton
Schnurr, Stefan (2001): Partizipation. In: Otto, H. U./Thiersch, H. (Hrsg.): Handbuch Sozialarbeit/Sozialpädagogik. Neuwied, Kriftel.
Scholz, Sylka (2009): Männer und Männlichkeit im Spannungsfeld zwischen Erwerbs- und Familienarbeit. In: Aulenbacher, B./Wetterer A. (Hrsg.): Arbeit. Perspektiven und Diagnosen der Geschlechterforschung. Wiesbaden.
Schönig, Werner/Motzke, Katharina (2016): Netzwerkorientierung in der Sozialen Arbeit. Stuttgart
Schramme, Thomas (2006): Gerechtigkeit und soziale Praxis. Frankfurt a. M.
Sen, Amartya (2002): Ökonomie für den Menschen. Wege zu Gerechtigkeit und Solidarität in der Marktwirtschaft. München/Wien
Sennett, Richard (2002): Respekt im Zeitalter der Ungleichheit. Berlin
Siegrist, Johannes u. a. (2009): Psychosoziale Arbeitsbelastungen und Gesundheit bei älteren Erwerbstätigen. Düsseldorf
Simmel, Georg (1908): Soziologie. Leipzig

Sliwka, Anne (2013): Service Learning. In: Hartnuß, Birger u. a. (Hrsg.) (2013): Schule der Bürgergesellschaft. Schwalbach/Ts.
Soziale Arbeit in der digitalen Transformation (2019): Archiv für Wissenschaft und Praxis der sozialen Arbeit. H. 2
Stiglitz, Joseph (2006): Chancen der Globalisierung. Berlin
Strauß, Florian/Höfer, Renate (2008): Identitätsentwicklung und soziale Netzwerke. In: Stegbauer, C. (Hrsg.): Netzwerkanalyse und Netzwerktheorie. Wiesbaden
Stüwe, Gerd/Ermel, Nicole (2019): Lehrbuch Soziale Arbeit und Digitalisierung
Thieme, Frank (2008): Alter(n) in der alternden Gesellschaft. Wiesbaden
Thompson, Edward P. (1980): Plebeische Kultur und moralische Ökonomie. Frankfurt a. M./Berlin.
Thorn, Christiane (2002): Nachhaltigkeit hat (k)ein Geschlecht. In: Aus Politik und Zeitgeschichte. Bd. 33-34
Treichler, Andreas (2001): Transnationale Migration als Herausforderung einer europäischen Politik des Sozialen. In: Migration und Soziale Arbeit. H. 1
Tully, Claus J./Krug, Wolfgang (2011): Konsum im Jugendalter. Schwalbach/Ts.
Tully, Claus, J. u. a. (2011): Jugend, Nachhaltigkeit und nachhaltiger Konsum. Hans-Böckler-Stiftung. Arbeitspapier 262. Düsseldorf
Venth, Angela (2011): Was hat Männlichkeit mit Bildung zu tun? Deutsches Institut für Erwachsenenbildung. Köln
Ver.di (2015): Digitalisierung und Arbeitsqualität. Berlin
Vogel, Rick (2006): Zur Institutionalisierung von New Public Management. Heidelberg
Volz, Rainer/Zulehner, Paul (2009): Männer in Bewegung. Baden-Baden
Wallentsteen, Peter (1988): Peace Research. Achievements and Challenges. London
Wallimann, Isidor (1998): Soziale Ökonomie. In: Klöck, T. (Hrsg.): Solidarische Ökonomie und Empowerment. Neu-Ulm
Walzer, Michel (1983): Spheres of Justice. Oxford (dtsch: Sphären der Gerechtigkeit. Frankfurt a. M. 1992)
Welzer, Harald (2011): Mentale Infrastrukturen. Heinrich Böll Stiftung Ökologie Bd. 14. Berlin
Welzer, Harald (2019): Alles könnte anders sein. München
Wendt, Björn/Görgen, Benjamin (2018) Macht und soziale Ungleichheit als vernachlässigte Dimensionen der Nachhaltigkeitsforschung. In: Henkel, A. u. a. (Hrsg.): Reflexive Responsibilisierung. Bielefeld
Werckmeister, Otto K. (1989): Zitadellenkultur. München
Winnicott, Donald W. (1988): Aggression. Versagen der Umwelt und antisoziale Tendenz. Stuttgart
Winnicott, Donald, W. (1988): Aggression. Stuttgart
Wulf, Christoph (1996): Alter und Generation. In: Liebau, E./Wulf, C. (Hrsg.): Generation. Versuche über eine pädagogische und anthropologische Grundbedingung. Weinheim
Ziegler, Jean (2003): Die neuen Herrscher der Welt und ihre globalen Widersacher. München